브라질 · 쿠바 · 페루 · 멕시코로 떠나는
동석씨의 중남미 스토리텔링

오동석 글·사진

브라질 · 쿠바 · 페루 · 멕시코로 떠나는
동석씨의 중남미 스토리텔링

초판 발행 · 2014년 5월 9일
초판 2쇄 발행 · 2015년 5월 15일

지은이 · 오동석
발행인 · 이재명
발행처 · 삼지사
기획 · 서정 Agency(www.seojeongcg.com)
디자인 · 예다움

주소 · 경기도 파주시 산남로 47-10
전화 · 031-948-4502, 948-4564 | **팩스** · 031-948-4508
등록번호 · 제 406-2011-000021호
등록일자 · 1968년 11월 18일
홈페이지 · www.samjisa.com

ISBN · 978-89-7358-487-1   13980

- 값은 표지 뒷면에 있습니다.
- 잘못된 책은 구입하신 서점에서 바꾸어 드립니다.

이 도서의 국립중앙도서관 출판시도서목록(CIP)은 서지정보유통지원시스템 홈페이지(http://seoji.nl.go.kr)와 국가자료공동목록시스템(http://www.nl.go.kr/kolisnet)에서 이용하실 수 있습니다.(CIP제어번호: CIP2014012264)

브라질 · 쿠바 · 페루 · 멕시코로 떠나는
동석씨의 중남미 스토리텔링

오동석 글 · 사진

프 롤 로 그

지인들은 가끔 필자에게 "어디가 좋아요? 어떻게 가요?" 하고 뜬금 없이 묻곤 한다. 내가 생각하는 좋은 여행지란 아름다운 미소를 짓는 따뜻한 마음을 가진 사람들이 살아서 편하게 여행할 수 있는 곳이다. 거기에다 역사가 깊고 자연경관이 아름답다면 더할 나위 없다. 그런 곳에 잘 갈 수 있는 여행의 기술이 있을까? 여행의 기술이라는 책도 있지만 여행을 좀 해본 사람에겐 사실 '여행의 기술'이란 의미가 없다. 홍수처럼 넘쳐나는 인터넷 정보 몇 개만 참고해도 여행 가는데 지장이 없기 때문이다. 만약 필자에게 여행의 기술을 묻는다면 "하루라도 젊었을 때 멀리 다녀오는 것"이라고 말하고 싶다. 여행은 가슴이 떨릴 때 가야지 다리가 떨릴 때는 이미 늦었다고 하지 않던가? 그러나 현실은 나이가 들었을 때 여행을 가기 시작하는 경우가 많다. 그만큼 감동의 정도가 낮아진다. 젊었을 때 해외로 나가서 그 지역의 공기를 마시는 순간 고정관념이 깨지기 마련이다. 세상에 대해서 일찍 눈을 뜨게 되어 우물 안 개구리처럼 대한민국에만 머물면서 세상을 안다고 하는 실수를 범하지 않게 된다.

여행의 기술이 있다면 여행 잘 다녀올 수 있는 최고의 비법도 있을 법도 하다. 그 무엇이 있지 않을까?

바로 역사이다.

History는 His Story이다. 그들의 이야기를 아는 것이 여행의 기본이다.

그들을 이해하고 그들과 어울리고 심지어 그들에게 물건을 팔려면 그들의 이야기를 모르고선 대화가 되지 않기 때문이다. 반대로 우리나라를 찾는 외국인들이 역사와 문화를 모르고 왔을 때 한국인을 이해한다는 것은 어쩌면 불가능에 가깝다. 왜 이리 바쁘고 치열하게 살아가고 있는지, 경복궁은 왜 저기에 세워져 있는지, 왜 태극기를 사용하고 태극기의 의미는 무엇인지, 설렁탕이나 영양탕과 같은 음식을 왜 먹는지, 맥주를 마실 때 왜 닭고기가 주 안주이고 삼겹살과 소주를 마시는지 같은 문화를 알기 어렵다. 그것은 우리의 역사를 이루는 한문화의 근간인 음양오행을 모르고선 이해하기 어렵기 때문이다.

휴양지에서 편히 쉬다가 오려는 것이 아니라면 그들의 이야기를 모르고선 반쪽 여행도 되지 않는다. 눈 뜬 장님이 되지 않기 위해서 가이드들이 하는 이야기를 듣는다 해도 준비가 안된 상태라면 이해하기도 어렵고 머리 아프기 일쑤다.

따라서 여행하고자 하는 지역의 역사를 아는 것이야 말로 최고의 여행 비법이다. 역사의 산물인 문화는 현재를 살아가는 사람들의 삶 속에 고스란히 나타나기 때문이다. 역사를 알면 여행지의 음식, 음악, 미술, 건물, 종교 등이 이해가 되고 그들과 대화가 된다. 얼마 전 우리나라 모 기업체 회장이 전 직원에게 역사를 가르쳐야 한다는 이야기는 다름 아닌 상대와의 소통을 이야기한 것이다.

라틴아메리카를 12차례 오가면서 중남미의 역사와 현실을 알수록 중남미를 이해하기 쉬운 책을 써야겠다는 생각이 쌓여갔다. 그러나 다른 지역에 비해서 300년이라는 긴 식민지 기간 동안 스페인이 남겨놓은 현실을 알면 알수록 유쾌한 중남미 여행 책을 쓰기란 어쩌면 불가능에 가까웠다. 물론 미스터리한 거석 문화와 인간이 범접할 수 없는 웅장하고 아름다운 자연 앞에 감탄이 쏟아져 나오지만 말

동 석 씨 의 중 남 미 스 토 리 텔 링

이다. 라틴아메리카의 현재 모습은 과거의 불행한 산물 위에서 사람들이 힘겹게 사는 모습이다. 그 이상도 이하도 아니다.

이 책은 라틴아메리카의 미스터리한 고대 모습에서부터 현재까지 이르는 이야기들을 여행자의 시선으로 쉽게 알 수 있도록 흥미있게 구성해보았다.

필자가 직접 담은 고화질의 사진들은 내용을 이해하는데 도움이 되게 하였다. 여행가는 사람들뿐 아니라 여행을 준비하는 이들을 위해 그 어떤 책보다 여행을 다녀온 것처럼 중남미를 잘 알 수 있을 거라 확신한다.

인생이란 '얼마나 오랫동안 살았느냐'가 아닌, '숨막히는 역사의 현장에 얼마나 많이 나를 노출했었느냐'로 판가름한다.

인생은 여행이니까!

두루가이드 오동석

part ONE 브라질 Brazil

이구아수, 지상 최대의 쇼　15

이구아수를 빼앗긴 비극의 파라과이　30

한류의 시작은 브라질에서　36

축복받은 약속의 땅　39

우연히 발견한 땅　43

발견 초기 뜨거운 감자였던 브라질　47

브라질이 커진 이유　49

자연의 유혹 리우데자네이루　54

축제의 나라　70

아프리카와 기독교의 결합 삼바 카니발　77

삼바를 평정한 사물놀이　80

part TWO 쿠바 Cuba

쿠바와 친해지기　91

쿠바의 현실을 알려주는 쿠바의 관문　96

쿠바의 정신과 현대사가 담긴 혁명광장　102

라틴아메리카의 희망 쿠바혁명　108

추억 속의 도시 아바나　118

쿠바의 소리 "원 달러 내라"　125

아바나의 중심에서　130

쿠바를 알리는 일등공신 살사　136

쿠바의 친구 헤밍웨이의 순례　141

변화에 속도가 붙은 쿠바　150

아바나에서 꼭 가봐야 할 공예품 시장　154

part THREE 페루 Peru

천 개의 얼굴을 가진 나라　161

한국과 가까워진 마추픽추의 나라　163

아시아에서 건너온 사람들　167

잉카 이전의 대표적인 문명, 안데스문명　169

제국의 이름 타완틴수요의 잉카들　180

친근한 안데스인들의 신　185

페루관광의 중심, 잉카의 배꼽 쿠스코　189

안데스의 풍경　208

세계인의 로망 마추픽추　216

전설의 올란따 장군의 도시 올란따이땀보　227

안데스문명의 발생지 티티카카호수　233

남미에서 가장 오래된 수수께끼 티아와나코 문명　238

하늘과 맞닿는 곳 우유니 소금사막　242

일자 무식쟁이 형제에게 어처구니없이 잉카가 정복된 날!　249

잉카를 간직한 안데스인들이 사는 방법　256

페루의 독립 이야기　261

사막을 질주하는 판 아메리카 하이웨이　268

사막에 묻힌 미스터리 문명 빠라카스　272

펭귄과 물개 그리고 바닷새의 천국, 작은 갈라파고스　277

페루에서 가장 재미있는 놀이터, 이까사막　281

삐스코는 페루이다　284

나스카, 거인들의 작품인가 외계인의 작품인가　286

침 뱉는 라마의 저주, 여권 도난　291

안데스인의 오늘　294

part FOUR 멕시코 Mexico

아즈텍을 건설한 민족은 한민족?   304
멕시코인들의 민요와 음식   320
천국과 지옥이 공존하는 멕시코시티   331
호수에 떠 있었던 아즈텍의 수도 떼노치띠뜰란   337
믿을 수 없는 인신공양의 제국   343
유럽인의 선물 천연두와 아즈텍 멸망   347
아즈텍 태양석   352
메소아메리카 문명의 공통점   354
아즈텍 이전의 메소아메리카 문명들   359
미스터리 고대문명 테오티우아칸   362
이집트 피라미드와 테오티우아칸 피라미드의 미스터리   369
살아있는 미스터리, 마야문명   374
만들어진 천국, 칸쿤   379
투명한 옥빛 바닷가 마야문명 뚤룸   383
마야문명의 최대 미스터리 치첸이싸   389
마야의 멸망과 분서焚書   402

PART ONE

브라질 Brazil

이구아수, 지상 최대의 쇼

"이렇게 속이 시원할 수 있다니... 머릿속이 텅 비었다. 갑자기 도인이 된 기분이다."

이구아수폭포를 본 사람들은 이런 감탄 섞인 말을 한다. 자연이 사람에게 줄 수 있는 행복의 최대치를 이구아수폭포에서 느낄 수 있다고 한다.

페루여행을 할 때는 고산 증세에 힘들고 시시각각 변하는 날씨의 좋고 나쁨을 신경 써야 하고 장시간 동안 산에 올라야 하는 어려움이 있다. 하지만 이구아수폭포는 전혀 그렇지 않다. 이구아수폭포는 발걸음을 뗄 때마다 시시각각 변하는 폭발적인 생명력을 발산한다. 브라질 쪽 이구아수 산책로에 도착해서 눈앞에 펼쳐진 파노라마 경관을 보면 누구든지 "이야~!"라고 할 수밖에 없다.

저렇게 자연스런 눈높이에서 웅장한 자연 경관을 볼 수 있는 곳이 지구상에 있다니, 정말 감동의 순간이다. 폭포의 경관을 사진으로 담다 보면 발걸음을 옮길 생각조차 잊게 된다. 보트를 타고 폭포에 들

브라질 쪽에서 본 아르헨티나 이구아수폭포. 폭포의 대부분은 아르헨티나에 있지만 폭포의 대부분의 경관은 브라질에서 볼 수 있다.

어가서 강한 물줄기를 온몸으로 맞으면 자연스럽게 행복한 비명을 지르게 된다. 이 경험은 정말 오랫동안 기억에 남는다.

게다가 이구아수강 옆에 마련된 식당에서 브라질 전통 음식의 대부분을 경험할 수 있으니 정말 대단한 호사이다. 그래서 남미 여행의 하이라이트를 이구아수라 한다.

이구아수를 걷는 동안 '브라질의 땅 돼지'라 불리는 과찌coati 식구들을 만난다면 그건 여행의 덤이다. 이구아수의 실제 주인이라 할 수

이구아수 주인님들 납시오! 브라질 땅 돼지라 불리는 과찌. 먹이를 주지 말라고 되어 있다.

있는 과찌들은 돼지 코에 너구리처럼 긴 줄무늬 꼬리가 있다. 이들은 사람이 익숙하기 때문에 피하지도 않고 느긋하게 주인처럼 국립공원을 산책한다.

 이구아수폭포의 폭은 2.7km에 이르며 중간에 여러 개의 섬이 있고, 강물의 수량에 따라서 150개에서 300개의 물줄기가 쏟아져 내린다. 폭포의 최고 높이는 악마의 목구멍으로 82m이고 낮은 폭포는 60m이다. 사람들은 이구아수를 봤거나 보기 전에 나이아가라폭포와 아프리카의 빅토리야폭포를 꼭 비교한다. 모든 폭포를 다 본 사람들은 감히 어떤 폭포도 이구아수에 상대가 안 된다는 것을 안다.

 오래 전 미국 루즈벨트 대통령 영부인이 이구아수에 왔다가 말한

더 이상 상쾌할 수 없다.

"나이아가라가 초라하네!"라는 유명한 이야기는 이구아수의 위대함을 대변한다. 나이아가라는 높이가 50m이고 폭이 그리 넓지 않다.

그러나 이구아수를 보고 나이아가라의 초라함을 느낀 사람들은 이를 만회하기 위해 최근에 숫자 놀이를 했다. 나이아가라의 초당 떨어지는 수량은 연평균 세계 최대이고, 두 번째가 이구아수라고 말이다. 나이아가라는 꾸준히 흐르지만 이구아수는 우기와 건기의 차이가 크다는 이야기이다. 그러나 비가 오는 계절의 수량을 따진다면 나이아가라는 이구아수에 명함도 못 내민다. 아프리카의 짐바브웨와 잠비아가 빅토리야폭포를 약 절반씩 가지고 있다. 빅토리야폭포는 폭이 일직선으로 1,600m나 되는 세계 최장의 물 커튼이고 폭포의 높이도 100m가 넘는다. 이런 점이 이구아수를 능가한다. 그러나 빅토리야폭포는 한눈에 볼 수 없고 아기자기한 맛도 없고 단순해서 이구아수폭포와 비교가 되지 않는다.

이구아수Iguaçu의 의미는 브라질 원주민이었던 과라니 인디언의 언어로 '큰 물Y Ûasu : Water Big'이다. 파라나고원에서 발원한 이구아수강은 상류에서 7개의 강이 합류해서 흐르기 때문에 1년 내내 수량이 풍부하다. 이구아수강의 계곡을 따라 흐르던 물은 파라과이, 브라질, 아르헨티나가 만나는 곳에서 파라나강의 일부가 된다. 파라나강은 아르헨티나의 수도 부에노스아이레스의 앞바다 같은 라플라타강을 통해 대서양으로 빠져나간다.

이구아수폭포는 브라질과 아르헨티나의 국경을 이루고 두 나라 모

아기자기함을 갖춘 이구아수폭포. 웅장함 속에 소박함도 가지고 있다.

두 이구아수 일대를 국립공원으로 지정해서 관리하고 있다. 폭포의 대부분은 아르헨티나에 속하지만 폭포가 잘 보이는 곳은 브라질이다. 때문에 아르헨티나 입장에선 매우 배가 아픈 현실이다. 두 나라 쪽에 각각 국제 비행장이 있다. 브라질 쪽 비행장은 도심에서 20km 떨어져 있지만 아르헨티나 쪽은 이구아수 국립공원에 속한 열대 우림 한가운데로 내린다.

아르헨티나 공항에서 이구아수 입구까지는 불과 10분 거리에 있다. 아르헨티나 쪽엔 이구아수의 하이라이트인 악마의 목구멍이 있다. 미니 기차를 타고 악마의 목구멍 가까이에서 내려 이구아수강 위에 설치된 긴 다리를 건넌다.

다리를 건너기 전에 셀 수 없이 많은 나비들을 봤다면 이 또한 여행

헬기로 잡은 이구아수강이 폭포가 되는 장면이다.

물이 고여 있던 축축한 땅에서 미네랄을 섭취하는 나비들

의 덤이다. 이 일대가 미네랄이 풍부해서 매년 수백만 마리의 나비들이 찾아온다. 다리를 건너는 동안 가마우지가 물고기를 사냥하는 장면과 특이한 물고기들을 볼 수 있다. 그러다 막상 악마의 목구멍 근처에 도착했을 때 물안개는 보이지만 폭포가 안보여서 이구아수폭포를 본다는 것이 실감이 안 난다. 그리고 이구아수폭포의 바로 코앞에 갔을 때 마치 블랙홀이 빨아 들이듯이 굉음을 내면서 물을 삼키는 악마의 목구멍을 보면 속이 뻥 뚫린다.

 악마의 목구멍은 쳐다 보기만 해도 빨려 들어갈 것 같은 장관이라 죽은 영혼이라도 감탄할 지경이다. 악마의 목구멍이라는 이름은 오

헬기에서 본 악마의 폭포 부분

래 전 과라니족들이 작은 배를 타고 가는데 사람이 갑자기 사라지는 것을 보고 이름을 붙였다고 한다.

　아르헨티나를 벗어나서 가장 많은 폭포를 보러 아르헨티나-브라질 국경을 건넌다. 입국 수속을 마치고 차량이 이구아수강 위에 놓은 다리를 건너는 동안 난간에 그려진 국기가 바뀌면 나라가 바뀌었다는 표시이다.

막힘이 없는 악마의 목구멍. 머리까지 텅 비게 해주어 세상의 모든 고민을 치유해준다.

브라질 쪽에서 본 악마의 목구멍. 가장 안쪽이 악마의 목구멍이다. 물안개가 짙어서 보기 어렵다.

거대한 물 커튼. 엄청난 굉음을 내서 목소리가 잘 들리지 않는다.

브라질

눈앞에 펼쳐진 파노라마 경관을 보면 감탄사가 절로 나온다.

이구아수에서 꼭 해볼 것 VS 안 해도 되는 것

1. 마꾸꼬(앵무새) 사파리의 목적은 정글 탐험이 아니라 이구아수강에 가기 위함이다. 보트를 타고 이구아수폭포 밑까지 가면 강 위로 솟아 나온 무지개가 반긴다. 배가 폭포 아래로 들어갈 때 미리 입고 온 우의는 무용지물이다. 속옷까지 다 젖는다. 그냥 반바지, 반 소매 옷 차림으로 시원하게 물을 즐기자. 배가 강도 가르고, 바람도 가를 정도로 빨리 달려서 물에 젖은 머리가 순식간에 마른다.

폭포 속으로 들어가는 보트. 괴성을 지르며 즐거워하게 된다.

2. 이구아수 커피는 이구아수에 갔을 때 빼놓지 말고 먹어야 하는 품목이다. 한국인들 입맛에 딱 맞는다는 브라질 인스턴트 커피의 대명사로 브라질+일본+영국 자본이 합작한 회사 Cia Iguacu de Cafe Soluvul ICUA에서 만들었다. 커피의 대부분을 일본으로 수출할 정도로 일본인들의 입맛에 맞게 개발된 커피이다. 사실 브라질에서 생산되는 커피의 70%는 일본인 2세, 3세가 꽉 잡았다고 말한다. 인건비 때문에 1908년에 이민 온 값싼 일본인들의 노동력으로 농사가 이어져 왔다. 우리의 커피 문화를 일본에서 가져오면서 일본식 입맛에 길들여져 있어서인지 한국인들도 이구아수 커피를 매우 좋아한다.

3. 안 해도 되는 것은 헬기 타고 폭포를 보는 것이다. 딱 한 번 돌고 내려오며 높은 곳에서 보기 때문에 감흥이 적다. 사진을 찍으려고 해도 망원렌즈가 있어야 어느 정도 잡힌다. 지상에서 보는 이구아수는 사람이 보는 눈높이에 가장 알맞은 높이로 폭포가 떨어지기 때문에 헬기를 타지 않아도 충분히 즐길 수 있다. 헬기를 타고 폭포를 보는 묘미는 아프리카의 빅토리아폭포에서 하자.

4. 또 안 해도 되는 것은 산업시찰을 하러 이타이푸(소리 나는 돌)댐을 보러 가는 것과 여권에 도장 하나 더 찍는다고 파라과이 국경을 건너 갔다 오는 것이다. 그 시간이면 남미 여행의 하이라이트인 이구아수 국립공원에서 여유로운 하루를 즐길 수 있다.

이구아수 사진 지도. 좌측에 브라질 국기와 아르헨티나 국기 사이에 흐르는 강이 경계선이다. 폭포의 90% 정도가 아르헨티나 쪽에 속해 있다.

이구아수를 빼앗긴
　　　비극의 파라과이

이구아수폭포 주변은 파라과이, 브라질과 아르헨티나 3국이 만나는 국경지역이다. 이구아수폭포를 벗어난 이구아수강은 파라나강과

'이구아수의 입'이라 명칭을 가진 브라질 쪽 이구아수.
도시 포스두이구아수는 잘 정돈되어 있다.

합류한다.

파라나강의 상류에는 브라질과 파라과이가 공동으로 소유하고 있는 이타이푸댐이 있다. 파라나강을 경계로 좌측은 파라과이, 우측은 브라질과 아르헨티나가 있다. 브라질 쪽 도시 '포스두이구아수'^{이구아수의 입}에서 우정의 다리를 건너면 파라과이의 자유무역도시 '시우다드델에스테'^{동쪽의 도시}에 도착한다.

시우다드델에스테는 한때 마이애미, 홍콩에 이어 세계 3대 자유무역도시였다. 다리는 두 도시의 중심을 연결하기 때문에 하나의 도시처럼 보이지만 국경을 통과하려는 오토바이와 자동차 행렬로 인해서

파라과이-브라질 국경을 건너는 행렬

이웃 나라로 건너가고 있음을 알게 한다.

다리를 건너는 동안 수량이 풍부한 파라나강을 볼 수 있다. 시우다드델에스테는 인구가 겨우 30만 명이지만 파라과이에서 두 번째 큰 도시이다.

파라과이의 전체 인구는 680만 명이다. 시우다드델에스테를 파라과이 정부가 자유무역도시로 개발하자 대만, 한국, 레바논, 이란인들도 모여 들었다. 모스크와 불교사원 등을 보면 현재 아시아인들이 모여 있음을 알 수 있다. 한국인은 약 520명 가량 등록되어 있다. 이곳의 무역수입이 파라과이 전체 국민생산의 60%가 된다. 이는 파라과이의 경제가 매우 열악함을 보여준다.

파라과이 동쪽의 도시, '시우다드델에스테'의 거리 풍경.
무질서하지만 물건 가격이 싼 것은 인정해 줄만하다.

처음부터 파라과이는 형편없는 나라가 아니었다. 브라질보다 강했고 아르헨티나보다 강했다. 파라과이가 독립하고 나서 19세기 중반 로페즈 대통령 부자는 강력한 독재정치를 펼쳤다. 로페즈 일가는 파라과이를 하나의 거대한 사유지처럼 주물렀지만 남미에서 가장 발전한 국가를 만들었다. 아버지카를로스 안토니오 로페즈가 죽자 대통령이 된 아들프란시스코 솔라노 로페즈은 파라과이를 남미의 제국으로 만들려는 야심 속에 군대를 증강시켜서 전쟁 준비를 했다. 그는 파라과이를 내륙국가에서 바다가 있는 국가로 만들 생각이었다.

브라질이 우루과이를 내정 간섭하자 파라과이의 로페즈 대통령이 중재를 나섰지만 거절당했다. 이에 파라과이는 브라질과 외교를 단절하고 항해가 금지된 파라나강과 우루과이강을 지나는 브라질 함선을 나포했다. 곧이어 파라과이는 브라질 지방을 침공해서 승리했다. 브라질은 전쟁할 준비가 전혀 안 되어 있었기 때문이다.

이번엔 우루과이 남쪽을 침공하기로 계획하고 아르헨티나에게 영토를 지나가겠다고 요청했으나 거절당했다. 때문에 파라과이는 아르헨티나의 배도 나포하고 침공했다. 이에 아르헨티나, 브라질, 우루과이는 비밀리에 삼국동맹을 맺었다. 사실 세 나라는 서로 껄끄러운 관계였지만 살기 위해 적과의 동침을 감행한 것이다.

1864년부터 1870년까지 벌어진 1:3 전쟁에서 우루과이는 참혹하게 깨져서 파라과이 전체 인구 중 남자의 90%가 목숨을 잃었다. 살아남은 인구는 불과 15만 명이었는데 그 중 남자는 겨우 2만 8천 명이었다. 남자와 여자의 성비가 1:4였고, 지역에 따라 심한 곳은 1:20이었다. 이런 결과는 파라과이 로페즈 대통령이 항복하지 않고 죽을 때까지 싸웠기 때문이었고 결론적으로 국토의 40% 이상을 아르헨티나와 브라질에 빼앗겼다. 이는 대한민국 남한 면적의 1.4배에 해당된다. 빼앗긴 지역은 파라과이에 막대한 수익을 안겨 주던 황금 작물인 마테차가 생산되는 곳이었다. 그 덕에 브라질은 19세기말 마테의 주요 생산국이 되었다. 무엇보다 파라과이의 단독 영토였던 이구아수폭포가 브라질과 아르헨티나에 상당 부분 빼앗겼다.

이구아수폭포는 시간이 지나 브라질과 아르헨티나에 완전히 귀속되었다. 만신창이가 된 파라과이는 국가 자체가 없어질 위기였다. 아르헨티나는 브라질에게 파라과이를 둘로 나눠서 가지자고 했지만 전쟁 때 가장 수지 맞는 장사를 했던 영국이 이를 반대했다. 막대한 빚을 진 파라과이가 사라지는 것을 원하지 않았기 때문이다. 브라질 입장에선 파라과이가 브라질과 아르헨티나 두 나라의 완충지대로 남기를 원했다.

사실 전쟁에서 가장 이익을 본 것은 영국이었다. 브라질도 아르헨티나도 영국의 은행과 로스차일드에게 빚을 졌다. 브라질은 전쟁을 위해서 노예를 해방시켰기 때문에 노예 기반 경제가 무너졌고 빚더미로 경제 불황이 왔다. 그 대신 군사력은 강해져서 동 페드로 2세 국왕이 쿠데타로 폐위되고 공화제가 시작됐다.

별볼일 없던 아르헨티나는 전쟁 이후가 돼서야 제대로 된 국가체제가 갖추어졌다. 파라과이의 새 정부를 세운 사람들은 아르헨티나로 망명갔던 사람들이었다. 그들은 로페즈 대통령을 전쟁에 미친 독재자로 여겼다. 파라과이의 새 정부는 브라질의 지원으로 만들어졌기 때문에 브라질 정부에 숨죽이며 살아야 했다. 1870년 인구 15만 명이었던 파라과이가 현재 680만 명이 된 것은 외국인 이주정책 등 인구를 늘리려는 부단한 노력이 있었기 때문이었다. 깊은 상처가 남아 있는 파라과이가 어떤 국가로 발전할지 주목된다.

수문이 다 열린 이타이푸ITAPU댐. 수문이 다 열린 경우를 만나기 힘들다고 한다. 수량이 많을 때는 이구아수 악마의 목구멍을 능가한다. 파라나강을 막아서 브라질과 파라과이가 합작해서 만들었다. 이타이푸라는 의미는 '소리 나는 돌'이다. 이 이름은 강물이 댐 앞쪽에 있는 작은 섬을 지날 때 소리가 난다고 해서 붙여졌다. 중국의 삼협댐이 세계 최대이지만 전력 생산은 이타이푸댐이 아직은 세계 최대이다.

총 20개의 터빈 중 10개는 파라과이, 10개는 브라질이 소유하고 있다. 발생하는 전기는 두 나라가 절반씩 소유하지만 파라과이가 생산하는 전류의 95%는 브라질이 구입해서 800km 떨어진 상파울루와 리우 인근에서 사용하고 있다.

브라질

한류의 시작은 브라질에서

브라질에 가면 한국인들을 알아보는 사람들이 많다. 2002년 한일 월드컵 때 대한민국의 승리의 모습을 기억하는 사람들 중에 '대한민

룰라 대통령

룰라는 우리나라 말로는 오징어라는 뜻이다. 세계 정치 역사상 '루이스 이나시우 룰라 다 시우바' 브라질 전 대통령만큼 지지율이 높던 사람은 없었다. 임기 중에 85%가 넘는 지지율을 가졌다. 그만큼 경제와 정치를 잘해서 브라질을 경제대국으로 만들었다. 버락 오바마 미국 대통령도 브라질의 룰라를 '세계에서 가장 인기 있는 대통령'이라고 치켜 세웠다. 룰라 대통령의 인생드라마는 빈부의 양극화에 시달리는 브라질 빈민의 삶을 대변한다. 룰라는 브라질 북동부의 어느 가난한 시골에서 형제 23명인 찢어지게 가난한 집에서 태어났다. 집안 형편 때문에 10살 때 형제 중에서 유일하게 학교에 입학할 수 있었지만 4학년 때 자퇴했다. 그의 최종 학력은 지금도 초등학교 중퇴다. 어머니 손에 이끌려 1,000km 이상을 걸어서 상파울루에 와서 사는 동안 침대 하나밖에 없는 작은 방에서 생활했다. 식구들은 시간을 나누어서 침대를 사용해야 했기 때문에 몇 시간씩 돌아가면서 침대를 사용했다. 학교 공부의 필요성보다 당장 먹고 살 문제 때문에 구두닦이와 행상으로 돈을 벌다 금속공장에 취직한 후 산업재해로 왼쪽 새끼 손가락을 절단하는 사고를 당하기도 했다. 같은 공장에서 일하던 여성과 결혼했지만 부인은 열악한 작업 환경 탓에 결핵에 걸렸고 가난 때문에 임신을 했어도 의사 진료를 제때 받지 못해 뱃속 아기와 함께 임신 중에 죽었다. 이것이 룰라를 노동운동에 뛰어들게 만든 결정적인 계기였다. 1974년에는 조합원 10만 명이 넘는 금속노조 위원장에 당선됐다. 1980년 노조와 좌파 지식인 등과 함께 노동자당(PT)을 결성했다.

국 짝짝짝 짝짝'을 안 하는 사람이 없을 정도다. 브라질 리우데자네이루엔 세계 최고의 브라질 축구선수들의 산실인 마라까낭 Maracana 경기장이 있는데 거기에서 파는 몇 안 되는 티셔츠 중엔 2002년 한일 월드컵 기념 셔츠가 걸려있다. 브라질이 5번 우승한 월드컵 중에 2002년 월드컵도 소중했기 때문이다.

브라질은 식민지배 시절부터 양극화 현상이 뚜렷한 나라였다. 백인과 유색인종 간에 격차가 매우 심하고 교육정책은 매우 엄해서 한 번 정학을 당하면 더 이상 학교를 다니지 못한다. 그것은 교육을 통해서 낮은 신분의 사람이 신분 상승되는 것을 막기 위해서이기도 하지

룰라는 1986년 선거에서 전국 최다 득표로 연방하원에 당선되며 성공적으로 정치에 입성했다. 룰라 대통령은 3전4기 도전 끝에 2002년 대통령 선거에 당선되었고 2006년 재선에도 성공했다. 금속 노조 지도자 출신의 과격한 정치집단이라는 부유층의 우려를 불식시키기 위해 광범위한 연합전선을 구축했다. 국가부도 위기로 치닫는 경제상황에 취임한 그는 중도좌파라는 정치적 성향을 유지하면서 유연한 정책을 통해 브라질 경제를 끌어올렸다. 2003년부터 2008년까지 연평균 5% 가까운 경제 성장을 이끈 배경에는 적극적인 산업정책과 함께 양극화를 해소하기 위한 각종 기아퇴치 프로그램과 저소득층 생계비 지원 프로그램 등 강력한 분배정책이 있었다. 현재 그의 후계자인 지우마 호세프 여성 대통령이 그의 정치 철학을 이어가고 있다.

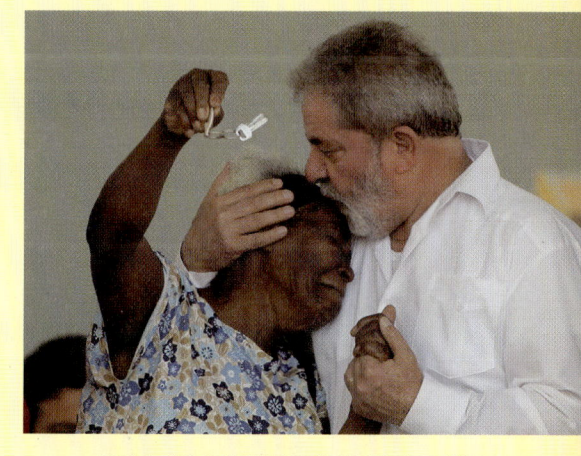

2010년 리우데자네이루의 한 빈민촌에 주택을 보급하고 나서 집 키를 받은 노인을 보듬어 주고 있는 룰라 전 대통령

만 고등고육은 부유층 귀족들의 전유물이라고 생각해왔기 때문이다.

하지만 2002 월드컵 현장에서 이 생각을 바꾸게 한 사건이 생겼다. 월드컵 때 서울시청 앞 광장에서 선수들을 응원하는 사람들을 취재하러 온 한 브라질 기자는 브라질에서도 유독 사회의 어두운 면만 취재하기도 유명했다. 길거리 응원전을 보면서 기자는 머릿속으로 경기가 끝난 뒤 쓰레기로 난장판이 된 광장의 모습을 예상했다. 그런데 이게 웬걸! 쓰레기는 커녕 나뭇가지 하나 부러지지 않은 거리의 모습을 보고 충격을 받았다. 브라질 기자는 응원전이 계속되어도 거리는 여전히 쓰레기 하나 없이 깨끗한 모습을 보면서 자신도 옷을 벗고 붉은 악마가 될 수밖에 없었다.

그는 월드컵이 끝난 후 한국이 왜 이런 놀라운 모습일까를 연구하기 위해 취재를 했다. 결론은 브라질과는 전혀 딴판인 교육이었다. 그 기자는 브라질로 돌아가서 한국의 엄청난 실상을 방송으로 연재하면서 알렸다.

마침 브라질의 개혁자 룰라가 4번의 도전 끝에 대통령에 당선되면서 한류파들이 생겼다. 지금의 브라질 최초의 여성 대통령 '지우마 바나 호세프'Dilma Vana Rousseff도 친한파로서 한국을 배우기 위해서 자주 방문했다. 그런 열기는 한국 아이돌 가수의 인기로 이어져서 공연장에서 실신하는 브라질 젊은이들이 생길 정도로 뜨겁다.

축복받은 약속의 땅

　브라질하면 '이구아수폭포, 커피, 축구, 쌈바 카니발, 아마존 그리고 코르코바도Corcovad 언덕의 팔 벌린 예수상' 등을 떠올릴 수 있다. 그리고 남미 유일의 포르투갈어를 쓰는 점도 특이하다.

　그러나 지금 전 세계는 경제대국으로 가는 브라질의 미래에 관심이 집중되고 있다. 현재 세계 7위의 경제규모이지만 곧 프랑스를 제치고 세계 5위가 될 것으로 예상하고 있다. 이렇게 된 근본적인 이유는 '축복받은 땅'에 있다고 하겠다. 브라질의 땅 면적은 남미 전체 면적의 절반47%에 해당하며 알래스카를 제외한 미국의 면적과 비슷하고 우리나라 남한의 85배에 해당한다. 세계 5위의 면적이지만 그것은 숫자에 불과하다.

　기후 조건이 매우 좋아 추운 지역이 없다. 물이 부족한 지역도 없어 농업 생산성이 높아 대부분의 땅을 개발할 수 있다. 전 세계의 농사지을 수 있는 땅의 22%를 브라질이 보유하고 있다. 북유럽에서 펄프용 나무를 생산하는 데 50년이 걸리지만 브라질에선 유칼립투스

Eucalyptus 나무가 7년이면 자라며 포도도 1년에 두 차례 생산된다. 겨울철에도 난방 없이 닭을 사육하며, 1억 7천만 마리의 소가 사육되고 있다. 매년 다양한 농축산물을 수출하는 세계 제1의 농업국가이다. 땅 위에 다양한 가축과 곡식이 자라고 있다면 땅 속에는 엄청난 자원이 매장되어 있다. 금, 다이아몬드는 기본이고 브라질 전역에서 철세계 2위, 알루미늄, 금, 망간 등 70여 종류 이상의 광물이 매장되어 있다.

브라질 광물 분포도. 노란색이 금이며 얕은 분홍색이 다이아몬드이다.

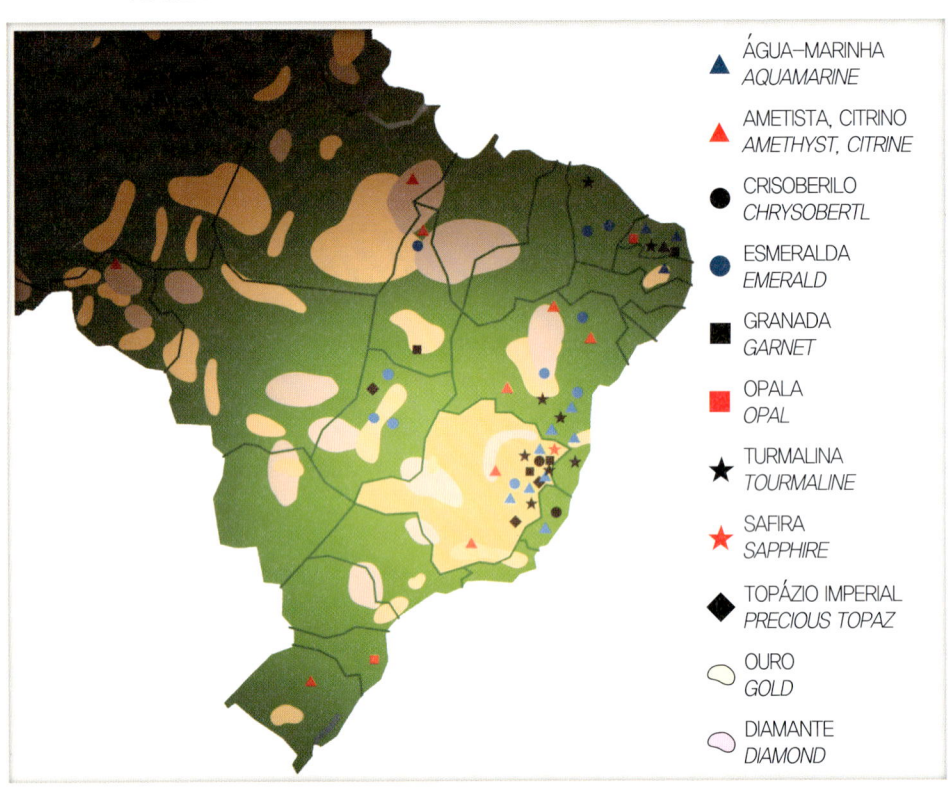

아마존 지역엔 광물의 매장 규모조차 파악되지 않고 있다. 최근엔 리우데자네이루 인근의 대서양 연안에서 석유를 탐사했는데 700억 배럴의 매장량을 확인했다. 이는 세계 9위이며 남미에선 베네수엘라 다음으로 많다. 지질학자들은 잠재적으로 4,000억 배럴이 매장되었을 것으로 추정하고 있다. 뿐만 아니라 브라질은 세계 3위의 항공기 제조업체 엠브라에르Embraer를 보유하고 있고 세계 4위의 자동차 생산국이다. 이로 인해서 브릭스BRICS=Brazil, Russia, India, China, South Africa를 이끌어가는 나라가 되었다. 그러나 이 모든 것보다 브라질인들이 가장 안심하는 것은 지진과 쓰나미, 화산 그리고 태풍, 홍수, 가뭄과 같은 자연재해가 거의 없다는 것이다. 게다가 해변에 비치가 2,095개나 있어서 바다를 즐기려는 관광객들이 1년 내내 밀려든다.

한마디로 브라질인들은 금은보화가 가득 묻혀 있는 전망 좋고, 날씨 좋은 휴양지에 살고 있는 부자라고 할 수 있다. 그런데 브라질인들은 이런 사실을 모르다가 이제 철이 좀 들어서 미국과 같은 경제대국을 만들려 하는 중이다. 한 예로 미국에 입국하는 외국인에게 지문을 날인하는 것에 대해서 브라질 정부는 미국 정부에게 브라질인들만은 예외로 해달라고 했는데 거절당했다. 그러자 브라질에 들어오는 외국인 중 미국인만 지문 날인하면서 사진까지 찍어야 한다. 브라질 입국장에서 유난히 긴 줄이 있다면 미국인들이 서 있는 것이다.

그럼에도 불구하고 브라질은 극단적인 양극화 현상이 자리잡고 있는데 페루와 멕시코의 현실과 크게 다르지 않다. 전직 브라질 대통령의 말에서 이를 실감할 수 있다.

"48시간 브라질을 여행하면서 수세기를 경험하는 시간여행을 했다."

신석기시대에서 멈춰버린 아마존부터 초현대적인 상파울루의 도심에 이르기까지 시공을 초월하는 경험을 할 수 있기 때문이다. 대도시의 화려한 현대식 건물 속에 거대한 무허가 빈민촌, 최고급 승용차와 우마차가 함께 다니는 도로, 평화와 내전 수준의 혼란, 로켓과 항공기를 만드는 기술과 돌도끼 등이 함께 존재한다.

멕시코 같은 여타 중남미 지역과 마찬가지로 상가, 아파트, 개인 건물의 출입문이나 엘리베이터는 두 종류가 있다. 하나는 쏘시아우^{Social} 또 하나는 쎄르비시우^{Servicio}이다. 쏘시아우는 집주인이 사용하며 쎄르비시우는 파출부, 경비원, 노동자가 사용한다. 이런 양극화의 원인은 식민지시대에서부터 이어져 내려온 산물이며 브라질이 극복해야 할 가장 큰 문제이다.

OB와 카스맥주를 인수한 세계 최대 맥주회사

브라질의 엠베브^{Ambev}와 벨기에의 이터브뤼^{Interbrew}사가 합작한 인베뷰^{Inbev}는 300개의 브랜드를 흡수한 맥주 공룡으로, 전 세계에서 최대의 맥주회사이다. 버드와이저, 호가든, 벡스, 스텔라 등 세계적인 브랜드뿐 아니라 우리나라 OB와 카스맥주도 매입했다.

우연히 발견한 땅

콜럼버스가 신대륙을 발견한지 8년 후 바스코 다 가마는 유럽인 최초로 인도에서 후추와 향신료를 싣고 포르투갈항에 입항했다. 그 뒤로 6개월이 지난 1500년, 포르투갈의 대규모 선단이 인도를 향하고 있었다. 그러다 항로를 이탈해서 우연히 브라질을 발견했다. 이유는

인도로 가던 포르투갈 선단이 우연히 브라질을 발견했다.

아프리카 항로를 개척한 바스코 다 가마의 이야기 때문이었다.

포르투갈의 대규모 선단은 적도 부근에서 아프리카 해안을 따라 희망봉 쪽으로 가다가 역풍을 만나게 되어 항해하는 것이 힘들어졌다. 그 당시의 항해 수준도 형편 없었지만 적도에서 바람이 없는 지역을 만나면 수십일 동안 배 안에서 꼼짝 못하게 되어 식수와 식량 부족, 그리고 전염병이 돌아서 선원들 대부분이 목숨을 잃기도 했다.

그러나 적도 부근의 아프리카 해안에서 서쪽으로 가다 보면 어느 순간 바람이 아프리카의 남쪽 방향으로 분다는 이야기를 들었다. 이는 사실 브라질과 아프리카 사이의 해류가 반시계 방향으로 돌면서 움직이기 때문이다. 그래서 그렇게 했는데 서쪽으로 너무 멀리 와버렸다. 처음엔 미지의 큰 섬을 하나 발견했다고만 생각했다. 발견한 땅에서 앵무새, 목재, 가죽을 포르투갈에 수출했다고 해서 '앵무새 섬'

브라질의 상징동물인 마코앵무새. 앵무새를 심벌로 사용하는 곳이 많다. 브라질의 상징동물로는 마코, 재규어jaguar, 배불뚝이 개똥지빠귀가 있다.

으로 불리기도 했다.

　브라질은 페루의 잉카, 멕시코의 아즈텍과 같은 고대문명은 없다. 금도 없었다. 단지 수렵과 채집생활을 하는 원주민들만이 살고 있었다. 브라질 원주민들도 안데스문명을 만든 이들처럼 몽골리안으로 아주 오래 전 유라시아대륙에서 넘어왔다고 알려져 있다. 그러나 높은 안데스산맥과 아마존으로 인해서 잉카와 같은 안데스문명이 넘어오지 못한 곳으로 여기고 있다.

　학자들은 브라질에 고대문명이 발달하지 않은 가장 큰 이유를 브

서기 1500년에 우연히 발견한 브라질은 앵무새를 잡아다 팔아서 앵무새 섬이라 불렀다.

라질에 과일과 동식물이 풍부해서 수렵과 채집생활이 발달했기 때문이라고 한다. 정착생활이 필요치 않았기 때문에 문명이 이루어지지 않았다. 안데스에서 재배하던 작물인 감자도 없었고 메소아메리카에서 재배하던 옥수수도 없었을 뿐더러 대체할만한 작물이 없었다. 그러고 보면 메소포타미아, 이집트, 멕시코, 안데스 고산지역 등 척박한 지역에서 문명이 발달했다는 것과 비교가 된다.

브라질 국명의 유래

미지의 땅의 해안에 지천으로 자라는 파우 브라질 Pau Brazil이라는 나무는 가구와 배를 만들며, 붉은색 염료를 추출할 수 있는 최고의 특산품이었다. 유럽의 의류업자들이 고가로 구매하던 염료였다. 그래서 1503년부터 이곳을 브라질이라 불렀다. 무분별한 벌목으로 인해서 현재 멸종위기에 놓여 있다. 브라질 정부에서 지정한 특별 보호 수종이다.

브라질 국명이 된 파우 브라질 나무는 브라질에서도 희귀하다.

발견 초기
뜨거운 감자였던 브라질

　포르투갈 입장에선 고대문명이 없었던 브라질의 발견은 행운인 동시에 불운이었다. 행운은 원시 수준의 소수의 원주민들뿐이었기 때문에 쉽게 정복할 수 있었다. 불운은 스페인이 잉카와 아즈텍, 마야를 정복해서 얻은 금이 존재하지 않았다. 포르투갈 왕실은 스페인처럼 내륙으로 들어가는 것보다 브라질 특산품을 팔거나 농사를 통한 농산품을 생산하는 방식을 택했다. 별 볼일 없는 땅을 개간하기 위해서 포르투갈은 민간인들을 끌어드렸는데 안정적인 상류층은 당시 목숨을 걸만큼 위험하게 생각되는 브라질로 가길 꺼렸다.

　이민자들의 대다수는 중류층과 하류층 사람들이었지만 그들에게는 혜택이 주어졌다. 브라질 개척에 참여하는 이들에게 토지 개발권을 주었고 세습까지 할 수 있었다. 그리고 브라질 내에서 농업생산 노동력의 확보는 아프리카 흑인 노예를 통해서 해결했다. 이로 인해서 토지가 일부에게 집중되는 결과를 가져왔다. 이는 현재까지도 브라질 사회의 고질적인 문제로 작용하는 계층 분리와 극심한 빈부의 격차를 만들었다.

또르데시야스 조약 : 캐리비안 해적을 탄생시키다!

콜럼버스가 신대륙을 발견한 후 스페인은 자국 출신 교황 알렉산더 6세를 앞세워서 이미 발견되지도 않은 땅에 선을 그어서 스페인 영토라고 규정하는 웃기는 법을 만들었다. 이는 당시 교황청을 스페인 밑에 둔거나 다름 없었기 때문에 가능했다.

그러나 포르투갈 입장에선 말도 안 되는 소리였다. 이미 대서양에 진출했고 아프리카 남쪽을 돌아 인도양까지 가려고 하는데 문제가 될 것이 뻔했기 때문이었다. 그래서 신대륙을 발견한 2년 후인 1494년 스페인 또르데시야스에서 경계선을 수정하는 또르데시야스 조약을 체결하였다. 북에서 남으로 이어지는 경도 46도 선의 동쪽에 발견되는 땅은 포르투갈이 차지하고 서쪽에 발견되는 땅은 스페인이 차지한다는 내용이다. 그래서 카리브해엔 스페인 배만 들어갈 수 있었고 영국과 네덜란드 등 다른 나라 상선들은 해적선으로 간주되었다. 소위 캐리비안 해적은 이렇게 생겼다.

이렇게 싸움 없이 사이좋게 세상을 반반씩 나눠 먹기로 했다. 그러나 이 조약은 잘 지켜지지 않았고 스페인이 가장 먼저 이 조약을 깼다. 시간이 지나 포르투갈은 아프리카의 '희망의 곶'(희망봉)을 돌아서 인도와 인도네시아, 지금의 필리핀, 마카오, 일본 등과의 무역을 통해서 막대한 이익을 내고 있었다. 그러나 스페인은 마젤란처럼 무식하게 서쪽으로 계속 돌아서 태평양을 건너 인도로 갔다 올 수는 없었다. 그래서 인도양 경쟁에 뛰어들었다. 스페인은 필리핀 북부를 차지하는 것에 만족하고 경쟁을 멈췄다. 이유는 스페인 왕이 포르투갈 왕을 겸하면서 경쟁이 무의미해졌기 때문이었다. 스페인의 무적함대의 왕 펠리페 2세는 포르투갈의 왕인 펠리페 1세로 등극했다. 필리핀이라는 국명은 펠리페의 이름을 따서 지었다. 스페인 왕조의 포르투갈 합병은 1640년까지 약 60년간 이어졌다.

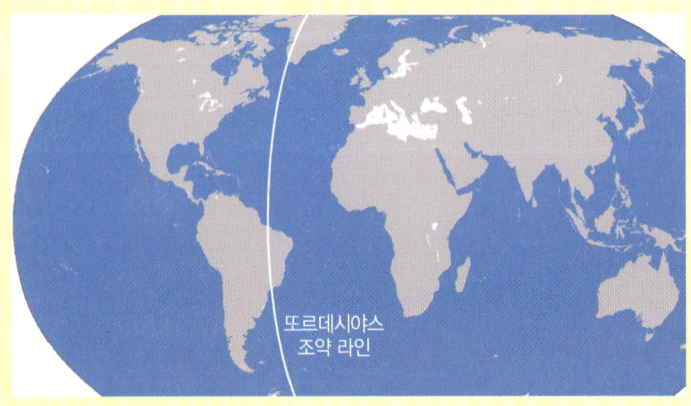

브라질이 커진 이유

　브라질은 포르투갈 왕조의 국가시스템이 먼저 들어간 다음 나중에 아프리카 흑인들이 들어와서 혼혈문화가 생겼다. 브라질은 처음부터 이주민들이 만든 사회였다. 스페인 식민지에서 흔했던 원주민들의 대규모 저항도 없었다. 그러나 포르투갈이 처음 브라질을 발견했을 때 브라질은 또르데시야스 조약 상 포르투갈 땅이었지만 관리하기 힘든 애물단지였다. 브라질을 발견하고 50년이 지나서야 동북쪽에 자리한 살바도르에 총독부를 두고 직접 관리하기 시작했다. 이때부터 살바도르가 수도였다. 그러다가 유럽에서 연속적으로 발생한 두 가지의 상황이 식민지였던 브라질을 크게 변하게 했다.

　첫째는 스페인 왕이 포르투갈 왕을 겸하는 상황이 발생한다. 유럽은 한 왕조가 후계자 없이 단절되면 주변 국가의 왕이 왕조가 단절된 나라의 왕을 겸하는 경우가 종종 있어 왔다. 포르투갈에서 그런 상황이 발생하자 합스브르크 가문의 스페인 왕 펠리페 2세^{Philip Ⅱ : 스페인 무적함대 아르마다의 왕}가 포르투갈의 펠리페 1세로 등극^{1580년}하면서 리베

브라질 **49**

리아 반도가 하나로 합쳐졌다. 이후 스페인은 60년간 포르투갈 왕조를 합병했다. 이로서 브라질에선 또르데시야스 조약으로 그어졌던 경계선이 사라졌고 포르투갈인들은 내륙으로 진출할 수 있었다.

둘째는 스페인이 지배하던 네덜란드가 문제였다. 네덜란드는 포르투갈의 주요 무역국가였다. 그런데 스페인-포르투갈이 합병됨으로써 브라질과 독점무역을 하던 네덜란드에게 반발을 샀다. 네덜란드는 노예무역의 거점도시 살바도르를 공격했다. 전쟁으로 노예공급이 줄어들자 농업 기반인 브라질이 무너질 위기였다. 그런데 브라질이 망하기 직전에 금이 발견됐다. 이때 등장한 사람들이 '깃발 든 사람들'이라는 반데이란치Bandeirante들이다. 그들은 모자란 노예를 확보하기 위해서 노예로 쓸 원주민 사냥과 황금 발견을 위해 내륙 깊숙이 들어갔다. 이것이 브라질이 커지게 된 원인이다.

남쪽에 대규모 금광이 발견되는 행운도 왔다. 브라질판 골드러시가 이루어지면서 많은 사람들이 유럽에서 이주해 왔다. 비공식적으로 18세기에 브라질에서 나오는 금은 전 세계 공급량의 약 80%를 차지했었다고 한다. 거기에 대규모의 다이아몬드 광산이 발견되면서 내륙으로 더 깊이 들어갔다. 때문에 브라질은 수도를 살바도르에서 금광 인근인 1,600km 남쪽에 자리한 리우데자네이루로 옮겼다. 금과 다이아몬드를 캐려는 반데이란치의 공으로 브라질 영토는 3배나 늘었다.

금이 호황을 이루자 18세기 초 예수회 선교사는 "하나님이 금을 주신 것은 브라질을 벌주기 위함이다."라고 예언 같은 말을 했다. 브라질이 농산물과 풍족한 광물에만 매달려서 제조업엔 신경 쓰지 않았기 때문이었다. 농산물 생산과 광물 생산은 다 노예가 했다. 이후 산업혁명이 유럽을 휩쓸 때 브라질과 포르투갈은 뒤처졌다. 특히 영국에 대한 무역 적자 때문에 브라질 금의 상당량은 영국으로 들어갔다. 포르투갈이 산업화에 뒤처진 이후 지금까지 힘을 못쓰고 있는 이유이다.

나폴레옹은 포르투갈에게 영국과의 거래를 중지할 것을 요구했으나 포르투갈은 이를 거부했다. 1807년 나폴레옹이 포르투갈을 침공하자 겁이 난 포르투갈 왕실은 귀족과 관리들과 함께 국보와 중요 문서들을 챙겨서 브라질로 이주했다. 1만 명이라는 대규모 인원이 47척의 배에 나눠 타서 이동했다. 유럽 국가의 왕 중에서 어느 누구도 신대륙에 발을 디딘 적이 없었는데 유럽 왕실 최초의 사건을 넘어서 수도를 천도한 대 사건이었다.

리우데자네이루는 포르투갈과 아시아 및 아프리카의 식민지를 다스리는 제국의 수도가 되었다. 서구 문명이 브라질로 들어가는 것을 법으로 금했었는데 자동적으로 풀렸고 브라질은 경제, 사회, 문화적으로 매우 발전했다. 리우데자네이루로 천도를 한지 10년도 못돼서 나폴레옹이 워털루 전투에서 패배해서 유배되었다. 그러나 포르투갈 왕인 동 주앙 6세는 돌아가지 않고 남기로 했다. 그러다가 포르투갈에 자유혁명이 발생하는 등 상황이 매우 나빠지자 왕은 23세의 황태자 아들에게 "브라질과 포르투갈을 선택해야 한다면 브라질을 선택해라."라는 말을 남기고 포르투갈로 돌아갔다.

국왕이 복귀한 후 포르투갈이 안정되자 의회는 브라질을 식민지로 격하시키는 조치와 함께 황태자의 귀국을 요청했다. 아버지가 불렀지만 아버지의 충고에 따라 귀국을 거부하자 본국에선 왕조에 대한 도전으로 생각하고 군대를 파견했다. 그러나 '독립 아니면 죽음을' 이라고 외치며 아버지의 조언에 따라 아버지에게 대항한 전쟁에 승리했다. 여기에는 독립을 부추겼던 영국, 스페인, 프랑스의 응원도 있었다.

영국의 중재로 1822년 브라질 독립을 선포하면서 황태자는 동 페드로 1세로 등극했다. 약삭빠른 영국은 브라질 독립의 대가로 포르

상파울루에 있는 독립기념 동상의 청동부조 부분

투갈에 지불할 배상금으로 200만 파운드를 브라질에 빌려 줬다. 그 돈이 포르투갈에 들어갔지만 포르투갈 역시 영국에게 빚이 있었기 때문에 그 돈은 다시 영국에 들어갔다. 수지맞는 장사로 짭짤해진 영국은 남미에서 일어나는 전쟁에 돈을 빌려주고 이자와 함께 되돌려 받는 방법으로 천문학적인 돈을 벌었다.

  포르투갈에 있는 아버지 동 주앙 6세가 죽자 동 페드로 1세는 포르투갈에 있는 왕위도 탐을 냈다. 때문에 브라질 귀족들과 군은 동 페드로 1세를 강제 퇴위시켰다. 그리고 두 번째이자 마지막 황제로 5살짜리 왕자를 동 페드로 2세로 옹립시켰다. 동 페드로 2세는 14세에 국가를 직접 통치했다. 영어, 불어, 스페인어, 원주민 과라니어 등 10가지 언어에 능통했던 천재 황제는 커피 산업을 크게 일으킨 장본인이다. 50년 가까이 통치하다가 파라과이와의 전쟁 후 쿠데타로 강제 퇴위당하고 프랑스에서 호텔을 전전긍긍하다가 병으로 생을 마감했다. 그 후 브라질은 공화국이 되었고 동 페드로 2세의 시신은 30년 후에 돌아왔다.

자연의 유혹
리우데자네이루

　브라질을 상징하는 단 하나를 들라면 리우데자네이루 코르코바도 산꼭대기에 있는 팔 벌린 예수상이다. 리우데자네이루^{Rio De Janeiro : 1월의 강}는 포르투갈어 발음으로 '히우 지 자네이루'이다. 브라질에선 줄여서 '히우'라 한다.

　리우를 처음 탐험한 것은 1502년 1월이었다. 리우를 처음 발견할 당시 배가 거대한 만 안으로 들어왔을 때 큰 강이라고 생각했다. 그 후로 1월의 강이라고 불리고 있다.

　거대한 만의 이름은 과나바라^{Guanabara}이며 지역 원주민이었던 투피^{Tupi} 언어로 '바다의 젖 가슴'이란 뜻이다. 과나바라는 브라질에서 두 번째로 큰 만이며 길이가 31km, 최대 폭이 28km나 된다. 만 안쪽에는 10여 개의 강물이 바다로 흘러 들어온다.

　리우는 한마디로 산과 바다가 끝내준다. 유명한 보사노바 음악 '이빠네마에서 온 여인'에 등장하는 이빠네마^{위험한 물} 해변과 세상에 가장 많이 알려진 코파카바나^{파란 바다} 해변 그리고 전망이 좋은 빵산(빵

지 아수까르 : 빵에 바르는 설탕을 쌓은 모양)이 있다.
  빵산은 원래 이 지역 원주민인 투피족 언어로 '높이 솟은 꼭대기'라는 의미이다. 생김새가 설탕을 쌓은 것과 비슷하다 하여 빵 지 아수까르라 불리지만 외지인들에겐 '슈가로프'로 더 잘 알려져 있다. 한국인들은 보통 줄여서 빵산이라고 한다.

팔 벌린 예수상이 있는 코르코바도산에서 본 전경. 해발 710m의 화강암 돌산인 코르코바도는 포르투갈어로 꼽추라는 뜻이다. 앞에 보이는 돌산은 케이블로 올라가는 빵산이다.

브라질의 아이콘인 팔 벌린 38m 크기의 예수상. 조각상 자체는 30m이지만 기단이 8m이다. 예수상 이름은 구세주이다. 돌처럼 보이지만 철골 뼈대에 시멘트를 부어서 만든 다음 삼각형 모양의 작은 돌들을 표면에 붙여서 마치 돌 조각처럼 보이게 했다.

리우는 바닷가 주변에 높이 솟은 산들과 가는 곳마다 이어지는 백사장들로 인해서 세상에서 가장 아름다운 도시경관이 되었다. 이런 자연환경 때문에 2012년 1월 유네스코 자연유산에 등록되었다. 시내 중심엔 부의 상징인 고층 건물들이 무성한 나무들과 어울려서 질서 있게 서 있고 항구엔 호화 보트와 요트들이 정박되어 있다.

항구를 가로지르는 13.3km의 리우-니테로이 Rio-Niteroi 다리는 말 그대로 리우와 리테로이 숨겨진 물를 연결한다. 1974년에 만들어진 다리

과나바라만 입구는 폭이 1.5km이다. 현재 사용 중인 군사시설인 산타크루즈 요새이다.

는 이타이푸댐과 함께 브라질 토목기술의 상징이기도 하다.

  뿐만 아니라 기후가 따뜻해서 열대지역에 자라는 과일들이 풍부하고 희귀동물들이 서식하는 산 속은 정글과 다름없다. 리우 중심을 벗어나서 해안을 따라 이동하면 외국 관광객들과 부자들이 논다는 끝없는 백사장들이 나온다. 이 백사장은 유명한 축구스타의 고급 아파트도 자리하고 있어서 축구에 열광하는 사람들이 좋아한다. 그래서 리우는 아름다운 자연 경관과 다양한 문화, 친절한 사람들 때문에 사람 살기가 좋은 곳인 듯 보인다.

케이블카를 두 번 타서 오르는 돌산 빵 지 아수까르(빵 설탕). 쉽게 빵산이라고 하는데 코르코바도에서 보던 모습과는 완전히 다른 전경을 볼 수 있다.

바다에서 본 빵 지 아수까르(빵산)는 거대한 돌덩어리이다.

빵산에서 내려다 본 코파카바나 해변. 서민적인 곳이며 리우 시민과 관광객들이 붐빈다. 고급 호텔들이 즐비하지만 해변엔 도둑들이 극성이다.

코로코바도산에서 본 이빠네마 해변. 호텔들이 밀집된 코파카바나 해변과는 다르게 고급 아파트가 밀집되어 있어서 치안이 비교적 좋고 주로 현지인들이 많이 찾는다.

리우를 상징하는 여인상Mythological Guanabara이 빵산 정상에 있다. 잘록한 허리는 해안선, 가슴은 산, 스커트는 파도, 머리카락은 숲을 상징하며, 그림자는 리우 출신을 지칭하는 카리오카 여인의 우아함이라고 한다.

그러나 리우야말로 겉보기에서부터 양극화의 뚜렷한 모습을 보인다. 공항에서 도시를 들어올 때 가장 먼저 만나는 모습은 빈민가와 오염된 수로들이다. 도심의 산등성이를 따라 무허가 판자촌 파벨라가 여기저기 들어 서 있다. 파벨라는 헐리우드 영화 속에 자주 등장하는 갱단들의 소굴로 범죄가 계획된다. 이곳에 목숨을 걸고 들어갈 만큼 용감한 경찰은 없다. 파벨라는 국가가 버린 갈데 없는 군인들이 모여 살면서 시작되었다.

19세기말 리우 북쪽 1,800km 떨어진 비이아주의 카누도수Canudos에서 내란이 있었다. 내란을 진압한 군인 2만 명이 수도인 리우에 돌

빵산 정상에 서식하는 손바닥만한 원숭이. 앵무새를 주제로 만든 '리오'라는 애니메이션에도 등장했던 녀석이다. 만나기 힘들고, 나타나도 나뭇잎에 가려서 잘 보이지 않지만 빵을 가져가서 부르면 모습을 보여준다.

아왔지만 국가 재정이 빈약해서 약속했던 집은 고사하고 급료조차 받지 못했다. 어처구니 없이 방치된 군인들은 산자락의 빈민가에 모여 들었다. 몇몇 빈민촌은 이미 아프리카 노예 출신의 흑인들이 '아프리카의 이웃'이라는 이름으로 살고 있었다. 파벨라라는 이름을 쓰게 된 것은 군인들이 반란을 진압하러 갔던 장소에 지천으로 자라는 파벨라에 대한 기억 때문이다.

파벨라는 가시가 잎사귀에 돋쳐 있고 일종의 쐐기풀이지만 독성이 강해서 먹으면 청산가리 효능이 있고 가시에 찔리면 피부 발진이 생긴다. 군인들이 주둔했던 곳은 소위 '카누도수의 파벨라 언덕'이었는

리우의 역사와 문화, 행정의 중심지와 리우-니테로이 다리도 보인다.

데 파벨라 때문에 고생했던 기억이 생생했다. 그렇게 파벨라 언덕에 익숙한 군인들이 리우에서도 고달픈 언덕에 살기 때문에 파벨라라 불렀다. 그 이후 브라질에선 빈민촌을 파벨라라 부르고 있다.

현대적인 파벨라는 대부분 1970년대에 형성되었다. 파벨라는 멕시코시티 또는 페루의 수도 리마에서 흔히 볼 수 있는 달동네와 마찬가

화강암 돌산과 비치가 만나는 풍광들은 리우의 전형적인 모습이다. 발길이 닿는 곳마다 변화무쌍한 모습을 볼 수 있다.

지로 브라질도 농촌을 탈출해서 도시로 온 사람들이 빈민촌을 이룬 곳이다. 통계에 따르면 브라질 전체 인구의 6%인 1천 1백만 명이 파벨라에 살고 있다고 한다. 1999년부터 특정 관광회사를 통해서 치안이 확보된 판자촌을 둘러 볼 수 있어서 많은 관광객들의 흥미를 끌고 있다. 그 중에서 가장 유명한 곳은 작은 농장을 뜻하는 호씽야 Rocinha :

브라질 63

little farm로 이빠네마 해변에서 가깝고 브라질에서 가장 큰 곳이다.

 이곳에선 악명 높은 이름인 파벨라라고 하지 않고 공동체를 뜻하는 '마을'이라는 용어를 쓰지만 아직도 뉴스 등 많은 경우가 파벨라로 부른다. 파벨라 관광은 도로가 좁기 때문에 많은 사람들이 한꺼번에 가지 않고 벤을 이용해서 움직인다. 파벨라 관광 시 사진촬영이 금지되어 있어 파벨라 골목을 찍은 사진은 볼 수 없다. 파벨라 관광 중에 학교나 특정 시설에 잠시 들리곤 하는데 이는 기부금을 받기 위해서이다.

최근엔 정부에서 파벨라 개선을 위한 노력으로 다양한 공공설비와 삼바학교 설립, 주민을 관광가이드로 활용하려는 노력을 하고 있다. 숙박시설도 운영하고 있는데 파벨라에서 만나본 유럽 관광객들은 이곳이 더 안전하다고 이야기한다. 그리고 곧 있을 월드컵과 2016년 리우 올림픽을 대비해서 도시 미관을 개선해서 말끔해졌다. 여러 건물 벽면에 갱단끼리 전쟁에서 희생당한 사람의 눈을 크게 그려서 이색적인 모습을 보여준다. 그러나 돈 좀 있다는 사람들은 치안이 불안하기 때문에 긴 다리를 건너 반대편 도시에서 살거나 치안이 확보된 곳에 따로 모여 산다.

산등성이에 자리한 브라질에서 가장 큰 파벨라 호씽야. 가까이에서 보면 이색적인 모습에 직접 가보고 싶다는 생각이 든다.

빵산에서 내려다 본 부촌의 모습. 매우 안전한 장소처럼 보인다.

사정이 이런대도 외지인들이 리우의 매력에 푹 빠지는 것은 일단 사람들이 좋기 때문이다. 정열적이고 해맑게 웃으며 친절을 베풀어 준다. 관광객을 상대로 한 범죄가 거의 없다. 브라질의 수도였을 때 남겨놓은 유럽식 문화유산과 초 현대식 건물 그리고 독특한 자연 환경이 잘 어우러져 있기 때문이다.

이것은 마치 외국에서 남북으로 갈라진 한국을 볼 때 매우 위험해

무더운 여름을 나기 위해서 카리오카(리우 출신을 지칭) 사람들은 리우에 산재한 수많은 비치에서 거의 매일 수영을 즐긴다. 카리오카 사람들은 빈부에 상관없이 몸을 드러내는 것을 꺼리지 않아서 리우의 비키니가 세계적으로 유명해졌다고 한다.

보이지만 막상 와보면 아무일 없는 것과 유사하다 하겠다. 비슷한 경우로 외국인들은 브라질을 포함한 모든 중남미 국가에 이러한 선입견을 가지고 있다.

리우에서 꼭 해볼 것

1. 팔 벌린 예수상이 있는 코르코바도산을 기차로 등정(해를 등지고 보려면 반드시 오후에 가자. 오전엔 해를 안고 봐서 경관이 흐리게 보인다. 단, 코르코바도산도 아래에 있는 호수 때문에 오후엔 구름이 가려서 경관이 안보이는 경우가 있다.)
2. 빵 설탕산 케이블카 등정(360도 파노라마 전경이 좋은 곳이어서 정오에 가거나 야경을 보기 위해서 저녁 무렵에 가면 좋다.)
3. 파벨라 관광(개인적으로 가면 안 되고 반드시 허가 받은 여행사를 통해서 간다.)
4. 코파카바나 해변에서 맨발로 걷기

빵산에서 본 리우의 야경

코파카바나의 모래 조각가. 돈 내고 사진 찍으라고 팔 벌려서 작품을 가리고 있다.

5. 마라까낭 축구 경기장에서 브라질 전설들의 발을 보자.
6. 리우 항구인 과나바라만 크루즈 타기. 목선 크루즈를 타고 항구를 한 바퀴 둘러 보자. 리우의 자연을 배에서 느끼는 또 다른 맛이 있다. 바다에서 바라보는 빵산의 경관과 리우의 여러 모습을 만난다. 역사적인 장소를 지나며 UFO가 내려 앉은 듯한 현대미술박물관은 리우의 또 다른 랜드마크이다.
7. 작은 섬 일아 피스칼^{Ilha Fiscal} 방문. 아주 작은 섬 위에 자리한 동화 속의 그림 같이 아름다운 신 고딕양식 건물로 얇은 초록색이다. 브라질 왕정시대 때의 건물로 쥐 섬이었지만 항구 감독관 피스칼이 살아서 '피스칼의 섬'으로 불리고 있다. 1889년 브라질 마지막 황제 동 페드로 2세가 마지막 만찬파티를 했다. 지금은 역사문화 박물관으로 하루 3회 가이드 투어가 있다. 배를 타고 들어간다.

◀ UFO가 내려앉은 것 같은 니테로이 시립 현대미술관. 리우시에서 다리 건너서 간다.

▼ 코르코바도산 아래에 있는 식물원
국립공원 안에 있는 식물원. 코르코바도산 아래에 자리하며 산책로를 따라 시원한 그늘 아래에서 열대와 아열대 식물들을 감상할 수 있는 편안한 장소이다. 19세기 포르투갈 왕실에서 조성했으며 8,000여 종의 나무가 심어져 있다. 제왕 야자수 산책로가 멋있다.

배를 타고 들어가는 피스칼섬. 문화박물관으로 사용하고 있다.

축제의 나라

브라질 축구의 메카, 마라까낭 경기장. 1950년 브라질 월드컵을 위해서 만든 경기장으로 최근 개 보수를 마쳤다. 마라까낭 동네에 자리하고 있어서 붙여진 이름이다. 2014년 7월 13일 브라질 월드컵 결승전을 비롯해서 총 7차례 경기가 열릴 예정이다. 이곳에서 총 인원 7만 9천 명을 수용하는 남미 최대 경기장으로 리우가 연고지인 플라멩구와 플루미엔스 두 팀의 홈 경기장이다.

브라질에서 2014년 월드컵이 열리고 2016년엔 리우에서 올림픽이 열린다. 세계 최고의 스포츠 축제가 한 나라에서 연속으로 열리는 것은 매우 희귀한 일이다.

브라질이 잘 놀고, 잘 먹고, 춤추는 축제의 나라여서일까?

월드컵에서 5회 우승했음을 알리는 기념 티셔츠

브라질의 축제는 유럽과 아프리카의 혼합 문화에서 탄생했는데 리우 카니발에서부터 매일 벌어지는 광란의 축구 현장이 바로 그렇다. 브라질에서 축구는 정치이자 여론이며 브라질인의 자존심이며 생활의 모든 것이다.

축구를 광적으로 좋아하는 전 룰라 대통령은 축구 때문에 대통령 선거에서 떨어진 적이 있다. 여론조사에서 경쟁자보다 2배 앞서 있어서 대통령 자리는 떼어 놓은 당상이었다. 하지만 책 벌레였던 경쟁자 까르도스는 1994년 미국 월드컵 때 정치 인생을 걸고 평소에 안 하던 모험을 했다. 브라질 경기 때가 되면 기자들을 선거 캠프에 초청해서 열렬히 응원하는 모습을 담게 했다. 그리고 승부차기로 이탈리아에 역전 우승했을 때 브라질 국민들의 머릿속엔 룰라가 아닌 까르도스가 있었다. 느긋하게 집에서 가족들과 축구를 관람했던 축구광 룰라는 패배했다.

1994년 월드컵에 대한 또 하나의 일화는 브라질 주전 스트라이커 호마리우의 아버지가 납치된 사건이다. 범인은 200만 달러의 몸값을 요구했다. 호마리우는 "몸값을 주긴 하겠지만 아버지가 풀려나지 않으면 미국 월드컵에 뛰지 않겠다."고 폭탄 선언을 했다. 브라질 국민들은 패닉 상태에 빠졌다.

곧이어 브라질 국민과 정부는 역적을 잡기에 혈안이 되었다. 얼마 후 신변의 위협을 느낀 범인들은 국민들의 분노가 무서워서 풀어주었다. 또한 인기 축구스타가 정치에 나가면 당연히 당선되는 현상이

리우의 마라까낭 경기장에 가면 브라질 역대 최고 선수들의 사진이 걸려있다. 브라질인이라면 누구든지 와보고 싶어하는 장소로 수학여행을 온 학생들도 찾아와서 배경으로 단체 촬영을 한다.

펠레의 족적. 마라까낭 경기장에 가면 역대 최고의 선수들의 족적이 있다.

축구선수는 발자국을 남긴다. 마라까낭의 스타들의 발자국.

브라질 스타 선수들의 족적들 위로 우뚝 솟은 지코의 동상. 마라까낭 경기장 역사상 최다 득점인 333골을 기록하고 있다. 172cm의 왜소한 체격으로 브라질 축구 역사상 가장 위대했던 인물임을 나타내는 증표이다. 하얀 펠레로 또는 페레 이후에 가장 위대한 선수로 불리는 지코는 플라멩구 클럽 역사상 가장 많은 508골을 넣었다. 이 기록은 지금도 깨지지 않고 있다. 20세기를 통틀어 최고의 선수로 평가되는 지코는 압도적인 기량을 가진 선수였다.

마라까낭 경기장에서 챔피언십 결승전이 열리는 날, 전쟁터로 나가는 서포터즈들을 경찰들이 인솔하고 있다.

발생하는 곳도 브라질이다.

인기 축구스타가 정치에 나가 당선된 대표적인 예가 체육부 장관이었던 펠레와 지코이다. 총 1천 골을 넣은 1994년 월드컵 영웅 호마리우는 2010년 연방 하원의원에 당선되었다.

그리고 마라까낭 경기장에서 챔피언십 결승전이 열리는 날에 축구장 밖 서포터들의 모습은 전쟁하러 나가는 사람들과 다를 바 없다. 서포터들은 경기장 밖 멀리서부터 웃통을 벗은 채 떼거리로 패싸움하는 기세로 가기 때문에 무장경찰들이 인솔해서 경기장 안으로 들여보낸다. 영국인들은 이기든 지든 상관없이 축구를 하지만 브라질

리우인들이 개발한 발 배구. 백사장에서 어김없이 볼 수 있는 장면이다.

인들은 이기든 지든 심판을 비난하기 위해서 축구를 한다고 말한다. 승패는 심판의 영향이 크다고 판단하기 때문이다. 그만큼 브라질인들에게 축구는 절대 양보할 수 없는 것이다.

브라질과 남미에 축구가 처음 시작된 것은 남미국가와 무역하는 영국인 선원들에 의해서다. 남미의 주요 항구도시에서 영국인 선원들이 축구를 하던 것이 발단이 되어 남미와 브라질에 축구가 시작되었다. 브라질에서 축구가 얼마나 인기가 있었던지 선교사가 농구 보급을 위해 가져온 농구공을 받자마자 학생들이 축구를 했다고 한다.

브라질 해안은 백사장으로 둘러싸여 있다고 해도 될 만큼 가는 곳마다 수 킬로미터에서 수십 킬로미터에 이르는 모래사장 천국이다. 낮에는 리우 사람들이 개발한 발 배구를 하는 장면을 쉽게 볼 수 있으며, 어둠이 찾아오면 희미한 조명을 켜고 백사장에서 축구하는 아이들을 쉽게 찾아 볼 수 있다.

뛰기 힘든 모래밭에서 어릴 때부터 매일 축구를 하기 때문에 다른 나라가 브라질 축구를 당해 낼 수가 없는 것이 아닐까? 브라질은 450개의 축구 클럽에서 약 1만 명의 선수들이 뛰고 있다. 브라질에서 가장 유명한 리우의 플라멩구 클럽은 4천만 명의 서포터즈가 있을 정도다.

2014 브라질 월드컵

이제 브라질은 월드컵을 2번 개최한 전 세계에서 5번째 국가가 된다. 멕시코, 이탈리아, 프랑스, 독일 다음이다. 월드컵은 브라질의 전국 12개 도시에서 열린다. 상파울루와 브라질리아를 포함한 6개 도시는 초현대식 경기장을 새로 만들었으며, 리우를 비롯한 6개 도시의 경기장은 업그레이드를 했다. 개최 도시 대부분은 교통이 발달한 해안 인근 도시이다. 내륙 깊숙이 있는 경기장으로는 수도 브라질리아와 아마존의 중심 도시 마나우스가 포함된다. 오프닝 경기는 상파울루에서 열리며 결승전은 리우에서 열린다.

이번 경기는 유럽이 아닌 다른 나라에서 연속 두 번째 열리는 경기이자 남반구에서 남아공에 이어 연속 두 번째 열린다. 그리고 1978년 아르헨티나 경기 이후에 오랜만에 남미에서 처음 열린다. 이번 경기에선 공이 골 라인을 넘어갔는지에 대한 정보를 주는 전자 기술을 최초로 사용한다. 축구공 속에 부착된 센서가 골 라인을 넘어갔는지에 대한 전자 정보를 심판에게 전달해서 심판이 정확한 판단을 할 수 있게 돕는다.

아프리카와 기독교의 결합
삼바 카니발

브라질의 카니발은 대표적인 혼합문화이다. 지금에 와서 더욱 인기를 끄는 것은 현재 세상이 요구하는 복합 또는 혼합, 융합의 문화이기 때문이다. 카니발은 유럽의 기독교 문화이지만 그 내용물은 삼바라는 아프리카 문화가 합쳐져서 브라질만의 독특한 축제로 태어났

삼바드로모. 리우 카니발 때 현란한 의상과 치장한 차량이 퍼레이드를 하는 700m의 거리. 12개의 삼바팀이 거리를 통과하는 동안 심사를 해서 우열을 가린다.

다. 실제 카니발의 주 내용은 삼바이기 때문에 카니발이나 삼바니 하는 용어엔 구별이 없다.

삼바는 원래 아프리카에서 이주해온 흑인들의 문화이다. 아프리카 토속신에 대한 예배의식에서 사용되던 음악과 춤을 의미하는 셈바 Samba 또는 메셈바 Mesemba에서 비롯되었다.

'브라질의 정체성은 혼혈문화이다.'라는 정부의 생각에서 삼바가 활성화되었다. 물론 지지층을 다양하게 확보하려는 전직 대통령의 꼼수도 있었다. 그래서 정부에서 적극 권장하고 삼바학교를 설립 육성했다.

삼바 카니발은 각각의 삼바학교가 경쟁을 벌여서 예선을 통과한 12개의 팀만이 참여한다. 그런데 삼바 카니발 퍼레이드는 리우 시내 전역에서 벌어지는 퍼레이드가 아니다. 스타디움이 있는 700m 직선 거리인 삼바드로모를 통과하는 동안 화려한 의상을 입은 무희와 장식이 달

삼바 계절이 아니더라도 삼바 쇼를 하는 장소에서 의상 쇼를 보고 음악을 들을 수 있다.

린 차량 행렬을 볼 수 있다. 우승한 팀에겐 엄청난 상금이 주어진다.

매년 2월에 열리는 카니발에 약 50만 명이 찾아와 5천억 원 이상을 쓰고 간다. 우리 눈에는 그리 특별해 보이지도 않고 소리가 대단하지도 않지만 전 세계인들은 최면이 걸린 것처럼 쾌락을 위해서 돈을 쓰고 간다.

무지개의 얼굴을 가진 브라질

브라질의 정체성은 혼혈이다. 백인, 흑인, 동양인, 원주민, 그리고 각종 혼혈이 존재한다. 그래서 브라질에선 태어나는 자식의 피부색은 신만이 결정한다고 말한다. 유전자 형질은 2~3세대가 지난 다음에 나타날 수 있기 때문이다. 백인이 아닌 사람들 사이에서 백인이 태어날 수도 있고 흑인이 아닌 사람들 사이에서 흑인도 태어날 수 있다는 이야기이다. 실제로 그런 일이 일어나고 있다. 1억 9천2백만 명의 브라질 인구 중에 백인이 거의 절반이고 혼혈이 43%를 차지한다.

그래서 지젤 번천 같이 세계 최고의 몸값인 독일계 백인 모델도 있고, 펠레와 같은 흑인도 있지만 호나우두 같은 브라운 컬러도 있다. 브라질의 인종 구분법은 조상의 피가 아니라 어떻게 생겼느냐에 있다.

호나우두 같은 유명한 축구선수는 브라질에선 백인으로 간주되며 충분히 그렇게 생겼다. 그러나 혈통을 따지는 유럽과 미국에선 영락없이 흑인으로 간주된다. 따라서 브라질에선 백인, 흑인, 원주민에 대한 객관적인 구분이 사실상 불가능하고 구별하려 하지 않는다.

브라질의 혼혈문화는 다양한 패션 슬립에서도 찾을 수 있다.

삼바를 평정한 사물놀이

오래 전 일이다. 한국의 고등학교 사물놀이팀이 브라질에서 공연했을 때 필자가 삼바 공연장을 찾은 적이 있었다. 공연의 마지막엔 항상 사회자가 등장해서 각국의 사람들을 무대로 불러서 장기 자랑을 하게 했다. 사회자가 한국에서 사물놀이팀이 왔으니 무대에 올라와서 공연을 해보라고 한 것이 화근이 되었다.

사물놀이팀은 조그만 악기 4개를 들고 올라가더니 복잡하고 기막힌 리듬을 만들어냈다. 관객들은 요동쳤다. 앙코르가 계속 나와서 하나 더 했는데 열광의 도가니를 넘어 완전 아수라장이 되었다.

공연장 측은 사물놀이팀을 내려 보내려 했지만 관객들이 항의하듯이 앙코르를 계속 요구했다. 얼마 후 공연장 측에서 한국 대사관에 항의 편지를 전달했다. 내용은 삼바의 명예를 실추시키고 업무 방해를 했다는 것이다. 별일 없이 지나갔지만 사실 문제를 제공한 측은 삼바 공연장이다. 호각과 다양한 북으로 연주하지만 삼바 음악은 너무 단조로워서 처음 몇 분 말고는 곧 지루해진다. 그리고 크고 화려함을 보여주는 의상 쇼는 별다른 몸동작 없이 단순하다. 이런 와중에 사물놀이가 등장한 거였다.

4개의 다른 악기로 구성된 사물놀이는 악기 자체부터 동양의 사상 원리에 입각한 것이라 보는 사람의 온몸에 소리가 작용되어서 한번 들으면 기립박수를 하지 않을 수 없게 만든다. 꽹과리, 징, 북, 장고, 중 금속으로 만들어서 높은 소리를 내는 꽹과리와 징은 양陽이고 가죽소리를 내는 북과 장고는 음陰이다. 소리가 높은 꽹과리는 양 중에 양이어서 태양, 징은 소양이 된다. 북은 소리가 낮아서 음 중에서 음이 되어 태음, 장고는 소리가 높아서 음 중에 양이 되어서 소음이다. 꽹과리, 징, 북, 장고는 태양, 소양, 태음, 소음이 되며 각각 머리, 가슴, 배, 골반에 작용한다.

그래서 꽹과리를 마구 칠 때는 머리통이 찌릿찌릿하고, 징을 치면 가슴통이 저려오며, 북을 치면 배가 울렁거리고, 장고 소릴 들으면 오줌이 마려워지는 것이다. 이렇게 온몸에 전달되는 소리 때문에 사물놀이에 열광하지 않을 수 없다. 반면에 삼바는 지루할 정도로 단순한 리듬과 커다랗지만 화려한 의상을 보여주고, 무희들은 엉덩이를 떠는 몸동작만 반복해서 보여줄 뿐이다.

소 한 마리를 먹는 슈하스코

슈하스코는 남부 초원에서 카우보이들이 불을 피워서 고기를 구워먹던 것에서 시작된 바비큐이다. 슈하스코는 소의 모든 부위를 먹어볼 수 있는 음식이다. 브라질에서 슈하스카리아^{Churrascaria}라고 불리는 바비큐 집은 한국에도 들어와 있지만 브라질 스타일과는 차이가 많다. 꼬챙이에 끼운 고기에 소금 양념을 한 후 바비큐해서 먹는 간단한 요리이며 부위별로 종업원들이 가져와서 무슨 부위라고 설명하면서 조금씩 고기를 썰어준다.

친절한 종업원들이 무슨 부위라는 설명과 함께 원하는 만큼 썰어준다.

싫어하는 부위는 건너 뛰어도 되는 무한 리필 음식이다. 그리고 슈하스코엔 쇠고기뿐 아니라 닭고기와 소시지가 나오는데 슈하스코를 자주 먹었던 한국인들은 닭 염통을 즐겨 찾기도 한다.

경험한 바로는 이구아수 시내의 한 식당이 가장 맛있는 슈하스코를 제공한다. 일행들은 한국에서 먹는 고기의 몇 배를 먹었다고 말한다.

슈하스코를 먹을 때 같이 마실 음료가 있다면 남미 아마존에서 자라는 붉은 열매 과라나로 만든 과라나^{Guarana}이다. 사과 맛이 나는 맛있는 청량음료이다. 보통 과라나에 오렌지 한 조각을 넣어서 마시는데 브라질에선 그 어떤 청량음료보다 많이 팔린다. 아마존이 있는 브라질, 페루, 콜롬비아, 볼리비아에서 수확이 되는 과일로 카페인 성분이 많아서 에너지 드링크 레드블에 들어간다. 그렇지만 미국의 FDA$^{Food\ and\ Drug\ Administration}$에선 안전한 식품으로 분류했으며 우리나라도 수입 중이다.

페루에 잉카콜라가 있다면 브라질엔 과라나가 있다.

내전 중인 평화의 나라

브라질은 한해 약 3만 5천 명의 인구가 살인을 당한다. 한국전쟁 때 미국 사망자는 3만 7천 명이었다. 브라질은 사실상 늘 내전과 다름없지만 일반인들에게 피해가 없기 때문에 여행객들이 많이 찾는다. 가장 위험하다고 알려진 리우데자네이루는 폭력에 의해 매년 4천 명 정도 사망한다. 실로 엄청나다.

그래서 경제 규모에 비해서 자동차가 매우 많은 나라가 브라질인 이유는 걸어 다니거나 대중교통을 이용할 경우 범죄에 노출될 위험이 더 크기 때문이다. 경찰은 쥐꼬리만 한 봉급(60만 원)을 받기 때문에 목숨을 내놓고 사건을 해결하려 하지 않는다. 사건의 3%만이 경찰이 해결한다. 경찰이 근무시간의 3배를 쉬는 법도 문제다. 만약 12시간을 근무했다면 36시간을 쉬어야 해서 공권력에 공백이 심하다. 그러나 무엇보다 부패 경찰들이 범죄조직과 연관되어 있다. 그래서 브라질 대도시의 보행도로는 범죄자들이 점령했다고도 말한다. 실제로 상파울루 거리엔 강도와 도둑들이 많아서 필자와 함께 여행간 사람 중엔 우리네 명동 같은 곳에서 목걸이를 쉽게 날치기 당하기도 했다.

이런 상황을 빗대어 브라질인들은 다음과 같이 말한다. 신은 브라질을 만들 때 아름다운 자연, 비옥하고 넓은 영토, 좋은 기후, 풍부한 광물자원을 주었고 심지어 자연재해가 없는 나라를 만들었다. 이에 대해 한 성인이 신에게 "왜 브라질만 좋은 조건을 주셨습니까?"하고 물었더니 "브라질에 어떤 사람들이 살게 할지 지켜봐라."라고 대답했다고 한다.

도둑이 극성인 상파울루 금융가. 우리의 명동 같은 보행자 거리로 오래된 유명 카페가 있고 쇼핑객들이 찾는다. 어떤 이유에서건 거리는 갱단들의 것이기 때문에 우리 교민들 중엔 상파울루는 '쌍~파울'이라 부르기도 한다.

영화 속에서도 가끔 등장하는 도심 속의 정글. 무허가 빈민촌 파벨라^{Favela}는 경찰이 들어가지도 못하는 갱들의 소굴이다. 파벨라는 시내 여기저기 산등성이에 조성되어 있는데 리우만 하더라도 인구의 5분의 1이 파벨라에 거주하고 있다. '붉은 군대', '진정한 제3의 친구', '친구 중의 친구'라는 명칭을 가진 갱들의 세력 다툼 때문에 리우에선 평균 3시간 반마다 한 명씩 살해 당하고 있다. 리우의 시의원 30%는 파벨라 갱단과 연류되어 있어서 선거철이면 표를 잡기 위해서 파벨라 지역과 거래를 한다고 한다. 파벨라는 역사가 낳은 하나의 산물이기에 파벨라 현상을 해결하기는 요원한 일이다.

이는 과거 잘못된 교육정책과 부패한 관료들이 만들어낸 소산물이다. 때문에 교육받고 취직해서 푼돈 받는 생활을 하느니 마약을 팔아서 돈을 더 많이 버는 것이 좋다는 사람들이 생활하고 있다. 비슷한 역사적인 배경 때문에 중남미 전체가 브라질과 유사한 상황이 발생하고 있다. 대표적으로 멕시코의 마약과의 전쟁, 페루의 반정부군 등이 그렇다. 그런데 최근엔 파벨라를 둘러보는 관광상품이 생겼을 정도로 유명세가 더 높아졌다고 영화에 자주 등장하는 점은 파벨라의 발전에 좋은 일이다.

브라질을 방문할 때 절대 주의할 것
물건을 구입한 후 돈을 꺼낼 때 상의 안주머니에서 꺼내면 생명이 위험할 가능성이 높다. 강도가 총을 꺼내는 것으로 오해를 사서 주인이 총으로 쏘기 때문이다. 브라질은 이런 사고가 빈번히 발생한다.

브라질

국 가 명 : 브라질 연방 공화국(Federative Republic of Brazil)

수   도 : 브라질리아

가장 큰 도시 : 상파울루(약 11,3000,000명)

두 번째 큰 도시 : 리우데자네이루(약 6,355,000명). 광역도시로는 남미에서 3번째로 크며 인구로는 아메리카 대륙 전체에서 6번째이다.

면   적 : 8,514,877평방km(세계 5위 : 남한의 85배)이다. 남미 면적의 47%로 칠레와 에콰도르를 제외한 남미의 모든 국가와 국경을 접하고 있다.

인   구 : 약 2억1천만 명(2013 통계)

언   어 : 포르투갈어

인   종 : 백인(47%), 혼혈(43%), 흑인(8%), 기타(2%)

독   립 : 1822년

공화국 : 1889년

화   폐 : 헤알(Real)

경제 규모 : 세계 7위, 구매력 세계 7위

브라질은 추운 지방이 없으며 93%가 열대지방에 속해서 연중 25도를 유지한다. 남쪽에 자리한 상파울루 이남은 온대지역에 속하는데 겨울에 간혹 눈이 내리기도 한다. 커피 수출이 세계 1위이며 2위인 베트남보다 두 배가 넘는다. 음악, 건축, 스포츠 분야에서 세계적으로 평가받고 있다. 브라질 문화는 한마디로 모자이크이다. 원주민+유럽+아프리카+아시아 이민자 등이 유입되어 다양한 형태를 만들어냈다.

음식은 아프리카 노예들의 식사 페이조아다^{Feijoada}와 목동의 바비큐인 슈하스코^{Churrasco}가 대표적이며 다양한 지방의 다양한 음식이 있다. 페이조아다는 농장주들이 먹지 않고 버린 돼지의 귀나 꼬리, 족발에 브라질 팥을 넣어 걸쭉하게 쒀서 먹은 데서 유래되었다. 지금은 팥 속에 고기, 소시지 등이 들어간다. 그러나 해안을 따라 많은 해물 음식점이 있어서 다양한 해산물 음식을 맛볼 수 있다.

외국에서 국물 있는 음식을 찾기란 하늘의 별 따기 같다. 다양한 문화가 섞인 브라질답게 해물탕 속에 다양한 어패류가 들어간다. 맛있는 음식을 어렵지 않게 찾을 수 있다.

교통은 대부분 대서양에 집중되어 있어서 내륙지방으로 가는데 장애가 많다. 국토 면적에 비해서 철도, 도로가 턱없이 부족해서 항공업이 발달했다. 항공은 브라질의 주요 교통 수단이다. 아마존강과 그 지류들은 내륙의 교통 소통에 큰 역할을 담당한다.

브라질은 7,500km의 해안선을 가진 나라이다. 풍부한 해산자원이 있어서 다양한 해산물 요리가 발달했다. 브라질에서 해산물을 즐기자.

PART TWO

쿠바 Cuba

쿠바와 친해지기

쿠바하면 '쿠바 봉쇄령'이 가장 생각난다. 쿠바 봉쇄령은 소련군이 쿠바에 주둔하고 소련 미사일이 쿠바에 설치되면서 전쟁 위기 상황이 되자 미국이 미사일을 실은 소련 배를 쿠바 영해로 들어가지 못하게 한 해양 봉쇄령이다.

그러나 쿠바에 관심이 없더라도 라틴아메리카의 혁명가인 카스트로Fidel Castro와 체 게바라 그리고 헤밍웨이의 이야기에 대해서는 누구나 한번쯤 들어봤거나 자세히 알고 싶어하는 귀가 솔깃한 이야기일 것이다. 그들의 이야기는 어쩌면 쿠바가 전 세계에 전하고 싶은 전부라고 할 수 있다.

야구, 복싱, 고공 배구를 구사하는 매우 흔한 이야기도 빼놓을 수 없다. 쿠바는 유명한 춤 살사가 나온 곳이고 세상의 모든 춤이 들어와서 온통 축제의 장을 만들었다. 그래서 아바나의 클럽들은 댄스로 시작해서 댄스로 끝날 정도이다. 부에나비스타 소셜클럽 때문에 쿠바 음악이 명품이라는 것이 알려졌다.

평생 시가만 만들어온 시가 장인. 보통 수십 년은 만들어야 시가다운 시가를 만든다고 한다. 영화에 등장하는 시가 만드는 공장은 공개되어 있지만 사진촬영이 금지된 관계로 관광객들이 많이 찾는 카바나성 내부에서 장인의 솜씨를 담았다.

쿠바가 지금으로부터 100년 전, 스페인으로부터 독립한 후 미국에 모든 것을 의존해오던 시절, 미국에서 좀 논다는 사람들이 쿠바의 아바나Habana에 모여들었다. 그래서 쿠바는 음악과 카지노의 천국이 되었다. 우리에게 알려진 유명 가수 중 닐 세다카와 글로리아 에스테판 같은 가수는 쿠바 출신이다.

영화 속에 자주 등장하는 쿠바산 시가는 너무 유명해서 우리나라

쿠바산 시가. 시가는 화학 물질을 전혀 첨부하지 않는다. 그래서 독성이 없고 향으로 승부를 낸다. 계속 빨지 않으면 시가는 꺼진다.

에서도 어렵지 않게 구할 수 있다. 혁명의 영웅 체 게바라는 쿠바를 대표하는 산업인 시가 산업을 활성화해야 한다고 했다. 이후 카스트로의 명령으로 카스트로만 사용하는 전용 시가 '코이바Cohiba'를 만들고 점차 일반인에게도 판매했다. 코이바가 세상에서 제일 좋은 시가 브랜드이다. 시가의 유명세 때문에 바나나 잎으로 말아서 만든 가짜 담배를 길거리에서 파는 사람들도 등장했다.

쿠바는 북한과 교류가 많다. 그래서 국어를 구사하는 몇 안 되는 현지인을 만나게 되면 모두 평양에서 대학을 마쳤다는 것을 알 수 있다. 쿠바는 공산주의 국가임에도 현재 개방을 해서 관광객들을 불러들인다. 이는 소련이 붕괴된 이후 자체적으로 생존하려는 돌파구를 찾기 위해서이다. 그리고 얼마 전까지만 해도 쿠바인들이 국외로 나가기는 하늘에 별 따기처럼 어려웠다. 나갈 수 있는 방법은 외국인과 결혼을 하거나 보트 피플Boat People처럼 빠져나가거나 특별 공무원이 되어서 국외로 출장가거나 스포츠 국가대표 선수가 되는 경우이다.

미국 메이저리그에서 뛰고 있는 야구 선수들은 인근의 섬 나라로 몰래 빠져나갔다가 미국에 스카우트된 경우이다. LA 다저스의 야시엘 푸이그도 그런 경우이다. 그런데 2013년부터 쿠바인들은 원하는 대로 해외로 나갈 수 있고 영원히 나갈 수도 있다. 다만 쿠바 시민권과 재산을 유지하려면 2년 이상 국외에 있을 수 없다.

한국의 모 기업체가 쿠바의 전력을 생산하는 공장을 만들어서 쿠바 전력난의 많은 어려움을 해결해 주었다. 이런 이유 때문에 수도 아바나 중심부엔 심심치 않게 한국 사람들이 보인다.

쿠바의 상징 시가

카리브 해안에 살고 있던 한 부족은 담배와 흡연의식을 코이바라고 불렀다. 쿠바 인디언 타이노족은 종교의식을 치를 때 파이프를 두 사람의 코와 입에 서로 연결하는 충격적인 방법으로 담배를 피웠다. 코와 입을 연결해서인지 하필 쿠바 최고급 시가가 코이바이다.

17세기 아르메니아 상인이 세비야에 담배공장을 세워서 최초의 시가를 만들었다. 17세기 말 돈이 된다고 생각한 스페인 왕실은 담배를 독점했다. 그래서 쿠바는 담배 원료 공급지로 전락했다. 아바나 근교에서 담배를 재배했기 때문에 시가를 '엘 아바노'라고 했다.

스페인 왕실의 담배 독점은 영국이 쿠바를 11개월간 점령하면서 막을 내렸다.

19세기 중반 쿠바에 여러 나라 자본가들이 담배공장을 세워서 스페인, 영국, 미국, 독일까지 수출해서 돈을 벌었다. 19세기가 되면서 미국과 유럽은 담배 연기가 자욱해졌다. 영국 처칠은 두꺼운 시가를 물고서 "나는 항상 쿠바를 물고 있다."는 의미심장한 발언을 했다.

러시아의 예카테리나 여제는 골초 수준이었는데 그녀의 손이 담배에 찌들지 않도록 만든 것이 시가 띠이다. 시가 띠는 라벨과 띠 때문에 수집 대상이 되기도 한다. 시가는 종류가 매우 다양하다. 두껍고, 가늘고, 길고, 짧고, 맛이 진하고, 약하다. 쿠바에서 담배 만드는 것을 볼 수 있는 곳은 국영공장이다. 실크처럼 만든 담뱃잎으로 시가를 만드는 장인들의 솜씨를 보면 감탄하게 된다. 시가는 화학약품이 전혀 들어가 있지 않은 자연 그대로의 기호품이다. 체 게바라와 혁명전사들은 "시가는 고독한 혁명의 길에 가장 훌륭한 동반자"라고 말했다.

아바나 항구 건너편 카바나성 선물센터 천장에 걸려진 세계 최대의 시가. 기네스북에 등록되어 있다.

쿠바의 현실을 알려주는
쿠바의 관문

공항에 도착하는 순간 꽉 막힌 듯한 입국 모습에 다소 긴장이 된다. 공산주의 국가이기 때문이 아니고 서류가 잘못되면 입국이 거절되지 않을까 하는 긴장감 때문이다. 비자는 이미 서울에서 받아서 가져왔지만 비자라고 따로 있는 것이 아니다. 미화 8불짜리 종이에 여권번호와 유효기간, 생년월일 그리고 여권에 표기된 정확한 영문 이름이 있어야 한다. 한 글자라도 틀리면 다시 작성해야 한다. 즉, 다시 입국카드에 해당하는 종이를 구입해야 하는데 쿠바에선 구입이 불가능하다.

입국 심사대의 직원이 비자에 해당하는 종이에 도장을 찍어준다. 이 종이를 잃어버리면 다소 복잡한 상황이 발생하기 때문에 반드시 가지고 있어야 한다. 그러나 쿠바로 들어갈 때는 여권에 도장을 찍어주지 않는다. 여권에 쿠바출입국 스탬프가 있으면 미국 입국이 거절되기 때문이다. 비슷한 경우로 이스라엘 출입국 스탬프가 여권에 찍혀 있으면 인근 시리아, 레바논 같은 아랍국가에 들어갈 수가 없다. 입국 심사대에 앉은 사람들은 대부분 여자들이다. 그리고 다른 나라

당에서 운영하는 유일한 관광버스 회사, 아바나 투어

공항과 달리 대부분 유색인종들이 일을 한다. 카스트로와 체 게바라 의 쿠바혁명 이후에 인종차별이 없어졌기 때문이다.

입국하고 수하물을 찾는 곳으로 가면 수하물의 종류 때문에 '우와' 하는 소리가 절로 나온다. 수하물의 종류는 자동차 타이어에서부터 각종 차량 부품들이다. 트럭이나 기차나 배로 싣고 와야 될 것만 같 은 다양한 품목들이 시장 골목에 쌓아 놓은 물건마냥 가득하다. 쿠바 의 실정을 한눈에 짐작하게 하는 장면이다. 길거리에 다니는 자동차는 1950년대에 굴러다니던 미국산이라 매우 오래되었고, 게다가 쿠바는 공산품을 생산하지 않아 공장이 없기 때문에 부품은 없다. 자연에서 얻은 것들이나 농업 생산품을 가공해서 얻은 것이 전부이고 어지간한 것들은 다 수입해야 하는 실정이다. 더구나 쿠바인들 중에 해외로 나갈 수 있는 사람이 지극히 한정되어 있어서 물건을 들여오는 것이 쉽지 않다.

이런 사정을 보면 쿠바는 '동작 그만!' 상태로 남아 있는 국가임을 알 수 있다. 공항 밖에서 기다리는 버스는 한 가지 종류밖에 없다. 도심에서도 마찬가지이다. 이는 국가에서 운영하는 버스 회사는 하나밖에 없기 때문이다. 그리고 버스의 대부분은 중국산으로 소음이 심하고 상태가 별로이다. 한국 차는 비싼 대우를 받아서 몇 대 없다. 아바나 공항에서 아바나 시내까지는 15km 떨어져 있지만 빨리 달릴 수 있는 도로가 없기 때문에 30분이나 소요된다.

카리브해를 죽을 때까지 동방이라 착각한 콜럼버스

콜럼버스가 오기 전 유럽 상황은 당대 최대 강국이었던 오스만 터키에게 정복당할 위기에 처해 있었다. 오스만제국은 선배 제국(우마이야, 압바스, 파티마)들이 해왔던 유럽인들과의 무역에 별 관심이 없었다. 오스만의 최대 관심사는 유럽 정복이었다.

베네치아와 제노바는 돈줄이 막히면서 점점 쇠퇴하고 있었다. 유럽의 부의 원천이었던 두 도시 국가가 위태하다는 것은 유럽 전체가 돈이 없어서 쩔쩔매는 상황이라는 이야기였다. 유럽으로선 최악의 선택을 할 수밖에 없었다. 직접 인도로 가서 무역을 하고 부를 축척해서 오스만을 치는 것이었다. 유럽 입장에서 다행인 것은 십자군을 보내는 동안 이슬람으로부터 새로운 선박 건조법을 배웠다. 삼각 돛을 이용해서 바람을 거슬러 나가는 방법을 배웠고, 나침반을 들여왔고 별자리를 관측하면서 항해하는 기구인 아스트롤라

문명은 동쪽에서부터

로마 이후 중동은 유럽에 비해서 항상 선진국이었다. 유럽은 이슬람 국가들을 통해서 선진 문명을 받아들였다. 종이가 들어가면서 르네상스가 발생했다. 우리의 인쇄술, 특히 금속활자가 유럽으로 들어오면서 유럽의 진정한 문명이 시작되었다고 이야기한다.

오스만으로부터 커피가 들어가서 온종일 술에 취해 있는 유럽인들이 깨어났다. 화약, 나침반, 설탕, 유리, 은행, 음식, 항해술, 배 만드는 기술, 향신료 등 거의 모든 것들이 들어왔다. 압바스 왕조 시절 천재 중의 천재였던 이븐 시나(현 타지키스탄 출신)는 동서양의 모든 학문 및 의학을 습득해서 『의학규범』이라는 책을 집필했다. 이 책은 700년간 유럽에서 의학 교과서로 사용되었다. 알코올, 알칼리, 거즈라는 의학 용어와 대수학을 뜻하는 알지브라도는 이슬람 수학자의 이름에서 나왔다. 천문학이 발달해서 코페르니쿠스보다 100년 먼저 지동설을 내놨고 코페르니쿠스는 그 이론을 베꼈다고 알려져 있다.

중국에서 나오는 모든 것을 받아들이기 위해서 예수회 선교사들과 도미니크 수도사들을 중국에 보내서 많은 것들을 받아들였다. 그래서 나온 것이 계몽주의 사상이다. 독일 라이프치히 출신 라이프니치는 중국에 있는 예수회 선교사 부베 신부로부터 주역 64괘를 받았는데 그것으로 2진법을 만들었다. 이것이 컴퓨터를 개발하는데 기초가 되었다. 도자기로 만드는 기술 역시 예수회 신부들로부터 받아서 18세기 초 독일 드레스텐 인근 마이센에서 유럽 최초의 도자기가 나왔다.

베astrolabe를 들여왔다.

콜럼버스가 스페인 이사벨 여왕의 투자를 받고 아랍인을 키잡이로 고용해서 두 달간 죽을 고생을 하면서 1492년 10월 12일, 처음 본 땅을 구세주(산살바도르)라고 이름 붙였다. 육지에 오를 수 있어서 신에게 감사를 표한 것이다. 그 후 발견되는 땅마다 과달루페(성모의 이름), 트리니다드(성삼위일체)라 했다. 특히 성녀 우르슬라를 따라 순교한 1만 1천 명의 동정녀를 기리는 뜻으로 버진제도(처녀군도)라 명명했다. 콜럼버스는 자신이 푹 빠진 아름다운 카리브 해안을 동방이라 착각해서 인도라 부르기로 했다. 그리고 피부가 까무잡잡한 원주민을 인디언이라 불렀다. 원주민들을 통해서 서남쪽에 더 크고 풍요로운 섬이 있다는 것을 알게 되었다. 그는 풍요로운 섬, 쿠바를 발견했을 때 중세 유럽인들이 일본을 가리키던 '지팡구'라고 확신했다.

콜럼버스는 카리브 해안에 사는 원주민 카리바를 몽골제국의 칸의 신하 카나바로 잘못 알아들었다. 쿠바를 발견한 콜럼버스는 지금까지 본 땅 중에 가장 아름다운 곳이라고 했다. 콜럼버스는 세상을 떠날 때까지 새로운 대륙이 아닌 동방을 갔다고 확신했다. 그래서 콜럼버스는 신대륙을 발명했다는 말도 전해진다. 이후 수많은 탐험가들이 카리브해를 찾았지만 콜럼버스와 똑같이 인도 또는 일본이라고 생각했다. 콜럼버스가 사망할 즈음 이탈리아의 탐험가 아메리고 베스푸치는 콜럼버스가 발견한 동방은 아시아와 유럽의 중간인 신대륙임을 알게 되었다. 그래서 아메리고의 이론을 인정해서 신대륙을 아메리카라 부르게 되었다.

쿠바 원주민 전멸과 노예 수입 그리고 산테리아

스페인이 쿠바에 오기 전에 섬에는 약 11만 명의 원주민이 있었다고 한다. 그러나 원주민들은 강제 노동에 혹사를 당하며 죽어갔다. 그 후에 30년간 전염병으로 인구가 급감하기 시작해서 31년이 지난 1560년에 원주민은 전멸했다.

16세기 초부터 스페인은 아프리카 흑인 노예를 수입해서 사탕수수와 담배를 재배하였는데 19세기까지 수입된 노예 수는 100만 명에 이른다. 이로 인해서 새로운 종교가 생겨났다. 아프리카 토속신앙과 가톨릭이 혼합된 산테리아(신들의 집단)가 탄생했다. 산테리아는 기독교의 적이라기보다는 무속신앙에 가깝다. 아프리카 흑인 노예들은 종교 탄압 때문에 그들의 신인 오릿샤를 교묘히 가톨릭 신앙으로 포장해서 성모, 성인,

성녀와 동일시 했다.

스페인 지배자들의 눈을 피해서 산테리아 의식을 거행하면서 고단한 영혼을 달래고 위로할 수 있었다. 산테리아는 1950년대에 합법적인 종교로 인정받았고, 현재 쿠바의 가장 보편적인 민속신앙으로 자리 잡았다. 산테리아는 아프리카 부족의 신앙이지만 가톨릭적인 특색이 강하다. 성부, 성자, 성신 대신에 올로두마레, 올로룬, 올로핀이 성삼위 일체를 이룬다.

올로두마레는 최고신으로 천지를 창조하고 바람, 번개, 비를 비롯한 온갖 생물을 만들었으며 오릿샤를 관장한다. 올로룬은 태양신으로 대지를 밝게 비추고 에너지를 준다. 올로핀은 창조 에너지인 성령을 의미한다. 올로두마레는 오릿샤에게 명해서 인간을 창조하도록 명했다. 오릿샤는 인류의 아버지이고 수호신으로서 인간 세상에 내려와 고통받는 자를 구원하고 죄를 짓거나 규율을 어긴 자들을 벌한다.

가톨릭과 융합된 40여 오릿샤는 부족마다 부르는 명칭이 각각 다르다. 오릿샤는 등급이 있고 상징하는 색깔과 사물이 정해져 있고 그 능력에 따라 정과 부로 나누어진다. 그래서 등급에 따라 제단의 규모, 제단의식, 제물과 제수용품이 모두 다르다. 산테리아와 가톨릭이 다른 점은 신도들이 같이 모여서 기도하고 의식을 행하는 공간이 따로 없다는 것이다. 사제들은 자신의 집에 신단을 차려 놓고 매일 올로두마레, 올로룬, 올로핀에게 기도하고 그가 숭상하는 오릿샤와 조상에게 예를 올린다. 쿠바 인구의 약 20%가 산테리아를 신봉하고 있다.

쿠바의 정신과
현대사가 담긴 혁명광장

아바나에서 매번 첫 번째로 방문하는 곳은 혁명광장이다. 쿠바의 정책이기 때문이다. 아바나시 중심에 자리한 이 광장에서 피델 가스트로가 매년 중요한 날에 연설을 했다. 바닥 관리가 안 되어 띄엄띄엄 허물어진 광장 한쪽엔 혁명 기념탑이 있고 바로 앞엔 쿠바 최고 영웅으로 추앙받는 호세 마르티의 동상이 있다. 그러고 보니 아바나 공항의 이름도 호세 마르티였다. 호세 마르티 동상은 높이 139m로 아바나에선 가장 높다.

그 반대편에 있는 내무부 건물엔 그 유명한 체 게바라의 얼굴이 그려져 있고 '승리를 향한 영원한 전진'이라는 문구가 있다. 이 문구는 체 게바라가 쿠바를 떠나기 전에 카스트로에게 쓴 편지에 담긴 내용이다.

그런데 국가 평의회 의장^{대통령}이었던 피델 카스트로의 얼굴은 쿠바 어디에서도 찾을 수 없다. 어디에 살고 있는지, 누구에게 물어봐도 똑같은 답인 '모른다.'이다. 이를 볼 때 아무도 알려주지 않는 것이 아니라 어디에 있는지 모르는 것이 확실한 것 같다. 지금은 쿠바혁명의 주역이었던 피델 카스트로의 동생인 라울 카스트로가 쿠바 대통령인 평의회 의장이다.

호세 마르티는 누구인데, 저렇게 영웅의 모습으로 여유 있게 구부리고 앉아 있을까?

호세 마르티는 우리에게 노래로도 잘 알려진 관타나메라^{관타나모의 아가씨}의 가사가 된 〈소박한 노래〉를 썼다. 물론 노래 가사는 여러 편의 시에서 한 연씩 따온 것이다. 호세 마르티는 쿠바를 제외한 라틴 아메리카의 모든 국가가 스페인으로부터 전부 독립을 하자 자유를

아바나 혁명기념 광장. 탑에 오르면 아바나 시내가 다 보인다.
그 아래 국가 영웅 호세 마르티 동상이 앉아 있다.

혁명광장 내무부 건물에 걸려있는 체 게바라. 밤이면 네온 불이 켜진다.

위한 독립투쟁에 나서서 자신의 신념을 위해 목숨을 바쳤다. 라틴아메리카를 우리아메리카라고 표현했다. 그리고 이미 16세 때 '해방조국'이라는 신문을 만들기도 했다. 본격적으로 독립운동에 가담했다가 스페인으로 추방당했다. 이때부터 호세 마르티는 프랑스, 미국, 멕시코, 아르헨티나 등을 돌면서 문필생활을 했다. 그는 독립운동가이기 이전에 현대주의 작가로 스페인 문학의 발전을 이끌었고 300년간 잠자고 있던 라틴아메리카 사람들의 민족의식을 불러 일으켰으며 새로운 공동체 문화를 만들려고 시도했다. 마르티는 미국에서 쿠바혁명당을 조직하고 이끌었지만 쿠바의 독립을 보지 못하고 전투에서 입은 부상으로 숨을 거두었다.

18m 크기의 호세 마르티. 유명한 노래 관타나메라(관타나모의 아가씨)의 가사가 된 시 〈소박한 노래〉를 썼다.

그러나 쿠바를 독립1902년시킨 것은 미국이다. 1898년 쿠바 독립군을 지원하기 위해 아바나 항구에 정박하고 있었던 미국 군함 메인호가 내부에서 폭발하는 사고가 나자 미국은 스페인 어뢰에 맞았다고 주장하고 전쟁을 했다. 스페인은 라틴아메리카에서 스페인 최후의 보루였던 쿠바를 지키려 했지만 이길 수 없는 게임이었다. 결국, 하루 아침에 쿠바, 푸에르토리코, 필리핀, 괌 등을 미국에 내주었다.

그리고 1902년 쿠바 초대 대통령이 나왔지만 미국에게 모든 것을 의존하면서 쿠바는 미국의 신 패권주의 속으로 들어가게 되었다. 그 기간이 50년이다. 마르티의 쿠바혁명당은 해체되었고, 내부 갈등을 조장해서 독립군도 해산시켰다. 30년 동안의 독립전쟁 끝에 기다리는 것은 끝없는 가난과 시련이었다.

　호세 마르티의 관타나메라를 듣고 있으면 현재 미국의 점령지 관타나모와 연관되어 있지 않나 하는 생각이 든다. 결론부터 이야기하면 전혀 관련이 없다.
　독립된 쿠바는 미국의 식민지 신세였다. 미국은 쿠바를 확실히 지배하기 위해서 강압적인 조약을 맺었다. 이 조약에 따르면, 미국은 어느 때라도 쿠바에 군사적으로 개입할 수 있으며, 쿠바는 미국에게 '석탄 공급시설이나 해군기지 건설에 필요한 특정지역의 땅을' 임대하거나 매각해야만 한다.
　그 땅 중에 하나가 쿠바 동쪽 끝에 자리한 관타나모이다. 1934년

미국인들이 들어와서 향락산업의 천국으로 만든 내셔널 호텔. 말레콘과 카리브해가 바로 코앞에 있는 언덕 위에 세워졌다. 지금도 저녁이면 음악과 춤을 추기 위한 사람들로 붐빈다.

미국은 선심을 쓴다며 1903년 체결한 조약을 폐기하고 새로운 협정을 체결했지만 여전히 관타나모는 1903년을 기준으로 연간 2,000달러에 임대하기로 되어 있었다. 미국이 매년 수표로 지급한 임대료에 대해서 쿠바는 한 번도 현금으로 돌려받은 적이 없다. 쿠바혁명 이후, 쿠바는 미국에서 관타나모 반환을 요구하고 있다.

 비엔나 협약에 따르면 강압이나 위협에 의한 조약은 법적으로 무효임을 명시하고 있어서 관타나모 조약은 무효이다. 그러나 UN도, 주변 국가도 미국 편이어서 반환이 이루어지지 않고 있다. 노암 촘스키 같은 미국의 지식인들은 "미국은 관타나모에서 즉시 떠나야 한다."고 성명을 발표했다. 미국이 떠나야 문제가 전부 해결된다.

내셔널 호텔 내부엔 미국에서 쿠바로 건너와서 놀았던 사람의 얼굴이 연도별로 가득히 걸려있다.

라틴아메리카의 희망 쿠바혁명

독립한 쿠바는 모든 것을 미국에 의존하는 사회가 된다. 영화 대부 2편에 보면 쿠바의 부패한 관료들과 미국 자본이 결탁해서 이권을 모두 차지한다는 내용이 나온다. 당시 상황을 잘 보여주는 설정이었다. 거의 미국의 작은 주처럼 되어 버린 쿠바의 아바나는 향락도시가 되어 각종 카지노가 생기고 음악과 춤이 많이 보급되고 개발되었다. 세상이 알고 있는 쿠바의 음악과 춤이 절정을 이루던 시기는 1900년대부터 쿠바혁명이 일어나기 전까지이다.

특히 쿠바의 역사는 설탕의 역사라고 해도 과언이 아니기 때문에 쿠바 혁명과 사탕수수 또한 빼놓을 수 없는 관계이다. 쿠바는 전 세계 사탕수수의 1/3을 생산했고 대부분 미국에 수출했다. 사실 사탕수수는 미국의 독립을 앞당기기도 했다.

미국이 영국의 지배를 받던 18세기, 북미 13개주는 쿠바산 사탕수수와 설탕을 수입해서 럼주를 만들어서 아프리카로 수출했다. 그러나 영국이 쿠바 사탕수수의 수입을 제한하자 미국 상인들을 중심으로 식민통치에 대한 강력한 불만이 터져 나왔다.

　이로 인해 13개 주의 저항이 시작되었고, 훗날 미국 독립전쟁으로 발전했다. 미국의 제2대 대통령 애담스는 설탕이 독립운동의 원동력이라 강조했다. 중요한 것은 미국은 설탕이 많이 필요한 나라였기에 독립한 쿠바 정부는 친미 성격이 강했다.

　한편 1920년대 미국의 대자본이 쿠바 설탕공장 대부분을 장악했다. 그 후로 은행을 장악하는 등 경제 침탈로 쿠바는 미국에 의해 좌

아바나에서 가장 화려한 건물, 세비야 호텔

지우지 되었다. 덩달아 독립운동가 출신 대통령도 미국에 충성하면서 사리사욕을 채우는 등 대통령들마다 부패는 점점 심해졌다.

　쿠바는 혁명을 자초한 바티스타 정권 때가 부패의 하이라이트였다. 국가는 향락산업에 명들어가고 농민들은 점점 살기가 어려워졌다. 관광과 서비스산업은 미국자본가의 손에 넘어갔다. 영화 대부2에 나오는 장면처럼 말이다. 많은 사람들은 희망이 없는 사탕수수 농장에 동원되었다. 사회 전반에 걸쳐서 부정부패의 연결고리들이 쿠바인들의 삶을 파괴했다. 이것이 쿠바혁명의 원인이 되었다. 미국을 등에 엎고 있는 쿠바정권이 혁명군보다 절대 유리해 보였다. 그러나 부

미국 의회를 모방한 국회의사당이었던 곳. 쿠바혁명 이후에 박물관으로 사용하고 있다.

패한 정권에 맞선 민중의 지지가 절대적이었던 혁명군은 결국 1959년 1월 아바나를 빼앗음으로써 혁명에 성공했다.

유명한 카스트로와 체 게바라의 활약이 그려지는 대목이다. 미국이나 쿠바의 기득권 세력은 자신들을 반대하는 세력에게 쿠바를 고스란히 넘겨 줄 수 없어서 다시 공격을 해보지만 쿠바 민중들이 버티고 있어서 소용이 없었다. 홍길동 같은 카스트로와 체 게바라는 미국이 가지고 있는 설탕공장, 럼주공장, 정유공장, 은행 등 외국자본으로 운영되던 사업을 국가 재산으로 몰수했다.

쿠바에 진출한 미국의 다국적 기업이 큰 피해를 보자 미국은 쿠바의 설탕 수입을 중지하고 원유공급과 경제원조를 중단했다. 또한 전 세계에 진출한 미국 기업이 쿠바에 기계와 부품, 의약품과 식료품 판매도 금지하는 등 전면적인 금수조치를 시행했다. 이에 소련이 나서서 쿠바의 설탕을 수입하는 등 원조를 하면서 미국의 쿠바 경제 봉쇄 위기를 극복했다.

쿠바는 1961년, 소련과 정식 국교를 수교하면서 사회주의 국가임을 선포했다. 가장 먼저 의무교육을 실시했고 학교를 지었다. 덕분에 쿠바의 문맹률은 현재 3%도 채 안 된다. 의료의 질을 높이기 위해서 정부가 완벽한 의료시스템을 갖춘 병원을 짓고 국민의 건강을 책임졌다. 만 5세 이하 유아 사망률이 1천 명당 7명으로 남미에서 가장 낮

카바나 성채 인근에서 바라본 아바나 시내 전경

은 점은 쿠바 정부의 큰 자랑거리이다.

쿠바와 소련이 손을 잡자, 미국은 쿠바와 국교를 단절했다. 그 여파로 1964년, 미국의 영향 아래 라틴아메리카 국가들이 연이어 쿠바와 국교를 단절했다. 소련과 손을 잡은 쿠바는 빈부의 격차가 심했던 사회에서 모든 것을 바꾸는 사회주의 국가로 변해갔다.

끌려온 흑인 노예의 후손들이 영원히 노예의 삶을 살 것 같았는데 그야말로 천지개벽이 되었다. 신분과 피부색에 따라 가진 자와 못 가진 자로 나뉘었던 현실을 완전히 뒤집는 아래로부터의 혁명이 라틴아메리카 최초로 이루어졌다.

500년 동안 노예나 하인처럼 살던 사람들이 하루 아침에 세상의

아바나 야경

주인으로 바뀌었다. 우리가 실패했던 동학혁명이 쿠바에선 성공한 셈이다. 멕시코혁명도 보수적으로 끝나 실패한 혁명으로 남았고 아르헨티나의 에비타 역시 실패했다. 다양한 시도가 있었지만 라틴아메리카 어디에서도 지긋지긋한 모순을 타파한 적이 없었다.

　오로지 쿠바만이 성공했을 뿐 아니라 살기 좋은 나라를 만들었다. 대졸자 수가 가장 많고 문맹자의 수가 가장 적고, 국민의료보험제도가 가장 잘 되어 있고, 국민 스포츠가 발전하는 이상적인 사회주의 국가가 탄생한 것이다.

혁명 때 타고 왔던 그란마호를 전시하고 있는 군사박물관

카스트로와 체 게바라의 혁명

정치에 관심이 많았던 변호사 카스트로는 국회의원에 출마했지만 독재자 바티스타가 쿠데타를 일으키면서 선거가 취소되었다. 카스트로는 바티스타의 독재정권과 미국 군사력이 영향을 미치는 한 쿠바는 영원히 독립국가가 될 수 없다고 생각했다. 그는 1953년 1월 28일 호세 마르티 탄생 100주년을 기념하여 민중혁명을 일으켰다. 혁명은 실패를 했고 재판에서 스스로를 변호했다. '역사가 나의 무죄를 입증할 것이다.'라는 명언과 함께 피끓는 분노의 감정을 쏟아냈다.

15년 형을 받았지만 1955년에 사면을 받았다. 멕시코로 망명을 가서 전설적인 혁명의 영웅 체 게바라를 만났다. 카스트로는 1년간 훈련을 하면서 외모에 신경을 안 썼기 때문에 수염이 덥수룩해져서 털보가 되었다. 털보라는 의미인 '바르부도스' 부대를 만들었고 이들을 25명 정원인 그린마호에 82명을 태워 쿠바로 보냈다. 배가 무거워서 속도도 나지 않았고 전복을 당해 전부 물귀신이 될 위기를 넘기면서 어렵게 도착했다. 그러나 정부군의 공격을 받고 13명만 살아남아서 산으로 도망갔다. 혁명군은 곧 300명이 되었고 전국적으로 게릴라전을 펼쳤다. 미국이 지원하는 정부군 1만 명을 보내도 게릴라전에 속수무책으로 당하자 미국 아이젠하워 대통령이 무기 공급을 중단했다.

바티스타는 미국으로 탈출했고 1959년 1월 1일 카스트로와 혁명전사들은 민중의 환호 속에서 아바나에 입성하였다. 혁명이 성공한 이후 카스트로는 독자적으로 미국 대통령 10명과 맞선 철인이다. 그는 평생 독신으로 살았기 때문에 별명이 카발료(야생마)이다.

헤밍웨이박물관 사진. 낚시대회가 끝나고 카스트로부터 1등 트로피를 받은 헤밍웨이

쿠바의 영웅이자 세계 젊은이의 우상 체 게바라

본명은 에르네스토 게바라 데 라 세르나(Ernesto Guevara de la Serna)이다. 좌익 성향이 있는 아르헨티나의 중산층 백인 집안 출신이다. 체(Che)의 어원은 여러 가지가 있지만 아르헨티나의 인사말로 '형씨', '친구'를 뜻하는데, 매우 친밀한 분위기를 나타낸다. 쿠바 혁명시기에 게바라의 동료들이 이름에 '체'를 붙여 주었다.

이때부터 체 게바라라는 별칭이 유명해졌다. 죽을 때까지 천식 때문에 피를 토할 정도로 고생했지만 축구에선 골키퍼, 럭비에선 최전방 공격수를 할 만큼 뛰어난 운동선수였고, 학자로서 재능이 뛰어났으며 사진, 영상, 바둑 등 취미도 다양했다.

그는 고등학교 때 자전거로 아르헨티나 여행을 한 것을 시작으로 시간이 생기면 라틴아메리카 여러 곳을 여행했다. 집안이 이사를 자주 했던 영향도 있는 듯하다. 대학 때 오토바이로 친구와 함께 남미대륙 탐험에 나섰다. 칠레, 페루, 콜롬비아, 베네수엘라에 이르렀다. 안데스 고원의 고대문명을 보면서 감탄을 금치 못했고 서민들의 가난한 생활을 몸소 체험했다.

그는 300년간 스페인의 지배가 남긴 유산인 빈곤 해결책은 폭력혁명밖에 없다고 확신했다. 그리고 라틴아메리카를 각각 독립된 여러 국가의 집합체로 보지 않고 하나의 문화적, 경제적 실체로 보았다. 이것은 쿠바의 영웅 호세 마르티와 같은 맥락이었다. 또한 라틴아메리카의 해방을 위해 전 대륙적 전략이 필요하다고 생각했다.

체 게바라는 1953년 의대를 졸업했다. 그가 다시 한번 라틴아메리카로 여행을 떠났을 때 미국이 과테말라 정부를 전복시키기 위해서 전투기로 폭격하는 장면을 보고 반미감정이 싹텄다. 1955년 멕시코에서 피델 카스트로의 동생 라울 카스트로를 통해 알게 된 체와 피델 카스트로는 금방 의기투합하였다.

체는 종군의사로 합류했지만 결국 혁명전사가 되었다. 쿠바혁명에 성공한 후 체는 카스트로의 투터운 신

과거 쿠바 화폐 속에 체 게바라

임을 받아 쿠바사회주의 혁명통일당 중앙지도자, 국가 은행총재, 상공부 장관을 역임했다. 쿠바를 대표해서 UN 총회도 나가고 체코, 소련, 동독, 북한, 중국을 방문했다. 1965년 아프리카, 이집트, 알제리, 콩코에서 혁명 전도사 역할을 하면서 미국 원조의 허상을 설파했지만 소득이 없이 돌아왔다. 쿠바를 떠나기 전 세 통의 편지를 남겼다. 카스트로, 부모, 다섯 자녀에게 보내는 편지였다. 그는 자신을 돈키호테에 비유했다.

"다시 한 번 로시난테에 박차를 가해야 할 때가 온 것을 느낌입니다. 방패를 챙겨 들고 다시 길을 떠납니다."

1966년 가을 볼리비아에서 게릴라 부대를 조직했다. 그러나 이듬에 볼리비아 정규군에게 체포되었고 CIA의 개입으로 다음 날 처형되었다. 시체는 아무렇게나 내다 버려졌다. 체의 지문 탁본과 잘린 양손, 일기장 등을 카스트로에게 보냈다. 일기는 볼리비아 산속에서의 작전 상황과 그의 일상생활 등이 자세히 기록되어 있었다. 쿠바정부는 이 일기를 『체의 볼리비아 일기』라는 제목으로 출간하여 세상에 영웅의 발자취를 알렸다. 쿠바 여기저기를 다니다 보면 체의 사진, 초상화, 조각을 쉽게 접할 수 있다. 장발에 베레모를 쓴 체의 모습은 책 표지, 우표, 포스터, 티셔츠, 기념품 등에서도 만날 수 있다.

기념품 속의 체 게바라

추억 속의 도시 아바나

현재 아바나의 겉모습은 퇴색된 스페인식 중세 도시 속에 50년대 미국식 문화가 넘실거린다. 거리를 매운 이색적인 자동차들은 쿠바 혁명 이전에 미국에서 가져온 차량들이다. 소위 양크 탱크Yank Tank라 불리우는 이것들은 주로 택시로 활용되고 있는데 이들로 인해 길거

리는 클래식 차량들의 전시장이 되었다. 이렇게 오래된 차량이 굴러다니는 것에 대해 쿠바인들은 자신들의 정비기술이 좋다고 말한다.

 아바나는 16세기 황금을 가득 실은 스페인 상선들이 본국으로 가기 위한 중간 기착지로 건설됐다. 신대륙을 발견할 당시 포르투갈과 스페인이 사이좋게 세상을 나눠 먹는다는 경계선(또르데시야스 조약)을 그었다. 이로 인해 카리브해엔 스페인 배만 들어올 수 있었고 다른 나라 배들은 해적선으로 간주했다. 소위 캐리비안 해적은 이렇게 나왔다. 황금을 실은 스페인 배를 약탈할 목적으로 대서양 해적들이 들끓기 시작하면서 모든 스페인 상선은 안전을 위해 일단 아바나

1950년대 미국산 자동차 전시장. 혁명 이후 미국인들이 버리고 간 차량이 지금도 굴러 다닌다.

스페인 식민지시절 보물선들이 모이던 아바나 항구와 구시가지

항에 모였다. 그리고 일 년에 두 차례 스페인 전함의 보호를 받으면서 본국에 돌아갔다.

아바나에 많은 재물이 모이다 보니 아바나는 영국, 프랑스, 네덜란드 등 유럽 각국의 해적들의 표적이 되었다. 당시 난파된 보물선을 인양하는 보물 사냥꾼들이 대박을 터뜨렸다는 이야기가 내셔널지오그래픽에 종종 실리기도 한다.

그래서 스페인 식민정부는 아바나에 계속 요새를 세우고 성벽을 쌓았다. 지금 남아 있는 요새는 아바나 시내와 바다를 굽어볼 수 있는 장소이다. 그리고 매일 일몰시간에 중세 군인 복장을 한 병사가 예포를 울려서, 이를 구경하기 위해 많은 이들이 몰린다. 아바나 구시

아바나 항구 건너편 카바나 성채에서 매일 저녁에 대포를 쏴서 과거를 떠올리게 한다.

가지를 걷다 보면 스페인의 영광을 누렸던 자취가 물씬 풍긴다.

식수를 해결하기 위해 멀리서 물을 끌어들인 수로로 인해 물이 넘쳐났다. 지금은 물이 말라서 수로의 흔적만 남았지만 이채롭다.

광장과 대로에 길게 늘어서 있는 돌기둥 복도는 시민들을 햇빛으로부터 보호해줬기 때문에 '기둥의 도시'라는 별명도 얻었다. 식민시대에 지은 교회, 사원, 포대, 성벽, 총독부, 기타 화려한 건물들이 웅장한 규모를 자랑한다. 아바나의 전성기는 19세기이다. 아메리카 대륙에 유일하게 남아 있는 최후의 보루였던 쿠바는 사탕수수와 담배사업으로 스페인에 막대한 이익을 주었다.

아바나 항구는 더 이상 해적 침입이 없자 도시를 감싸던 성벽을 허

아바나 구시가지의 중심 거리. 좌측은 잘사는 사람들. 우측은 빈곤한 사람들이 산다.

물고 발전시켰다. 더위를 피해 해안으로 이주했고 해안엔 파도를 막기 위해 8km의 방파제를 설치했다. 해가 질 무렵이면 말레콘이라는 방파제엔 아바나 시민들이 몰려서 밤의 정취를 즐겼다.

그도 그럴 것이 노래방도, PC방도, 극장도 없으며 특히 돈이 없다 보니 어디서 술을 마실 형편도 안 된다.

그러나 역사는 반복된다고 했던가? 조만간 아바나의 전성기가 찾아올 조짐이다. 관광객들이 몰리기 시작하고 있기 때문이다. 스페인

방파제를 뜻하는 말레콘^{Malecon}. 아바나 시민들이 저녁에 나와서 휴식을 취한다.

식민지의 500년 흥망성쇠가 고스란히 남아 있는 아바나는 1992년 구시가지 전체가 유네스코 세계문화유산으로 지정됐다.

성벽이 있던 곳을 허물고 스페인풍의 거리를 조성한 마르티 산책길. 넓은 길을 뜻하는 쁘라도 PRADO로도 불린다.

기품있던 과거를 잊고 퇴색된 건물과 활기차 보이는 이정표

쿠바의 소리
"원 달러 내라"

스페인이 남겨 놓은 아바나 시내의 멋스런 광장에 가면 부에나비스타 소셜클럽과 같은 솜씨 빼어난 재즈 밴드들을 만난다. 그들의 18번은 당연히 관타나메라이다. 한 번은 관타나메라를 들은 일행 중 몇몇이 필자에게 와서는 "저 사람들 왜 '원 달러 내라'며 노래하는 거요?"하는 거였다. 그 말을 듣고 다시 들어보니 비슷하게 들렸다. 노래에 익숙하지 않는 사람에겐 강한 소리로 '원 달러 내라'라고 외치는 것처럼 들릴 만도 했다. 노래에 대해서 설명을 했더니 일행은 진짜 원 달러를 바닥에 있는 모자에 내고 왔다. 몇 달러 더 내도 될만한 솜씨였다.

관타나메라를 흔히 쿠바의 아리랑이라고 이야기한다. 그만큼 한 맺힌 내용이 담겨 있으며 누구든지 부르는 애국가와 같다. 하지만 호세 마르티의 간결한 노랫말을 보면 언어의 마술사, 정지용 시인의 〈향수〉를 노래한 것에 더 가깝다는 생각이 든다. 〈향수〉는 일제 강점기에 일본으로 유학을 떠나기 전 고향에 대한 기억을 남기기 위해

만났던 중 가장 연주와 노래를 잘하는 밴드. 모자 쓴 아저씨 목소리가 일품이다. 관타나메라를 감칠나게 불렀다.

서 쓴 아름다운 시이다. 이동원과 박인수가 부른 구수한 청국장 같은 〈향수〉에 비견되는 관타나메라는 아프리카적인 요소와 백인의 요소가 섞인 경쾌한 리듬으로 중독성이 있다.

　관타나메라 과히라 관타나메라
　(관타나모의 여인이여, 관타나모에서 농사 짓는 여인이)
　관타나메라 과히라 관타나메라
　(관타나모의 여인이여, 관타나모에서 농사 짓는 여인이)
　나는 진실한 사람이랍니다.

야자수가 무성한 고장 출신이지요.

내가 죽기 전에

이 가슴에 맺힌 시를 노래하려 합니다.

관타나메라 과히라 관타나메라

관타나메라 과히라 관타나메라

내 시는 화창한 초록색입니다.

내 시는 불타는 선홍색입니다.

내 시는 상처 입은 사슴입니다.

산속 보금자리를 찾는

이 땅의 가난한 사람들과 함께

이 한 몸 바치려고 합니다.

골짜기에서 흐르는 시냇물을

나는 바다보다 더 좋아합니다.

대성당 광장의 터줏대감들.
브겐빌리아 꽃 나무 아래에 있는 연륜이 묻어나는 밴드

아바나의 중심에서

쿠바는 아메리카에서 가장 치안이 안전하다. 길거리에 소매치기나 강도가 없다. 단지 바나나 잎으로 만든 가짜 시가를 파는 야바위꾼만 조심하면 된다. 쿠바만의 추억을 만나고 싶다면 아르마스광장에 가

주인이 적당히 떨어져 앉아 중고물건을 파는 아르마스광장

자. 광장의 모습이 비록 쿠바인들의 삶의 연장이라 할지라도 외지인에겐 좋은 추억이 된다.

근처에 교구가 있었기 때문에 과거에는 교회 광장이었지만 16세기부터 군인들이 군사훈련을 해서 군인 광장이 되었다. 그 이후로 정치, 행정의 중심이 되었다. 아바나에서 유일하게 커다란 나무들이 서 있는 광장이며 쿠바에서 가장 비싼 호텔이 있다.

  시원한 나무그늘 아래는 중고책을 파는 가판대가 많다. 여기서 헤밍웨이의 『노인과 바다』를 발견한다면 가장 적절한 쇼핑이 될 듯하다. 세상에서 하나밖에 없는 공예품을 만들어서 팔기도 하며 폐기된 체 게바라와 헤밍웨이의 책을 만나게 된다.

이 사진을 본 지인들이 공통적으로 하는 말은 "저 콜라 마실 수 있을까?"

구 화폐, 100년 전 포스터, 50년이 넘는 코카콜라도 기념으로 팔고 있다. 콜라를 먹을 수는 없겠지만 말이다.

광장 주변으로 박물관과 레스토랑, 한 잔 걸칠 수 있는 바BAR가 많아서 무척 붐빈다. 말끔하게 정돈된 두 블록을 지나면 멋스런 대성당이 있는 광장을 만난다. 성당은 크리스토퍼 콜럼버스가 104년간 1795~1898 묻혀 있었다. 그 후에 스페인 세비야 대성당으로 옮겨갔다.

성당은 바로크양식에 걸맞게 양쪽 두 개의 첨탑의 크기가 서로 다른 비대칭 건물이다. 사실 전 세계에 있는 바로크 건물은 찌그러진

크리스토퍼 콜럼버스가 100년 이상 묻혀 있었던 대성당

자연산 진주라는 의미와는 달리 대칭을 이루지만 이 성당은 거의 유일하게 비대칭이다. 첨탑의 하나는 불룩하고 다른 하나는 홀쭉하다.

이것은 비가 왔을 때 광장에 고이는 물을 홀쭉한 기둥 옆으로 빨리 빼내기 위한 조치였다. 오래 전 성당 앞을 늪 광장이라 했을 만큼 비가 오면 물이 고였다. 성당과 주변 건물을 만든 재료는 바다에 매우 흔한 산호석이다.

건물 벽면엔 산호와 조개 등 다양한 화석이 있다. 비록 자연산 진주가 벽면에 박혀 있지는 않지만 바로크양식에 걸맞은 재료가 아닐까 한다. 광장은 가장 아바나적인 곳이라 할 수 있을 정도로 여러 가지 모습을 만날 수 있다. 젊은 밴드가 고풍스럽고 고급스런 식당에 고용되어서 힘차고 흥겨운 연주를 한다. 쿠바 음악뿐 아니라 남미에서 유명한 음악은 모두 들려주지만 어쩐지 기계적으로 들리는 음악이 별로 마음에 들지 않는다.

성당 맞은편 벽 쪽에 모자를 쓴 할아버지 밴드가 젊은이들의 음악이 끝나길 조용히 기다린다. 준비가 되자 할아버지 밴드는 브에나비스타 소셜클럽처럼 개성 있고 독특한 목소리로 음악을 들려준다. 기교와 힘을 뺀 음악이 더 정감이 간다. 음악을 하면서 나이가 드는 맛

성당 앞에 자리한 식당. 색과 디자인 감각이 뛰어난 사람들이다.

이랄까?

　성당 계단에선 요란한 치장을 한 할머니와 흰 수염을 길게 늘어뜨린 할아버지가 커다란 시가를 물고 있다. 둘은 아바나 대표선수 사진 모델이다. 아바나에서 기억에 남는 사진을 남기고 싶다면 친구처럼 어깨동무하고 찍자. 물론 약간의 돈은 줘야 하지만 말이다.

아바나의 모델 할아버지. 시가를 물고 같이 사진을 찍으려면 미화 2불 정도 내야 한다.

쿠바를 알리는 일등공신 살사

쿠바를 포함한 세상 사람들 중 시가와 야구를 싫어하는 사람은 있지만 살사를 알게 되면 좋아하지 않을 수 없다고 많은 사람들이 이야기한다.

살사는 원래 여러 가지 재료를 섞어서 만든 일종의 소스이다. 남미에서 빼놓을 수 없는 음식이다. 멕시코 음식 타코도 또르티야(옥수수 전병)에 살사를 싸서 먹는 퓨전 음식처럼 다양한 문화권의 여러 장르 음악이 섞여서 탄생한 음악이 쿠바의 대표 음악이 살사이다.

쿠바에서 음악이 바늘이면 춤은 실이다. 즉 쿠바 음악은 춤추고 노래한다. 일단 춤, 노래, 연주가 동시에 이루어진다는 것만으로도 잘 버무려진 문화이다. 신나는 음악에 따라 몸동작은 더욱 격렬해지고 복잡해진다.

쿠바 음악의 뛰어난 표현방식을 주도하는 독특한 악기가 섞여서 소리가 나는데, 귀에 거슬리는 음은 거의 나지 않는다. 캐스터네츠,

아바나 예술가 시장. 쿠바 예술가들의 솜씨는 음악뿐 아니라 미술에도 뛰어나다.

클라베, 트럼펫, 마라카스, 바이올린 등이 만드는 경쾌한 리듬에 아프리카 악기인 콩가, 봉고, 바타가 흥을 더하면 어깨가 자연스럽게 들썩여지는 신나는 음악으로 변한다.

쿠바의 원주민이 전멸한 후 인디오, 아프리카, 유럽문화가 들어와서 복합적인 문화가 발생했다. 특히 아프리카의 춤과 음악에 유럽에서 가져온 춤과 음악이 섞여서 독특한 장르의 음악이 발생했다. 아바나는 아메리카대륙과 유럽을 연결하는 중간 기착지였기 때문에 항구는 상인, 나그네, 선원들로 북적거렸다.

고단한 인생을 달래는 것은 춤과 음악이었다. 그래서 19세기에 아바나는 유럽의 미뉴에트, 왈츠, 폴카가 들어왔고 스페인 전통춤곡과 크리오요_남미에서 태어난 백인_의 음악이 섞여서 새로운 형태의 커플 춤이 탄생했다. 이 격렬한 춤을 댄스 본고장의 이름을 따서 아바나의 무곡, 아바네라_Habanera_라 불렀다. 아르헨티나 커플 춤 탱고도 아바네라를 받아들여서 다양한 선율과 동작을 만들었다. 쿠바 음악에 매료된 유럽의 작곡가들이 쿠바를 찾았는데 그 중에 프랑스 비제는 〈카르멘〉에 아바나의 무곡을 삽입해서 이국적인 분위기를 만들었다. 유럽에서 들어온 새로운 음악이 쿠바에서 변하고 발전하는 동안 쿠바 음악은 유럽의 틀에서 점점 벗어났다. 그리고 지역적인 민족 특성의 음악들이 탄생하게 되는데 예술성과 대중성이 갖추어진 손, 단손_danzon_, 맘보, 살사, 차차차 등이 쿠바 음악의 새로운 장르가 되었다.

이런 음악들이 미국과 유럽 음악의 유행과 발전에 큰 영향을 끼쳤다. 1950년 미국 재즈의 영향으로 쿠바 맘보가 탄생했다. 거꾸로 맘보는 미국에서 대유행을 일으켰다. 스텝을 정리하기 위해 '하나, 둘, 차차차'라고 외쳐서 춤 이름이 '차차차'가 되었다.

그러나 그 어떤 음악보다 쿠바의 대표 음악은 손_Son_이다. 쿠바 음악

식당이나 카페에서 흔히 볼 수 있는 밴드들. 장르를 초월해서 라틴아메리카 음악을 연주한다.

의 매력은 손에서 나온다고 한다. 손은 다양한 변화과정을 거치면서 쿠바 음악을 계승해서 끊임없이 새로운 장르를 만들었다. 손은 18세기 말과 19세기 초에 만들어졌다.

 손의 기원은 식민지시대부터 농부들이 일하면서 서로 의사소통하는 소리들이 음악이 되었다. 노래의 가사 중 '마테오라 어디 있어? 장작 패고 있네.'하는 것이 있다. 손은 쿠바의 모든 음악 장르 중 쿠바의 혼혈문화를 잘 표현했기 때문에 쿠바의 민요 또는 국악이라 한다.

 20세기에 손은 쿠바를 비롯한 브라질 보사노바, 콜롬비아의 쿰비아 등 다양한 라틴 민속음악과 섞였다. 라틴아메리카 작곡가들이 손을 작곡해서 한층 화려해진 세계적인 음악이 되었다. 그러나 쿠바혁명 이후 미국이 쿠바 금수조치를 실시해서 쿠바가 시들어가면서 음악도 시들었지만 손은 건재했다. 맥 빠진 시기에 콤파이 세군도 Compay Segundo 같은 노장들이 쿠바의 민속음악 발전에 일생을 바쳤다. 살사는 이런 의기소침한 분위기 속에서 탄생했다.

 이들의 노력으로 음악의 섬, 쿠바의 음악이 전 세계를 휩쓸었다. 살사는 '손'에 소스를 넣어 좀더 활기 넘치는 리듬과 선율로 만들자는 의미로 사용했다. 그리고 보면 살사라는 이름은 라틴 음악의 퓨전적인 특색을 잘 표현한 용어가 된다. 땅거미가 지면 악단들이 도시의 거리, 식당, 바, 나이트클럽에서 관광객들을 위해 다양한 음악을 선물한다. 치안이 안전한 쿠바의 저녁에 다양한 음악을 즐겨보자. 말레콘에 자리한 아바나를 대표하는 내셔널 호텔은 미국 지배시절의 상징이다. 내부엔 당대 유명인사들의 초상화가 걸려있다. 호텔 나이트클럽에서 관광객들의 혼을 빼앗는 연주와 가무를 즐길 수 있다.

쿠바의 친구
헤밍웨이의 순례

아바나를 가장 친근하게 만들고, 유명하게 만든 사람 중에 헤밍웨이를 빼놓을 수 없다. 헤밍웨이는 쿠바에 20년을 살만큼 쿠바를 사랑했다.

헤밍웨이가 쿠바에 정착하기 전 미국에서 쿠바를 방문하면 머물던 암보스 문도스 Ambos Mundos 호텔

현관 벽면에는 헤밍웨이의 친필 사인을 비롯한 여러 흔적이 담긴 사진들로 가득하다.

여행객들은 순례자들이 정해진 성지를 참배하듯 헤밍웨이의 자취에 이끌려서 다닌다.

아바나 중심에서부터 한적한 시골 그리고 술집 등을 다니는 동안 재미있는 여행이 된다.

순례의 시작은 아르마스광장 옆 호텔에서부터이다. 헤밍웨이가 쿠바를 방문할 때면 암보스 문도스 호텔 511호에 머물렀다. 호텔의 현관을 들어가는 순간부터 벽에 붙어 있는 수많은 헤밍웨이의 사진들은 이곳이 헤밍웨이가 집처럼 사용했던 곳임을 말해준다.

엘 플로리디타에 있는 헤밍웨이의 실물 크기 청동상

여기서 자신이 참전했던 스페인 내전이 배경인 이루어지지 않은 사랑을 그린 『누구를 위해서 종은 울리나』의 대부분을 썼다. 현재 쿠바에서 가장 많이 찾는 뮤지엄이 되었다.

순례객들은 헤밍웨이를 기리기 위해 스카이라운지에서 쿠바 음식을 즐기며 아바나의 구시가지를 둘러본다. 헤밍웨이는 럼주를 이용한 칵테일을 매우 사랑했다.

암보스 문도스에서 3분 거리이면서 대성당 바로 옆에 자리한 라 보데기타

헤밍웨이가 즐겨 마셨던 모히토. 막대로 민트를 저어서 마신다.

테라짜 식당. 헤밍웨이의 영혼을 위해서 남겨놓은 헤밍웨이 지정석

벽에 친필로 '내 삶은 라 보데키타La Bodeguita의 모히토Mojito와 엘 플로리디타Floridita의 다이키리Daiquri에 존재한다.'고 적었다.

　민트 잎을 넣고 막대기로 저어서 마시는 모히토를 잘 만드는 라 보데기타는, 특히 유명해서 쿠바 엘리트들의 모임 장소였다. 헤밍웨이, 칠레 시인 파브로 네루다, 콜럼비아의 소설가 마르케스와 같은 노벨상 수상자들이 단골이었다. 엘 플로리디타엔 헤밍웨이의 실물 크기의 청동상이 있어서 순례객들이 꼭 찾는다. 그리고 아바나시를 벗어나 『노인과 바다』의 배경이 되었던 아바나 동쪽에 한적한 코시마 마을을 찾는다. 여기서 낚시하는 것을 매우 좋아했던 헤밍웨이는 테라짜La Terraza라는 식당에서 식사를 하곤 했다.

식당에 걸려진 팔라호가 정박된 그림

　헤밍웨이는 식당에서 만난 푸엔테스에게 헤밍웨이의 배를 관리하게 했다. 푸엔테스가 바로 노인과 바다의 모델이었다. 내부엔 헤밍웨이의 사진뿐 아니라 그곳을 찾았던 유명인사들의 사진들이 걸려있다. 카스트로와 친분을 나타내는 사진이 여러 장 걸려있고 낚시대회에 나가면 1등을 했을 정도로 낚시광이었던 헤밍웨이를 위한 청동상도 있다. 헤밍웨이의 보트 팔라호가 정박한 모습으로 벽면을 장식하고 있는데 얼굴을 돌려 밖을 보면 그림속 실제 정박장을 볼 수 있다.
　1942년, 전쟁 때 헤밍웨이는 군인도 아니면서 군복을 입고 독일의 잠수함을 찾는다고 팔라호를 개조해서 플로리다 바다를 누빈 괴짜이기도 했다. 물론 정부에서 보낸 진짜 군인도 같이 승선했다. 팔라호를 정박시켰던 해변엔 헤밍웨이의 작은 흉상이 놓여 있어 순례객들이 감상에 젖기도 한다.

그림과 크게 변함이 없는 실제 정박장. 노인과 바다의 배경이 되었던 곳이다.

헤밍웨이는 세 번째 부인의 요청에 따라 좁은 호텔 방에서 나와 24km 떨어진 핀카 비히아$^{Finca\ Vigia}$의 집을 구입해서 장기 체류하기 시작했다. 들어가는 입구에서부터 하늘을 가리는 망고나무가 있고 주변이 온통 푸른색으로 덮여있는 숲 속의 집이다. 전망 좋은 농장이란 의미답다. 이곳에서 『노인과 바다』를 썼고 스페인 내전을 다룬 『누구를 위해 종은 울리나』를 완성했다.

집안 내부는 여행을 좋아했던 나그네 인생의 흔적이 고스란히 남아 있다. 낚시도구에서부터 수많은 책, 집필을 위한 공간, 낡은 타자기, 응접실, 침실 등이 있으며 아프리카를 좋아했던 헤밍웨이가 탄자

헤밍웨이의 동생처럼 생긴 가이드. 한국어를 한국인처럼 잘 한다.

헤밍웨이가 살던 집을 찾아가는 길. 아직도 마차가 여유 있게 다닌다.

니아에서 가져온 사냥 전리품인 박제된 버팔로 머리도 걸려있다.

내부에선 사진촬영이 안되지만 관리인에게 약간의 돈을 주면 사진을 담게 해주거나 카메라를 들고 다니면서 직접 찍어준다. 정원의 한쪽엔 헤밍웨이가 그렇게 좋아했던 애견의 묘지와 팔라호가 전시되어 있다. 헤밍웨이는 20년간 쿠바에 머물면서 자신을 쿠바인으로 생각했다. 그는 노벨 문학상을 쿠바 수호성인 카리다드 성모에게 바쳤다. 마치 월계관을 쿠바 국민들에게 바친 것과 같았다. 그의 노벨 문학상은 지금도 성당의 성모상 아래 놓여 있다.

핀가 비히아에 있는 헤밍웨이의 집. 외관, 내부, 필라호

변화에 속도가 붙은 쿠바

사회주의를 고수하는 쿠바는 계획경제를 실시하고 있다. 생산품의 소유권은 정부에 있고 인력 고용도 정부에서 한다. 지금도 크게 변하지 않았다.

의기소침한 분위기를 흥겹게 만드는 거리의 광대들. 밤이면 높은 곳에서 내려와 어디선가 살사를 출 것 같다.

소련의 지원에 의존하던 경제시스템은 소련 연방이 무너지고 나서 붕괴되었다. 턱없이 부족한 음식과 물자를 감당하기 어려웠고 소련 밑에서의 생활 수준보다 훨씬 떨어졌다. 자구책으로 경공업을 실시했고 미화를 쓰기 시작했으며 관광산업을 시작했다.

지금은 정부의 투자로 인해서 매년 수백만 명의 해외 관광객들이 오고 있다. 국가 최고 통수권자가 된 라울 카스트로(피델 카스트로의 친동생이자 체 게바라의 혁명 동지)는 2008년에 공산당이 표방하는 농업시스템을 신랄하게 비판했다. 생산성이 너무 떨어지기 때문이었다. 현재 쿠바는 배급을 위한 식량의 80%를 수입에 의존하고 있다.

물자가 부족한 쿠바. 시장이 열렸지만 물건이 없어서 살 수가 없다. 쿠바 여행 시 잘 먹겠다는 생각은 버려야 한다. 좋은 식당에 가도 마찬가지이다.

최고의 직종은 관광산업이다. 가이드가 의사보다 100배 이상 수익이 좋은 나라이다. 의사가 가이드 집에 청소하러 가야 하는 실정이다.

또한 베네수엘라에서 매일 8만 배럴의 오일을 받는 대신 쿠바에선 의사와 교사를 합해서 3만 명을 보내는 교환이 이루어졌다. 쿠바는 고급 인력뿐 아니라 설탕, 니켈, 담배, 생선, 의약품, 귤과 커피도 수출한다. 주 교역국은 칠레와 캐나다이다.

최근에 국가 고용은 78%로 줄었고 개인 사업체의 고용은 22%로 늘었다. 90년대엔 개인 고용이 불과 2% 정도였다. 미국을 왕래할 정도로 개방적인 라울 카스트로는 만성적인 주택 부족을 해결하기 위해서 2010년 개혁을 단행했다. 2011년부터 국가가 가지고 있던 부동

산을 개인이 소유할 수 있다. 정부의 허락 없이도 개인은 집을 지을 수도 있고 부동산을 사고 팔 수도 있다. 그러나 쿠바 전 지역에 집을 하나 이상 소유할 수는 없게 되어 있다.

자동차를 사고 파는 것도 가능하게 되었다. 능력이 있으면 개인 사업을 해도 된다. 외국으로 나가기 위해서 국가에서 발행하는 비자를 받지 않아도 마음대로 해외에 나갈 수 있다.

더 이상 쿠바 야구선수들이 메이저리그에 가기 위해서 불법 탈출을 하지 않아도 된다. 그리고 쿠바에 감금되었던 정치인들과 언론인들도 석방했다. 쿠바의 변화를 가로막던 1백만 명이 넘는 국가 공무원들과 당 관료들을 내보내야 하는 상황에 처했다. 누구든지 쿠바를 가보면 상황이 처절한 것을 알게 된다. 건물들은 색이 바랜지 오래되었고 방파제 바로 앞에 놓인 멋진 집들은 허리케인이 만든 파도가 덮쳐서 폐허가 되다시피 한 곳이 많다. 카스트로가 있던 없던 쿠바가 어떻게 변할지 기대된다.

쿠바에서 결혼하려면?

주택 공급이 이루어지지 않는 쿠바에선 무엇보다 살아야 할 공간이 확보되어야 한다. 한 집에 한 가구만 살고 있기 때문이다. 여자친구가 남자친구 집에 간다는 것은 남자친구 식구들과 함께 지내야 한다는 것이다. 주택을 지을 수 없어서 주택 공급이 한정적이다. 그래서 결혼을 하고 싶어도 같이 살 공간이 없어서 할 수 없는 경우가 많다.

아바나에서 꼭 가봐야 할 공예품 시장

어시장을 개조해서 관광 공예품을 판매하는 곳에서 솜씨 좋은 쿠바인들을 만난다. 색채가 뛰어난 쿠바인들의 그림을 보면 쿠바인들은 고민이 없고 병이 없을 것 같다. 실제로 행복하게 살고 있는 사람들이라 경제 전쟁 같은 치열한 상황을 모르는 사람들이다.

쿠바

국 명 : 쿠바공화국(Republic of Cuba)

위 치 : 캐리비안해의 멕시코만에 자리함(미국과 144km 떨어짐)

수 도 : 아바나(Habana)

언 어 : 스페인어

인 구 : 약 11,240,000명

인 종 : 백인 64.1%, 물라토(백인+흑인)+메스티소(백인+인디오) 26.5%, 흑인 9.3%

최고 통수권자(대통령&수상) : 라울 카스트로(피델 카스트로의 친 동생)

공산당 당수 : 라울 카스트로

독 립 : 1902년 미국으로부터

쿠바혁명 : 1959년 1월 1일

면 적 : 109,884평방km (남한의 1.1배)

평균 수명 : 78.3세(남 : 76.2, 여 : 80.4). 미대륙 3위, 세계 37위

인터넷은 제한적으로 허용되며, 컴퓨터 판매를 엄격히 통제한다. 모든 이메일은 검열 대상이다. 휴대폰 로밍이 제한적이어서 통화 연결이 잘 되지 않는다. 현지 전화 회사를 이용하면 매우 비싸다. 쿠바는 휴대폰을 불법으로 판매한 미국인에게 9년 형을 내린 곳이다. 보통 체 게바라는 쿠바에서 신적인 인물일 것이라 생각하는데 체 게바라는 추억의 인물이 된지 오래다. 지금 쿠바인들에게는 먹고 사는 문제가 훨씬 크기 때문이다.

쿠바를 무사히 빠져나오는 방법

쿠바는 범죄가 없는 곳이라고 말한다. 그러나 공항은 예외인 듯하다. 아바나 공항에서 짐을 부쳐서 다른 곳에서 찾을 때 문제가 가끔 생긴다. 가방을 뒤질려고 잠금장치를 망가뜨리는 경우이다. 필자의 가방은 잠금장치가 잘려나간 적도 있다. 주로 전자기기를 훔치기 때문에 카메라, 노트북은 들고 타야 한다. 그래서 짐을 포장해서 보내면 된다. 너무 허술하지만 미화 10불 정도 주면 그림처럼 딱 한 겹의 비닐로 포장해 준다. 아마도 '돈 냈으니 훔치지 말아'라는 공항 직원들 간의 무언의 약속인 듯싶다. 한 겹 비닐 포장은 손가락 하나로 쉽게 뜯기기 때문에 안 한 거랑 거의 똑같기 때문이다.

그렇게 마무리하고 짐을 부친 다음 공항 면세점에서 맛있고 값싼 쿠바 커피를 구입하면 된다. 공항 내부가 별거 없기 때문에 쇼핑이나 먹을 것을 기대 안 하는 것이 좋다.

한번 맛 들이면 빠지게 되는 쿠바산 커피 세라노

PART THREE

페루 Peru

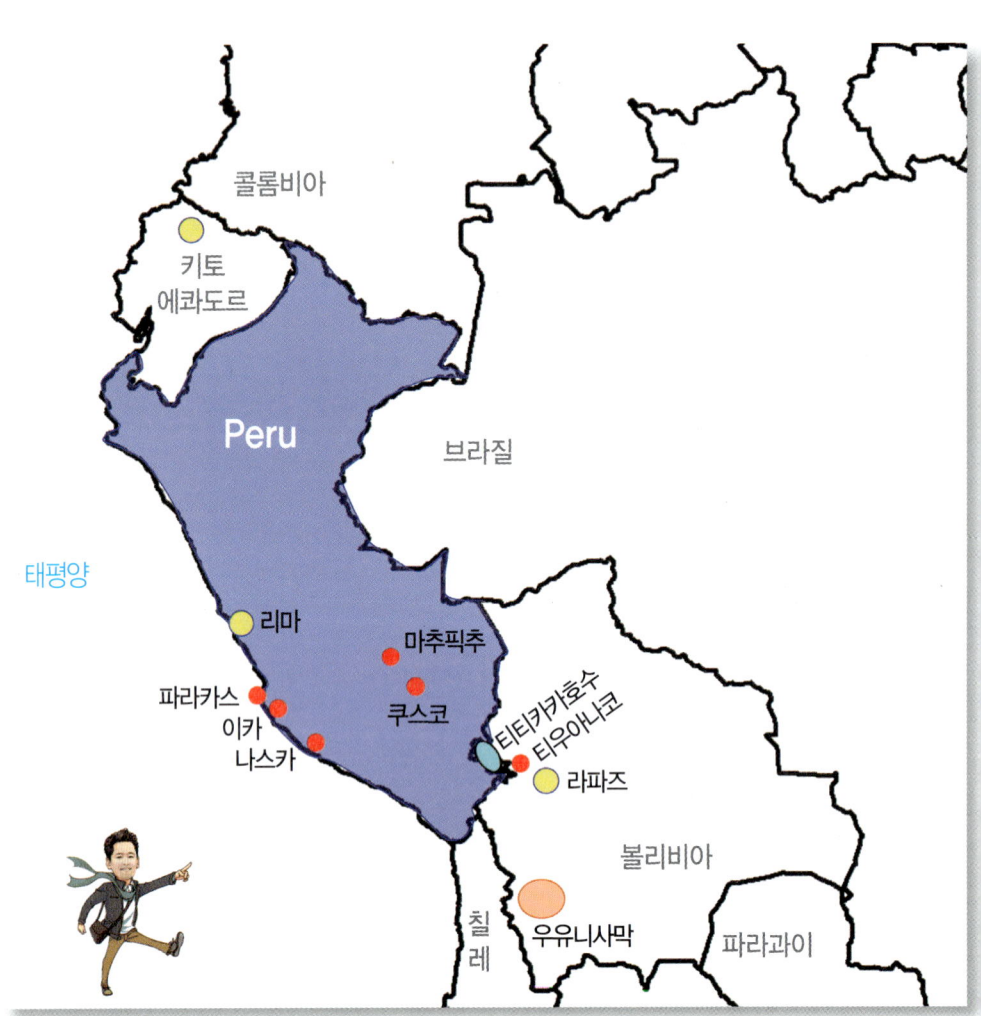

천 개의 얼굴을 가진 나라

페루를 여행하면서 무엇을 보았냐고 물어보면 '사막과 안데스와 아마존 그리고 미스터리'라고 대답한다.

페루는 해안을 따라 끝없는 사막이 펼쳐져 있으며 6,000m가 넘는 안데스 고봉에서부터 아마존까지 변화무쌍한 모습을 가지고 있다. 4,000m까지 계단식 밭에서 농사를 짓는 풍광은 놀라움 그 자체이다. 500년 전의 모습을 간직한 안데스인들의 삶을 접할 때 여행을 왜 하는지 비로서 느낀다. 미스터리한 거석 유적을 보고 있으면 정말 지금의 인류 이외에 다른 존재가 있었음을 생각하지 않을 수 없다.

그리고 온천이 많아서 온천을 즐기는 사람들을 만난다. 세상에서 가장 높은 곳에 자리한 티티카카Titicaca호수가 오래 전에 바다였었고 지금도 바다생물이 살고 있다는 점을 알게 된다면 대홍수가 어떻게 일어났는지에 대한 실마리를 찾을 수도 있다. 전체 면적의 절반이 넘는 아마존과는 전혀 다른 환경이어서 느낌이 남다르다.

아마존에 사는 원주민을 만날 수 있고, 아마존강에서 맞이하는 일

세계인들의 로망 마추픽추. 오래된 봉우리라는 의미로 하늘에서만 볼 수 있어서 공중 도시라 불리는 미스터리 유적

출에 전율이 느껴진다. 공포의 물고기 피라냐를 낚시하는 이색적인 경험을 할 수 있고 그 유명한 아마존의 핑크색 돌고래를 만날 수 있다. 풀 한 포기 없는 사막의 석양은 너무 강렬해서 세상이 불타는 듯하다. 바다로 나가면 매우 흔한 펠리컨과 바닷새와 물개, 펭귄 등과 교감할 수 있다. 사막을 질주하고 사막의 모래언덕 아래로 모래썰매를 즐기는 동안 잊혀졌던 동심이 살아난다. 항공기로 나스카사막에 그려진 미스터리 그림을 보면서 다시 한 번 미스터리 여행을 즐기게 된다. 태평양 해안을 따라 여행을 하다 보면 정글보다 사막이 왜 좋은지 다시 실감하게 된다. 그래서 여행의 끝은 사막이라고 하지 않던가?

한국과 가까워진
　　　　마추픽추의 나라

　남미하면 가장 먼저 떠오르는 장소는 페루의 마추픽추와 브라질과 아르헨티나 국경에 자리한 이구아수폭포 그리고 볼리비아 우유니 소금사막이다. 실제로 많은 비용을 투자하면서 피곤한 몸을 이끌고 더운 날씨를 이겨내면서 중남미를 찾아가는 이유는 바로 안데스문명의 하이라이트인 마추픽추와 자연이 만든 지상 최고의 '물 구경거리'라 할 수 있는 이구아수폭포 그리고 우유니 소금사막을 보기 위해서이다. 여행객들의 입장에서 보면 다른 볼거리는 들러리에 불과할 지도 모르겠다. 그러나 다른 볼거리들은 메소아메리카Mesoamerica : 중앙 아메리카 문명의 중심인 멕시코에 들어왔던 마야, 테오티우아칸, 아즈텍문명이 발생한 곳이어서 꼭 가봐야 한다. 그리고 남극과 가까운 파타고니아Patagonia도 빼놓지 않고 가보기 바란다.

　2011년 8월 1일부터 한국과 페루와의 FTAfree trade agreement가 발효되기 시작했다. FTA가 발표되기 이전에도 한국의 기업체들 중 석유,

가전제품, 자동차, 철강회사가 페루로 진출해서 시장을 크게 넓혀가고 있었다. 그러나 FTA가 발효되면서 그동안 한국이 약했던 분야에서 한국의 기업체들이 중남미 진출을 위한 거점 역할을 하게 되었다.

남미문명 = 안데스문명 ≠ 잉카문명

먼 옛날 아시아에서 건너간 몽골리안들이 터를 잡았던 곳에 뒤늦게 한국인들이 들어가 페루를 새롭게 만들고 있다. 마치 역사가 되풀이되는 것 같은 페루의 이모저모를 살펴보자.

흔히 페루지역을 포함해 남북으로 길게 퍼져 있었던 잉카문명을 남미문명의 대명사처럼 여기고 있다. 그러나 잉카문명은 불과 100년 동안만 존재했었다. 잉카가 국가체계를 갖춘 시기는 1438년이며 스페인의 삐사로(Pizarro)에게 정복당한 1532년까지 존재했었기 때문이다. 그리고 대개 잉카문명이라고 하면 남미문명의 전부라고 생각하는 경향이 있다. 안데스지역에서 발견된 많은 황금유물들의 대부분은 잉카 이전의 것들이다.

잉카 이전 안데스인들의 수술 도구로 알려진 황금 투미(Tumi). 바늘의 끝을 확대한 사진으로 원숭이 위에 새가 앉아 있다.

사실 알베르토 후지모리 일본계 대통령이 집권할 때 페루는 '일본 천국'이었다. 도요타, 소니, 파나소닉 등이 시장을 석권했다. 그러나 일본은 시장 관리를 하지 않았고 AS에 대한 개념이 없었기 때문에

잉카 이전의 문명이 금은세공이 더 발달했으며 잉카시대 물건은 약탈로 인해서 남아 있는 것들이 거의 없다. 안데스산맥을 중심에 두고 동쪽은 낮은 산과 아마존 정글이 있는 지대, 서쪽으로는 태평양을 끼고 발달했던 해안지대이다. 그리고 안데스 고원지대와 안데스산맥의 아래쪽 해안지대에 우수한 문명들이 존재했기 때문에 남미문화를 안데스 문화라 부른다. 우리가 알고 있는 잉카, 마야, 아즈텍Aztec 문화는 스페인인들이 아메리카 대륙을 정복할 때 남아 있었던 중요 국가의 이름일 뿐이다. 그래서 남미문명을 단순히 잉카문명이라고 한다면 우리나라의 시대별 모든 국가의 역사를 단순히 조선시대의 역사라고 말하는 것과 마찬가지이므로 역사 왜곡과 혼란이 생기게 된다.

뇌 수술을 했던 흔적

뛰어난 금은 세공기술을 가지고 있었던 모체문명의 흔적. 인물 형상 옆은 재규어jaguar 이다.

한국 기업들이 그 틈새를 장악해서 최근 상황이 완전히 역전되었다. 거리마다 한국 제품 광고판이 많이 보이는 등 한국 브랜드로 페루를 도배하고 있다. 최근엔 남미에 일고 있는 한류 열풍에 힘을 실어 페루의 한국 기업들도 승승장구하고 있다. 게다가 한국의 한 석유회사는 페루 해상 유전 개발, 아마존 유전에서 생산하는 천연가스 생산, 파이프라인을 통한 운반, LNG$^{liquefied\ natural\ gas}$ 공장 설립 및 가공에 전부 참여하고 있으며 페루 전체 가스 소비의 95%를 책임지고 있다.

  축구를 좋아하는 페루인들에게 한국을 각인시킨 것은 2002 한일 월드컵에서 한국인의 길거리 응원하는 모습이었다. 그러나 2002 한일 월드컵 이전에 한국인 박만복 씨가 페루 여자배구 대표팀의 감독을 맡았을 때 이미 한국은 알려져 있었다. 1987년 세계대회 때 페루의 전승 우승기록과 88서울올림픽 때 페루 역사상 최초로 은메달을 획득했다. 아직도 어지간한 페루인들은 페루의 영웅이었던 박감독에 대해서 이야기한다.

아시아에서 건너온 사람들

아메리카에 최초로 건너온 사람들에 대한 기원이 여러 가지 있었다. 그러나 지금은 아시아의 바이칼 호수 근처에서 살던 사람들이 남미로 이주해 왔다는 것을 정설로 받아들이고 있다. 즉 그들은 지금으로부터 약 9,000년전 아시아와 아메리카 대륙 사이에 놓인 베링해협이 육지였을 때 건너와서 북미, 중미, 남미에 정착해서 생활했다.

남미는 티티카카호수가 있는 안데스 고원지대로 이주했다. 기원후에도 다양한 종족들이 아시아에서 건너왔고 멕시코를 지나서 넘어왔다. 잉카인들이 사용했던 케추아Quechua어는 교착어로 우리와 같은 계통의 언어이다. 멕시코와 인종 계통이 같다. 용을 최고신으로 숭배하는 문화적 동질성이 있다. 안데스문명의 어머니 문명이라고 하는 차빈문명에서도 주신은 용의 얼굴에 사람의 형상을 한 모습으로 나타난다. 마야의 신 쿠쿨칸과 아즈텍 제국의 신 케찰코아틀Quetzalcoatl은 날개가 달린 뱀신으로 불리지만 용을 지칭하는 것과 마찬가지이다. 뱀과 인간의 머리를 한 신의 형상은 이후 안데스지역에서 민간신앙

페루 곳곳에서 아시아에서 건너온 문화의 흔적을 발견하게 된다. 불교의 만(卍) 자에 해당하는 하도river course가 있다. 그 사이에는 태극의 형상이 있다. - 나스카에 있는 한 호텔 주인이 나스카와 파라카스 일대에서 수집한 가구에 새겨진 문양

으로 오랫동안 남아 있었다. 그리고 남미의 인디오 중에는 몽골반점을 가지고 태어난 아이들이 많으며 아시아 대륙 사람들과 유전적으로 동일하다는 것이 확인되었다. 그 외에 잉카에는 우리나라와 비슷한 풍습이 있었다. 하늘天, 땅地, 태양日, 달月, 바다水, 천둥의 신을 섬기는가 하면 멕시코의 아즈텍인들처럼 아이를 낳으면 금줄을 쳤다. 멕시코와 우리나라에서 많이 보았던 팽이치기도 즐겼고, 지금도 고수레(단군 때에 농사를 가르쳐준 고시(高矢)씨의 은혜를 기리기 위해 시작된 풍습으로 고시씨에게 먼저 음식을 3번 떠서 바친 후 먹었다.)와 같은 풍습이 남아 있고, 꿈을 꾸면 해몽을 하는 점쟁이들이 있었다.

잉카 이전의 대표적인 문명, 안데스문명

현재까지 발굴된 유적을 통해서 드러난 것은 안데스문명이 메소아메리카(멕시코를 중심으로 한 중앙아메리카) 문명보다 오래되었고, 어쩌면 남미에서 중미로 문명이 전파되었을 것이라고 추측한다. 안데스문명을 한마디로 표현한다면 '미스터리'이다. 안데스문명은 기록이 없기 때문에 잃어버린 역사가 되었고, 문자도 잃어버려서 역사를 알 수 있는 방법이 없다.

그러나 잉카 이전 라틴아메리카 문명에 문자가 있었다. 실제로 스페인이 멕시코를 정복하고 나서 동물의 가죽에 쓰여진 그림문자 아즈텍 코덱스Codex, 법전를 발견했다. 아즈텍 코덱스에는 고대의 전쟁과 항해에 관한 이야기가 적혀 있었다고 했다. 고대 페루에는 그림문자와 기호문자 등 최소한 두 개의 문자가 존재했다고 하지만 현재 남아 있는 문명의 흔적을 설명해주는 책은 존재하지 않는다. 이것은 페루를 정복한 일자무식쟁이 피사로가 책을 전부 소각했기 때문이다.

발굴된 유적을 통해서 보면 안데스문명은 물 관리에 뛰어난 기술

라틴아메리카의 문명 지도

을 가지고 있었으며, 고산지대의 산비탈을 개간해서 '계단식 밭안데네스, Andenes'을 만드는 놀라운 농업기술을 가지고 있었다. 태평양과 안데스산맥 사이에 있는 해안지역은 비가 오지 않는 사막지역이다. 그런 해안지역에서 문명이 발달할 수 있었던 것은 고산지대에서 내려오는 물 때문이다. 해안으로 내려오는 크고 작은 강물이 80km에서 150km 정도마다 하나씩 띄엄띄엄 흘러내려서 사막이 비옥한 땅으로 변했다. 바로 그 지역에 문명을 일구었다. 그 장소에 흙벽돌을 이용하여 크고 작은 수많은 피라미드를 만들었고 뛰어난 도자기기술을 가지고 있었으며 직조기술도 발달했었다. 그리고 금속을 다루는 야금술이 발달해서 금과 은으로 만든 다양한 형태의 물건을 만들어서 사용했다. 뇌 수술을 했던 흔적의 유골이 발견되면서 뛰어난 의술을 가지고 있었음을 추정할 수 있다.

안데스문명은 철기는 사용하지 않았다. 그런데 철기가 아닌 석기로 쿠스코Cuzco, 마추픽추, 티아와나코Tiahuanaco에 거대하면서 매우 정밀한 석조문화를 이룩했다는 것은 믿기 힘든 일이다. 안데스문명은 자연에 의존하지 않고 자연을 이용해서 물을 관리할 만큼 고도로 발달한 기술을 가지고 있었다. 그래서 안데스문명을 전적으로 물에 의존해서 발달한 세계 4대 문명과 어깨를 나란히 하거나 더 앞선 문명이었다고도 말한다. 잉카 이전에 만들어진 문명을 어떻게 불렀는지는 아무도 모른다. 단지 중요한 흔적을 남긴 고고학적인 유적지나 강

안데스문명이 발생했던
지역들

이름이 문명의 이름이 되었다. 그러면 잉카 이전에 존재했던 주요 안데스문명들을 간단히 살펴보자.

차빈문명(Chavin, BC1300-BC400) 차빈문명은 페루 북부의 산악지대_{해발 3,140m}에 발생했다. 차빈문명이 발생한 이후 모든 안데스문명에 영향을 주었기 때문에 안데스문명의 어머니라고 한다. 차빈문명은 전쟁을 한 흔적도, 전쟁을 위한 도구도 발견되지 않은 평화의 문명이

차빈문명. 4.5m 크기의 화강암에 새긴 고대인들의 신. 마치 도깨비 같은 모습이지만 농업 중심 사회의 주신인 용을 상징한다고 볼 수 있다. 우리나라의 용과 유사하게 뱀+재규어+독수리+신 이 합쳐진 모습이다. 이런 형상은 중남미 전역에서 나타나고 있다.

었다. 거대한 피라미드를 남겼고 예술과 건축, 무엇보다 배수로와 관개시설을 만드는 기술이 발달해서 잉카까지 이어졌다. 그리고 주신은 용의 얼굴에 몸은 사람의 모습을 하고 있다. 이유는 물이 중요했던 농업 중심 사회였기 때문이었다. 이 모습을 샤먼이라고 말하기도 한다. 스페인의 기독교문화가 들어온 이후 유럽과 마찬가지로 용은 악마의 상징으로 변했다. 그래서 티티카카호수 일대에서 즐기는 민속춤에는 용의 탈을 쓴 악마를 물리치는 장면이 등장한다.

모체 혹은 모치카문명(Moche 또는 Mochica, BC100-AD800) 모체 혹은 모치카문명은 북부 해안지대에 존재했는데 도자기 분야가 가장 발달했었다. 그릇에는 날개 달린 신과 무섭게 생긴 거인들의 그림으로 가

가부좌를 튼 도자기 인형

득 차기도 하지만, 도자기에는 일상의 생활, 관습, 병, 종교, 성 생활 등을 묘사한 것이 유명하다. 그리고 금세공품도 매우 발달했었다. 뿐만 아니라 모체문명은 해안문명이다 보니 안데스에서 내려오는 모체 강물을 인공수로로 보내서 태평양 연안의 사막을 옥토로 바꾸었으며 흙벽돌 1억 4천만 개를 이용해서 거대한 피라미드 유적을 남겼다.

모체문명의 도자기와 금은 세공품들

나스카문명(Nazca. AD250-AD750)　나스카문명은 모체문명과 비슷한 시기에 나타났지만 주변 문명과 달리 독창성이 뛰어났다. 사막에 의식을 위해서 쌓았던 피라미드군이 있다. 도자기에는 11가지 색상을 이용해서 동물, 물고기, 새, 곤충 등 일상생활의 모습을 화려하고 정교하게 묘사했다.

또한 독특한 매장양식이 있었다. 시신을 어머니 자궁 속에 있는 태아처럼 구부려서 라마 가죽으로 감싼 후 둥그런 구멍 속에 매장했다. 마치 어머니 자궁에서 태어나서 살다가, 대지의 혈(穴) 자리로 들어가

나스카지역의 생활상을 그린 직물. 펠리컨과 낚시하는 장면을 묘사했다.

는 우리나라의 매장 풍습과 의미가 비슷하다. 사실 이러한 매장 방식은 안데스문명 전반에 걸쳐서 나타나는데 날씨가 건조한 사막지역이나 추운 고산지역에선 시신이 미라 형태로 남게 된다.

나스카문명은 무엇보다 하늘에서만 그림을 식별할 수 있는 미스터리한 나스카 라인 Nazca Lines 때문에 유명하다. 항공기 조종사에 의해서 1930년대에 발견된 나스카 사막 위에 그려진 도형들과 그림들은 100여 가지가 된다. 그 중 벌새, 펠리컨, 콘도르 condor, 원숭이, 거미, 외계인, 고래, 나무, 손, 개 등이 대표적이다. 이 도형과 그림을 만든 방법은 단순하다. 사막 표면의 검은 돌을 약 30cm 정도 파서 밝은 빛깔의 흙이 드러나게 한다. 그리고 걷어낸 돌들은 길게 파낸 골 옆에 둑처럼 쌓아놓는다. 그림의 용도에 대해서 다양한 의견이 나왔지만 이런 그림들은 나스카 Nasca 의 도자기와 직물에도 나타나기 때문에 일상

나스카사막의 그림이다. 원숭이, 펠리컨, 도마뱀, 콘도르, 도형 등이 있다.

을 표현한 것이라고 할 수 있다. 그러나 문제는 계곡과 산을 넘어 수십 km까지 뻗어나간 직선에 있다. 현대의 레이저 장비가 있어도 만들기 어려운 직선은 하늘에서 봤을 때 조금도 휘어지지 않는 직진성이 확연히 드러난다. 그래서 외계인이 와서 그렸다는 설이 나왔다. 아직도 나스카 라인에 대한 결론은 누가 어떻게 왜 만들었는지 모른다는 것이다. 나스카에 대해선 후반부에 정리했다.

치무문명(Chimu)　치무문명은 모체문명을 바탕으로 이루어졌다.

치무문명. 두 명의 악사를 표현한 금 제품

12세기부터 융성한 북쪽지방의 문명이었으며 나중에 잉카에게 흡수되었다. 흙벽돌로 만들어진 세계 최대 도시였고 수로를 만들어서 산에서 물을 끌어오는 기술을 가지고 있었다. 4.5m 폭의 도로를 만들어서 마을마다 연결했는데 나중에 잉카가 사용한 태양의 대로의 일부가 되었다. 잉카에게 흡수되기 전까지 400년간 금, 은, 동을 이용한 화려한 장신구들로 유명했다. 잉카인들은 그 기술에 미치지 못해서 치무의 금속기술 장인들을 잉카의 수도 쿠스코로 데리고 갔다. 스페인인들이 잉카제국을 정복하고 나서 금을 찾아 나선 곳이 바로 이 지역이다. 치무문명의 남쪽 경계에 있는 리막Rimac 강은 스페인인들이 실수로 도시 이름을 리마로 했는데 페루의 수도 이름으로 남았다.

 잉카제국은 그 이전에 발생했던 문명지역을 모두 흡수하고 거대한 영역을 차지해서 유럽인들이 아메리카에 들어오기 전까지 가장 큰 영역을 이루었다. 4개의 권역으로 나누었고 약 16,000km에 이르는 도로망을 건설했다. 잉카 이전에 만들어진 거석문화는 당시 인구 30만 명이었던 수도 쿠스코와 안데스문명 중 가장 잘 보존되어 있는 공중도시 마추픽추Machu Pikchu에 남아 있다. 그러나 누가 언제 만들었는지 결론이 나지 않고 있다.

제국의 이름
타완틴수요의 잉카들

잉카인들은 우리말과 유사한 케추아어를 사용했다. 우리말처럼 동사가 가장 뒤에 오고 주어와 목적어 다음에 조사가 있는 교착어이다. 아직도 안데스 일대에 많은 사람들이 사용하고 있기 때문에 케추아어는 스페인어, 아이마라어 Aymara language 와 함께 공식 언어로 사용된다.

잉카는 원래 지도자인 황제를 의미했지만 오늘날에는 나라 이름이 아니라 잉카인들을 의미한다. 잉카의 기원에 대해선 몇 개의 신화가 있지만 공통적인 설로 볼 때 조상은 망코 카팍 Manco Capac 이다. 카팍은 케추아어로 '풍요한 사람'이란 뜻이다.

잉카인들의 출발은 세계에서 가장 높은 곳에 자리한 티티카카호수였다고 여러 전설은 이야기한다. 잉카는 스페인에게 정복당할 때까지 총 13대 잉카까지 있었다. 잉카는 천천히 영역을 넓혔지만 제9대 잉카 파차쿠텍 세상을 변모시키는 자 에 와서 칠레와 중부 안데스 일대까지 넓혔다. 사실상 잉카제국 최초의 황제가 되었다. 그는 영역을 4개

잉카의 창시자 망코 카팍^{Manco Capac}. 티티카카호수 인근에서 가장 큰 도시 훌리아카 국제공항의 이름이 망코 카팍이다.

의 지역으로 나누어서 다스렸기 때문에 당시 제국의 이름은 '4개의 지역'을 뜻하는 타완틴수요^{Tawantinsuyo}라고 했다. (타완틴^{Tawatin} : 숫자 4. 수요 : 지역) 그 4개 지역의 중심이 세상의 배꼽이라는 쿠스코이다. 그래서 잉카의 모든 길은 쿠스코로 향하고 쿠스코에서 나간다고 한다. 그리고 파차쿠텍의 아들(투팍 유판기 : 말하는 외교관)과 손

잉카는 왕을 뜻하며 국가 이름이 아니다. 당시 제국의 이름은 4개의 지역을 뜻하는 타완틴수요였다. 중심은 제국의 배꼽이었던 쿠스코이다.

자(와이나 카팍 Huayna Capac : 훌륭한 아이)를 거치면서 잉카제국은 북쪽으로 콜롬비아까지 영역을 넓혔다. 콜롬비아 아래에 자리한 에콰도르의 키토를 북쪽의 수도로 정하면서 잉카제국 최대의 면적이 되었다. 잉카의 마지막 황제는 13대 '아타우알파 Atahuallpa'였다. 그의 이름은 남부 케추아어로 '구역질 나는 닭' 또는 '배신자 닭'이었지만 북부 케추아어로는 '빛나는 별'이었다. 서자이면서 왕이 되었고 머리가 좋았으며 전쟁에서 이기고 지는 것을 두려워하지 않았기 때문에 황제가 될 수 있었다. 이름에서 말하듯이 적이 많았음을 알 수 있다. 그런데 나라가 멸망할 것에 대해서 이미 9대 잉카 파차쿠텍의 꿈에 나타났다고 한다. 9대 잉카 파차쿠텍은 왕이 되기 전에 자신이 꿈을 꾼 대로 실제로 왕이 되었기 때문에 꿈을 꾸면 사람을 불러서 해몽을 했다. 하지만 밖으로 세나가지 못하게 했다. 그의 꿈 중에 하나가 스페인인들이 공격해오는 것이었다. 지도층 이외에는 몰랐다가 스페인에게 정복당한 후 백성들 사이에 퍼진 소문을 통해 알려졌다.

잉카제국의 신화에선 숫자 5에 대한 중요성이 강조된다. 여기서 나오는 5는 멕시코의 아즈텍 신화와 아즈텍의 생활문화 속에서 등장하는 숫자 5와 유사하며 동양의 음양오행에서 오행과 연관성을 찾을 수 있다. 잉카신화에는 4사람, 동서남북 4방위가 나온다. 잉카는 타완틴수요의 4지역과 그 중심인 쿠스코를 합쳐 5개의 지역이 된다. 이것은 동서남북과 중앙에 해당하는 목화토금수의 오행을 연상하게 한다. 잉카의 주식인 소금, 고추, 감자, 옥수수를 경작하는 4사람도 등장한다. 여기에다 만물의 창조자 비라코차^{Viracocha}를 더하면 5라는 숫자가 나온다.

비라코차는 오행에서 중앙에 위치하는 토$^\pm$의 자리에 해당한다. (182쪽 그림 참조) 이 다섯이라는 숫자에 관한 예를 들면 천지창조 신화에 다섯 번에 걸쳐서 비라코차가 등장한다. 그리고 중요한 사건은 다섯과 연관된다. '사람이 죽으면 닷새 후에 다시 태어나고'하는 식으로 '무덤도 닷새가 되면 자리를 잡는다.' 즉 5일장을 치른다는 의미와 비슷하다. 멕시코 아즈텍에서도 장례를 5일 동안 치른다고 했다. 지금도 사람이 죽은 후 5일이 되면 특별한 의식을 행한다. 대홍수에 대해선 이렇게 이야기한다.

"내 말 잘 들어. 닷새 후면 거대한 홍수가 와서 세상이 끝난다.' 또는 '태양은 닷새 후면 죽는다."

잉카인들이 축제 때 기리는 존재는 다섯으로 창조주, 태양신, 달, 천둥, 잉카이다. 뿐만 아니라 안데스문명의 음악은 5음계를 바탕으로 한다.

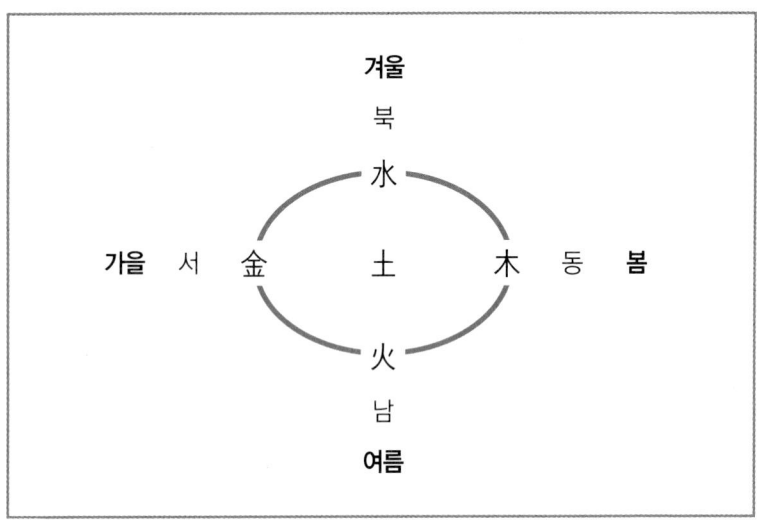

오행의 방위. 토(土)는 신 또는 신의 대행자(天子)이며 잉카에선 비라코차 또는 황제인 잉카를 의미한다.

친근한 안데스인들의 신

페루를 여행할 때 안데스인들이 섬기던 신神을 알아두면 많은 도움이 된다. 거의 모든 곳에서 신과 신이 보낸 잉카(왕)에 대한 이야기와 유적이 등장한다. 안데스인들은 신들이 하늘, 땅, 지하로 나뉜 세상에 살고 있다고 믿어 왔다. 하늘은 조물주인 비라코차가 주재하며, 땅에는 비라코차가 창조한 태양신과 달신의 후예가 다스리고 있고 지하에는 악마가 다스린다고 믿었다. 그러니까 우리나라와 같은 천지일월天地日月 개념이 있었고 비라코차의 대행자가 지상을 다스리는 천자의 개념을 가지고 있었다.

그리고 잉카제국이 있기 이전부터 안데스인들은 내세를 믿었다. 죽으면 저 세상으로 들어간다는 것을 믿었으며 영혼뿐 아니라 육신도 함께 간다고 생각해서 죽은 이를 미라로 만들어서 장례를 치뤘다. 안데스문명 전역에서 발견되는 유해들이 전부 미라 형태이다. 그리고 안데스인들은 내세에 대한 믿음이 강해서 손톱, 발톱, 머리카락 등 몸에서 나오는 모든 것을 버리지 않고 모아두는 습성이 있었다.

비라코차(天) 세상을 만든 최상의 신으로, 나머지 신들도 만든 조물주여서 생명의 원천으로 숭배되었다. 비라코차는 세계에서 가장 높은 곳에 자리한 티티카카호수에서 출현했다. 그래서 '코차'는 '물'을 의미한다. 다른 지역에선 '파차카막'이라고도 불렸는데 '파차'는 세상이며 '카막'은 창조주이다.

창조주 비라코차. 티티카카호수 인근 티우아나코 유적지에 나타난 형상이다.

대지의 어머니 파차마마를 형상화한 목각 부조

지신(地) 비라코차의 부인인 대지의 어머니 '파차마마Pachamama'는 풍년을 가져다주는 훌륭한 여신이다. 추수가 끝나면 마을 사람들이 모여서 잔치를 할 때 파차마마에게 제물을 올리는 예의를 갖춘다. 달콤한 옥수수 술인 치차를 가장 먼저 드리고 한해 농사에 감사를 드린다. 지금도 평소에 술을 마실 때는 우리나라의 고수레와 같이 반드시 파차마마에게 한 모금 드린다. 그리고 페루 어디를 가든지 달콤한 치차를 마실 수 있다.

태양신(日) 비라코차가 태양신을 만들었고 태양신의 아들인 제1대 잉카 망코 카팍을 내려보내서 지상을 다스리게 했다. 우리나라의 천자사상과 유사하다. 이 신화에 따라 태양을 신격화해서 태양의 신전을 지었다. 지금도 매년 6월 24일에 태양신을 기리는 인티 라이미Inti raymi 축제를 한다. 태양신의 대리자 초대 잉카인 망코 카

페루 국립박물관 벽면에 걸린 태양신 인티[Inti]. 황금색으로 표현한 인티는 페루 곳곳에서 발견되는데 쿠스코시[市]의 문장이기도 하다.

팍은 집 안에서 가장이 해야 하는 농사 일에 전념하고 집을 짓는 일을 가르쳤다.

달신(月) 비라코차는 망코 카팍의 부인이 될 사람으로 달신의 딸

인 마마오크요를 지상에 내려보냈다. 망코 카팍과 마마오크요는 남매지간이면서 부부이다. 이 두 사람이 잉카를 세웠다고 전해진다. 달신의 대행자인 마마오크요는 부엌 일을 하고 가족의 옷을 만든다. 그리고 닭, 오리, 염소와 같은 가축을 키우고 밖에 나갈 때도 집에서 하던 것을 가지고 나가서 한다. 이 영향으로 지금도 안데스 고산지역에 가면 가축을 돌보며 뜨개질하는 여자들을 볼 수 있다.

바다의 신 바다 이외에 강, 호수 등 물과 관계된 모든 신이다. 농업이 발달한 잉카인들은 아시아에서 건너온 사람들답게 모든 물을 주관하는 용신을 섬겼을 것으로 추정된다. 잉카 이전의 문명에서도 용을 주신으로 모셨다. 그리고 비라코차가 호수에서 나와서 바다로 돌아갔기 때문에 물을 생명의 원천의 하나로 간주한다.

천둥과 번개의 신 자연현상을 경배하는 데서 나왔다.

그 외 산신과 별을 섬기기도 하는데 지금도 길을 떠날 때면 산신에게 고하고 일이 잘 되게 해달라고 기도한다.

페루관광의 중심,
잉카의 배꼽 쿠스코

페루를 방문하는 모든 이들의 마음은 도착하는 순간부터 이미 마추픽추로 향해 있다. 필자 역시 예외는 아니었다. 17년 전 처음 방문했을 때도, 그 후로 작년까지 여러 차례 방문했을 때도 무심코 마음

쿠스코로 향하는 동안 해발 5,000m에서 6,000m급 고봉들을 감상할 수 있다.

은 마추픽추에 가 있었다. 이유는 단순하다. 드라마틱한 풍광과 풀리지 않는 미스터리 유적 그리고 가는 동안 다양한 경험을 하기 때문이다. 그러나 여행은 정해진 동선을 따라 순서대로 가야 하기 때문에 한 번에 갈 수 없다. 페루의 수도 리마Lima에서 항공기를 이용해서 1시간 15분 가량 이동하면 해발 3,300m에 자리한 잉카제국의 수도였던 쿠스코에 도착한다.

쿠스코는 배꼽이라는 의미로 잉카제국 시절에 세상의 중심이라는 뜻으로 지어졌다. 쿠스코는 현재 페루관광의 중심지이다. 그만큼 주변에 미스터리하고 아름다운 장소가 즐비하다. 누구든지 쿠스코를

3,300m에 자리한 잉카제국의 배꼽 쿠스코 전경. 삭사이와망에서 내려다본 모습

처음 방문하면 '이렇게 높은 곳에 도시를 건설해서 사람들이 살고 있다니 놀랍다. 이곳 사람들의 폐활량은 어느 정도나 될까?'라는 생각을 하게 된다.

쿠스코가 고지대이기 때문에 남아공 월드컵에 나가기 전 고지 적응훈련을 위해서 원정을 온 브라질 대표 선수들의 이야기가 전해져 온다. 쿠스코의 고등학교 축구 대표와 비공식 친선 경기를 했는데 브라질 대표 선수들이 8:0으로 어이없게 참패를 한 적이 있다. 그만큼 산소가 희박해서 뛰기 어려운 장소이다.

공항에 내리는 순간부터 고산 증세에 시달리는 사람이 반드시 있

고대부터 안데스인들이 즐겨 씹었던 코카^{coca} 나무. 코카잎 차는 고산증을 막는데 도움이 된다.

었다. 어지럼증과 두통, 졸림, 식욕부진, 몸살감기 증세가 나타난다. 그런 것을 막기 위해서는 낮은 곳으로 가는 방법이 최선이다. 그러면 언제 그랬냐는 듯이 증상이 금방 사라진다. 고산증을 방지하기 위해 이곳을 방문하는 사람들은 누구나 할 것 없이 말린 코카^{coca} 나뭇잎을 뜨거운 물에 우려서 코카 차를 한 잔씩 마신다. 코카 나뭇잎은 안데스인들이 머리 아플 때 마시는 약초로 활용되어 왔다. 마약의 한 종류인 코카인의 원료가 되는 것이지만 차로 마실 때는 그냥 차일 뿐이다. 코카 차는 안데스의 고산지역 식당이나 호텔에 가면 가장 흔하게 만날 수 있는 음료이다.

설명이 불가능한 쿠스코 이야기 쿠스코 시내 골목은 그야말로

잉카콜라

전 세계를 휩쓴 코카콜라도 힘을 못쓰는 곳이 페루이다. 페루에선 잉카콜라만 주로 팔리기 때문이다. 그래서 코카콜라가 잉카콜라를 인수하고 장사를 계속하고 있다. 보통 경쟁회사를 인수하고 없애버리는 것이 기업들인데 페루에선 잉카콜라가 살아 남았다.

잉카시대의 원형 거리와 스페인 정복 시기의 문화가 혼합된 것을 한 눈에 알 수 있다. 중심의 모든 건물은 잉카시대까지 이어져오던 건물을 허물어서 튼튼한 기단 위에 스페인 스타일의 집을 세웠다. 스페인 정복자들의 초기 기록들은 놀랍다는 이야기밖에 없다.

"고귀하게 장식된 도시로 웅장하고 당당했으며… 대단한 지성을 가진 사람들이 만든 게 틀림없었다. 그 돌들을 단단하고 아름답게 결합해서 지었다. 돌들은 매우 컸고 잘 잘려졌다…. 이 아름답고 둘도 없는 석조건물들을 바라보고 있노라면…… 매우 큰 4개의 도로를 통해서 제국의 끝까지 갈 수 있었다……."

그러나 스페인 가톨릭 사제들은 잉카시대의 주요 도시 광장 또는

쿠스코의 골목. 거의 모든 건물들은 잉카시대까지 남아 있었던 석조 기단 위에 세웠다.

아르마스광장. 잉카시대까지 신전이 있었던 곳으로 매년 6월 24일 남반구 동지에 해당하는 시기에 태양의 축제가 열렸다. 스페인 선교사들이 신전을 허물고 그 위에 대성당을 지었다.

태양의 신전을 둘렀던 돌담과 신전을 허물고 지은 산토도밍고 성당. 지진이 났을 때 잉카시대 검정색 돌담은 멀쩡했지만 성당은 다 무너졌었다.

신전 위에는 반드시 성당들을 세웠다. 가톨릭적인 것이 아니면 야만스럽고 악마의 행위라고 했고 잉카의 많은 것들을 파괴했다. 쿠스코 시내에서 가장 중심 광장에도 대성당과 예수회 성당이 들어서 있다. 대성당이 있었던 자리는 잉카의 궁전이었다. 이곳은 페루의 정복자 피사로 Francisco Pizarro 가 스페인어로 아르마스(군인) 광장 Armas Square 으로 바꿨지만 잉카시대엔 매년 태양의 축제를 했다. 때때로 죽은 잉카 황제의 미라를 광장 중심에 안치해서 경배를 드렸었다. 그래서 경배 광장이라고 했었다.

코리칸차 내부에 남겨진 돌들. 쇠도 없었던 시대에 기계부품처럼 정교하게 다듬은 화강암. 용도가 뭐였는지 알 길이 없다.

도미니크 수도사들은 잉카의 태양신 신전인 코리칸차Qorikancha도 허물고 벽을 허물고 수도원과 성당을 지었다. 현재 코리칸차의 이름은 산토도밍고Santo Domingo 성당이다. 잉카시대의 가장 중요하고 화려했던 건물이었던 코리칸차의 원래 이름은 '황금으로 담을 쌓은 곳'이었다. 이름대로 잉카시대에 신전의 바닥과 벽면은 얇은 황금이 깔렸다. 스페인 정복자들은 잉카의 가장 중요한 신을 태양신으로 생각했기 때문에 태양의 신전이라고 했다.

스페인인들이 잉카의 마지막 황제 아타우알파Atahuallpa를 붙잡고 몸값을 요구했을 때 가져간 황금의 대부분은 코리칸차에 있던 것이었다. 그런데 지진이 났을 때 다른 부분은 다 허물어지고 잉카인들이 만들었던 신전의 외부 반원형 벽만 남았다. 성당보다 잉카유적 때문

코리칸차 내부에 있는 알 수 없는 돌방. 너무나 정교해서 마치 꽉 밀착시켜 만든 가구처럼 보인다. 정과 망치 흔적도 없이 매우 미끈하다. 윗부분에 돌기가 왜 나와 있는지 역시 알 수 없다. 마치 돌을 밀가루 반죽과 같은 상태에서 굳힌 것처럼 뛰어난 기술이다.

에 유네스코로 지정되었는데 어찌된 일인지 성당 건물과 내부는 사진촬영이 금지되어 있다.

    잉카시대의 석조건물 부분은 촬영이 허용된다. 사실 여기까지 와서 유럽에 흔해 빠진 성당에 관심을 가지는 사람은 별로 없다. 쇠가 없었던 시대의 기술로서 어떻게 만들었는지 모를 만큼 정교하게 구멍과 홈을 파낸 돌들이 굴러다닌다. 통돌 하나를 다각으로 깎아서 기둥으로 만든 부분도 흥미롭다. 잉카시대에 코리칸차에서 의식을 행하기도 했지만 천체를 관측하기도 했다. 내부에 잉카인들의 우주관을 나타내는 그림들이 걸려있다.

지그재그 형태의 3중 화강암 돌벽이 약 300m나 이어져 있는 삭사이와망.

 잉카시대의 원형의 골목을 거닐다 보면 유명한 '12각(면) 돌'을 만나게 된다. 12면 돌과 옆에 있는 돌들이 완전하게 결합되어 있어서 돌 틈은 어떠한 날카로운 바늘도 들어갈 수 없다. 이 12각 돌은 페루에서 만나는 첫 번째 미스터리이다. 큰 돌들은 석공에 의해서 반죽을 주무르듯 다룬 것처럼 각각의 돌 표면은 매끄럽다. 접착제 없이 돌을 꽉 끼워서 만들었기에 지진이나 어떠한 인간의 파괴행위에도 무사할 수 있었다.

 실제로 1650년에 지진이 났을 때 스페인인들이 만든 건물은 다 무너졌지만 잉카인들의 건물은 멀쩡했다. 현재 쿠스코 시내의 모습은 지진으로 무너진 후 잉카시대의 기단 위에 만들어졌다. 시내에서 차량으로 15분 정도 산으로 올라가면 해발 3,700m에 3중 지그재그로 쌓은 거대한 돌들이 병풍처럼 세워진 삭사이와망Sacsayhuaman : 매가 앉은 곳을 보면 더 깊은 미스터리에 빠지게 된다. 거대한 돌들은 망치자국이나 홈도 전혀 없다. 반경 50km 이내에 채석장도 없고, 돌을 이동시키던 길도, 힘을 쓰던 동물도, 밧줄을 비롯한 도구도 발견되지 않았기 때문이다. 더구나 금 이외에 철이 없었던 시대였기 때문에 돌로는 다듬을 수 있는 방법이 없었다. 따라서 잉카시대의 것은 아니라고 한다. 식자들이 제시하는 몇 명이 얼마의 기간 동안에 어쩌고 하는 숫자는 의미가 없어진다. 진흙을 포함한 어떠한 접착제도 사용하지 않고 틈

쿠스코 시내 골목을 걷다 만나는 12면(각) 돌. 거인들이 레고 블록 또는 그림 맞추기를 한 것 같다.

새가 전혀 없이 최대 350톤이 되는 거석을 쌓을 수 있었던 기술은 어디서 나온 것일까?

   정복시대의 역사가, 여행가, 현대의 연구가들의 공통된 결론은 이 기술을 가진 사람들은 잉카인들이 아니라 어떤 초자연적인 힘을 지닌 수수께끼의 조상들이라는 것이다. 그러나 왜 그렇게 했는지에 대해선 아무런 이론조차 없다. 역사가들은 '사람에 의해서가 아니라 마법에 의해, 귀신에 의해 세워졌다고 믿는 도리밖에 없다.'고 기록했다. 마추픽추를 발견한 하이럼 빙험 Hiram Bingham 은 '원주민들이 자주

사람과 돌의 크기가 비교된다. 무거운 돌들 중엔 350톤에 달하는 것들도 많다.

삭사이와망. 거인이 쌓았다면 믿을 만하다.

하는 설명 중 하나는 잉카인들은 어떤 나무의 즙으로 돌 표면을 아주 물렁물렁하게 만드는 것을 알고 있었다.'고 했다. 페루의 고대유적을 뒤질수록 점점 미스터리 투성이다. 차라리 전해져 오는 설화에 따라 '이 지역에 거인들이 살았고 잉카 이전에 구 제국이 있었는데 그 당시 어떤 기술로 만들었다.'는 것이 좀 더 믿음이 간다.

전 세계적으로 거인이 살았다는 전설과 기록들이 많이 남아 있으며 최근 유골도 발견되고 있기 때문에 거대한 벽을 세운 이들이 거인이 아니라고 할 수도 없다. 유럽에선 오디세우스에 나오는 외눈박이 거인 키클롭스 The Cyclops의 이야기를 빌려서 거대한 벽을 키클롭스벽

이라 부르고 있지 않은가? 이런 내용을 잘 알고 있는 현지인 가이드들은 모든 의구심을 비웃기라도 하듯이 농담 삼아 삭사이와망과 비슷한 발음인 '미스터리 섹시 우먼'이라고 웃으며 이야기한다.

　삭사이와망에선 매년 6월 24일 태양신을 기리는 축제를 한다. 태양은 케추아어로 인티여서 태양신 축제인 인티 라이미$^{Inti\,raymi}$가 지금도 몇 일간 열린다. 남반구에선 6월 24일이 동지에 해당하기 때문에 태

페루의 화폐 단위 페루의 화폐 단위는 태양을 뜻하는 케추아 언어인 '인티'였다. 지금은 스페인어로 태양을 뜻하는 '솔^{sol}'을 사용한다.

삭사이와망에서 내려다 본 쿠스코의 중심 아르마스광장. 잉카의 신전이 있던 신성한 장소를 허물고 대성당, 예수회 성당이 세워졌다. 카페와 식당이 줄지어 서 있다.

양의 기운이 점차 커지는 이때는 기독교 이전부터 최대 명절이었다. 창조의 신 비라코차가 만든 태양의 아들이 잉카의 초대 조상인 망고 카팍이라는 신화에 의해서 잉카인들은 태양의 신전을 만들었다. 그러다 정복자였던 제9대 파차쿠텍이 태양신 숭배를 강력하게 권장했다. 파차쿠텍은 정복사업을 일으켜서 쿠스코 계곡 내의 작은 부족국가였던 잉카를 왕국으로 만들었고 타완틴수요(4개의 지역) 제국의 첫 번째 황제가 되었다. 특히 그는 티티카카호수 남쪽 티아와나코 Tiahuanaco 유적을 보고 크게 놀랐다고 한다. 그리고 쿠스코로 돌아와서 티아와나코와 같은 도시를 만들려고 쿠스코 사람들을 다 내보내고

아르마스광장 귀퉁이의 야경. 잉카의 기단 위에 세워진 스페인풍 건물들. 2층의 대부분이 카페 또는 식당이어서 관광객들이 찾아온다.

새로운 도시를 건설했다.

 당시 도시를 설계할 때 도시를 퓨마의 모습으로 만들었다. 삭사이와망은 퓨마의 머리이고, 지그재그로 놓인 돌벽은 퓨마의 이빨이며, 쿠스코 시내는 퓨마의 몸통이며 태양의 신전인 코리칸차Qorikancha는 퓨마의 꼬리라고 했다. 쿠스코의 예전 모습을 찾아볼 수는 없지만 볼리비아에 있는 티아와나코의 모습에서 미루어 볼 때 잘 짜인 도로망과 배수로, 궁전과 신전이 있는 굉장히 아름다운 도시였을 거라 여겨진다.

 점점 더 가빠오는 숨을 내쉬면서 천천히 발걸음을 옮겨서 삭사이

쿠스코 아르마스광장 일대의 식당 중에선 민속음악 연주와 민속춤을 제공하는 곳이 여럿 있다.

와망의 가장 높은 곳에 오르면 산속 계곡에 자리한 쿠스코 시내 전경이 한눈에 들어온다. 멀리 눈 쌓인 안데스의 고봉이 보이는 긴 계곡에 자리하고 있는 쿠스코의 전체 모습은 아늑한 보금자리처럼 다가온다. 산소가 희박해서 등산을 안 하는 사람들에겐 힘들게 느껴질 것이다. 고지대에 적응이 되려면 다소 시간이 걸리기 때문이다.

쿠스코 및 페루 주요 도시 가는 방법

쿠스코로 가는 방법은 셔틀처럼 자주 운항하는 항공이 가장 편하다. 단지 오후에는 안데스에 부는 바람의 영향으로 결항이 되는 경우가 가끔 생긴다. 저렴한 방법은 버스를 이용하는 것이다. 장거리 버스는 기차가 발달하지 않은 중남미 국가 대부분이 운영하는 비교적 편리한 방법이다. 쿠스코 시내의 버스 터미널은 없다. 각각의 버스 회사마다 자체 터미널을 사용하고 있다. 페루 남쪽에 자리한 산악도시 아레키빠를 경유해서 가는 방법과 멀미할 정도로 구불구불 연속으로 휘어진 산 길을 거쳐서 가는 방법이 있다. 두 길 모두 25시간 걸린다.

절대 주의할 사항은 야간 버스를 이용할 때 중간 경유지에서 도둑이 타서 자는 사람의 물건을 훔쳐간다는 점이다. 도둑은 페루에서 악명 높다. 산악지역에서는 반군들이 야간 버스를 납치하거나 돈을 강탈하기도 한다. 그리고 버스가 고장이 나는 경우가 종종 있다. 그러나 럭셔리 버스는 다르다. 럭셔리 버스를 이용하면 우리나라 리무진 버스보다 편하게 페루의 주요 지역을 갈 수 있다. 럭셔리 버스는 주유할 때 이외는 서지 않고 직행으로 가므로 빠르다. 쿠스코까지 21시간 걸리며 중간에 탑승객을 태우지 않아서 안전하다. 발을 뻗을 수 있고 의자가 뒤로 젖혀진 반 침대이다. 승무원이 탑승하며, 식사가 제공되며, 에어컨디셔너가 있고, 비디오를 틀어주며, 화장실이 있다. 운전기사 두 명이 탑승하며 4시간마다 교대로 운전한다. 그리고 버스 내에서 빙고게임을 해서 간단한 선물을 주기도 한다. 럭셔리 버스는 위쪽에 'Imperial, First Class' 또는 'Especial'이라고 표기되어 있다. 그 하나 아래 등급인 Business 버스도 있다. 대표적인 버스 회사는 Cruz Del Sur, Movil Tour, Transmar Bus Peru 등이 있다.

안데스의 풍경

쿠스코에서 우루밤바강Urubamba River이 흐르는 신성한 계곡으로 가는 중간에 펼쳐진 해발 3,500m 이상에 자리한 농지는 마치 양탄자를 깔아 놓은 것 같이 멋있는 풍광을 만든다. 만년설이 정상 부위에 남겨진 5,500m가 넘는 봉우리들과 풍경이 절묘한 조화를 이루어 농민들이 사는 곳은 더욱 이채롭다. 설산 아래쪽으로 시선을 내리면 계단식 농경지인 안데네스Andenes를 쉽게 발견하게 된다.

끝없는 계단식 농지를 보면 "예전부터 얼마나 농업이 발달했으면 3,000m가 넘는 곳에 농사를 지을까!"하는 감탄이 절로 나온다. 거의 모든 산비탈을 이용해서 농사를 짓고 있는데 그 표고 차가 매우 커서 낮은 곳은 열대작물, 4,500m 고지대에는 한대작물까지 재배할 수 있어 1년 내내 농사가 가능하다. 안데스 고산지대에는 옥수수, 감자, 콩, 고추 등이 풍부하게 자란다. 오래 전부터 농사를 했던 터라 잉카제국 시대에 인구가 약 3,000만 명이었어도 충분히 먹고 살 수 있었다. 때문에 잉카는 거대 왕국이 될 수 있었다. 그리고 고산지대여서 식량을

차를 세우고 한참 감상했던 도로. 5,600m의 설산

보관하는 창고 시스템이 발전했다.

  잉카제국의 도시들을 방문하다 보면 과거 식량창고였던 유적들을 흔하게 볼 수 있다. 쿠스코에서 티티카카호수까지 가는 동안에 펼쳐진 풍광 역시 빼놓을 수 없다. 산소가 희박한 높은 산골에 심어진 나무는 유칼립투스 나무들이다. 호주에서 이 나무들을 가져다 심은 이유는 물이 없이도 고원지대에서 잘 적응하기도 하지만 집 짓는 재료와 땔감에 적격이기 때문이다. 쿠스코에서 티티카카호수로 가는 잘 닦여진 3S 도로는 오래 전 잉카제국 도로가 지나가는 길 가까이에 있다. 다양한 유적지를 지나는 중에 라키Raqchi는 잉카시대에 만들어진

페루 **209**

해발 3,400m의 농경지. 양탄자의 모자이크처럼 다양한 작물을 재배한다.

복합 단지로 매우 독특하다. 사방은 온통 용암이 흘러서 만들어진 현무암 지대이고 구조물도 전부 현무암이다.

스페인인들이 이곳에 도착했을 때 땅에서 용암이 솟아 올라와 비처럼 떨어졌다고 한다. 이곳은 표면이 거친 현무암으로 정교하게 쌓은 200여 개의 저장창고가 있고 아파트와 같은 거주지, 1년 내내 맑은 물이 흐르게 만든 수로, 넓은 농토, 최고신 비라코차 신전이 있다. 이 넓은 지역을 감싸는 돌담이 길게 이어져 있다. 매우 독특한 비라코차 신전은 92m의 길이에 25m 높이로 만들어진 거대한 구조물이

우루밤바강이 만든 신성한 계곡

다. 가운데 벽 또는 기둥과 같은 형태의 기단은 정교하게 다듬어진 돌로 쌓았다. 우물처럼 생긴 원형의 기둥이 있는 매우 독특한 형태로 쿠스코와 그 일대에선 없는 형태이다. 복도처럼 기둥으로 칸이 나뉜

라키 유적지에 있는 잉카인들의 조물주 비라코차 신전

해발 4,335m의 도로 위에서 만년설산을 배경으로 직물을 파는 모습.
어디서건 만나는 직물은 싸지만 매우 좋다.

주랑이 있는 건물도 여기밖에 없다.

 4,335m의 고갯길에는 손으로 짠 옷과 모자들을 쌓아놓고 판매하고 있다. 눈앞에 서 있는 5,500m의 설산이 높아 보이지 않는다. 자연경관과 물건 파는 사람들의 모습이 아름답게 어울려서 자리뜨기가 싫어진다. 도로변 노천온천이 나오는 장소에서는 안데스인들이 서슴없이 들어가서 목욕을 한다. 안데스산맥에는 화산이 폭발했던 산들

안데스 여인의 전통 의상

이 많고 지금도 지하에 마구마구 끓고 있어서 노천온천과 온천마을도 많다. 마을을 지날 때면 모자와 전통의상을 입은 여인네들이 봇짐을 등에 메고 다니는 모습을 흔하게 볼 수 있다. 바로 안데스인들의 전형적인 모습이다.

모라이는 신성한 계곡 인근에 자리한다. 계단식 밭에 농사를 짓기 위한 일종의 기술연구소이다.

인류가 먹는 작물의 1/3이 나온 안데스문명

안데스문명 초기부터 작물을 재배해오기 시작해서 잉카에 이르러 극대화되었다. 안데스지역에선 240여 종의 감자와 20여 종의 옥수수. 최근 우리나라에서도 관심이 많은 야콘을 비롯한 토마토, 고추, 깨처럼 생긴 끼누아, 마카(단백질 비타민이 풍부한 장수 식품) 등은 안데스지역이 원산지이다. 이런 작물들이 전 세계로 퍼지게 된 것은 아메리카 대륙을 찾아온 유럽인들에 의해서이다. 유럽에 감자가 들어간 시기도 이때부터이다.

수도 쿠스코에서 멀지 않은 모라이Mory라는 곳에선 계단식 농업과 고도에 맞게 작물을 기르는 실험을 했다. 가장 높은 곳과 낮은 곳의 온도 차이가 5도나 되기 때문이다. 그만큼 잉카제국은 축적된 농업기술을 가지고 있었다.

쿠스코 시장에 가면 지금까지 보지 못했던 작물을 만날 수 있다.

쿠스코 시장에 가면 240여 종류의 감자 중 일부를 보지만 처음 보는 것도 많다.

잉카의 릴레이 선수(차스키)와 끼누아

잉카제국 전성기 때 총 16,000km의 도로가 있었다. 지금도 돌이 깔린 튼튼한 도로가 사용되는 곳이 있다. 해안지역은 폭이 7m, 산악지역은 폭이 5~7m였다. 길에는 7km마다 이정표를 설치했다. 잉카는 릴레이 선수 차스키를 두어서 우편물을 전달했다. 차스키는 케추아어로 '교환하다, 주다, 받다'라는 의미이다. 초소를 1.4Km마다 높은 곳에 설치하고 여러 명의 차스키를 두었다. 전달하는 내용은 국가기밀이어서 신분이 확실한 사람만 시켰다. 초소로 달려온 차스키의 말을 듣고 다음 초소로 달려가서 똑같은 내용이나 물건을 전달하면 임무는 끝났다.

초소에 도착하기 전에 소라껍질로 소리를 내면서 이동하면 도착하는 초소에선 이미 달릴 준비를 하고 있다. 이렇게 해서 바다에서 잡은 고기를 싱싱한 상태로 쿠스코의 왕의 식탁으로 올릴 수 있다고 한다. 그런데 엄청 뛰는 차스키들은 영양이 좋아야 했기 때문에 주식인 옥수수만 먹어선 영양 결핍이 있었다. 이걸 보충하기 위해서 고단백 끼누아를 먹었다고 한다. 시금치 잎처럼 생겼고 깨같이 작은 알갱이다. 안데스인의 건강을 지켜준 식품으로 알려진 슈퍼 곡물이었다. '오메가 3'가 매우 풍부한 식품으로 살을 찌지 않게 하기 때문에 최근 전 세계에서 관심이 높다. 이미 유럽과 미국, 일본에선 건강식품으로 인기가 높고 쌀의 대체 작물로 부상하고 있다.

세계인의 로망 마추픽추

17년 전 쿠스코를 처음 방문했을 때 잊을 수 없는 기억이 있다. 기차를 타고 마추픽추에 갔다가 쿠스코에 도착할 즈음 밤이 되었다. 산에서 지그재그로 기차가 내려오면서 황홀한 쿠스코의 야경을 보고 있는데 기차에서 엘 콘도르 파사 El Condor Pasa가 들려오는 것이었다. 펜 파이프와 페루의 민속악기들이 만든 음악에 야경이 더해져서 온몸에 전율이 감겨왔다.

오랜 시간이 지났지만 당시 느낌이 긴 여운으로 남아 있다. 지금은 가는 곳마다 페루의 민속의상을 입은 사람들이 전통악기인 께나(quena : 우리의 피리와 같은), 틴야(tinya : 우리의 북처럼 생긴)와 펜 파이프, 기타, 미니 기타 모양의 차랑고 소리에 맞춰 춤을 추는 장면을 쉽게 만난다. 엘 콘도르 파사는 사이먼과 가펑클이 불렀던 가사와는 전혀 다른 내용으로 잉카시대부터 있었던 민속음악인데 스페인 식민지시절에 모든 것을 잃어버린 인디오들의 마음을 가사로 담았다.

페루여행의 최종 목적지 마추픽추

오- 하늘의 주인이신 전능하신 콘도르여

우리를 안데스산맥의 고향으로 데려가 주소서.

전능하신 콘도르여

나의 잉카 동포들과 함께 내가 살던 곳으로 돌아가고 싶습니다.

그것이 가장 제가 바라는 것입니다.

전능하신 콘도르여

쿠스코의 광장에서 나를 기다려 주세요.

그래서 우리가 마추픽추와 와이나픽추를 거닐 수 있도록 해 주세요.

민속의상을 입고 〈엘 콘도르 파사〉를 기막히게 연주하는 밴드

콘도르는 안데스인들의 상징이기도 하다. 하늘과 가장 가까이 나는 콘도르를 천상의 신으로 추앙했고 지상을 관장하는 퓨마와 지하세계를 관장하는 뱀을 신성한 동물로 여겨왔다. 스페인인들이 가져온 소는 스페인의 상징이 되었다. 그래서 매년 7월 독립기념일이 되면 안데스 고원지대 주민들은 야생의 콘도르를 생포해서 소와 대결해서 콘도르가 이긴다는 내용의 축제를 벌인다. 축제의 의미는 잉카제국이 비록 스페인에 졌지만 결국 콘도르 신에 의해서 독립을 찾았다는 의미이다.

쿠스코를 떠나 마추픽추를 가기 위해서 반드시 지나야 하는 곳은 신성한 계곡이다. 설산에서 흐르는 물들이 하나로 모여서 힘차게 흐르는 우루밤바강이 오랜 세월 동안 만든 계곡이다. 쿠스코에 있다가 해발 2,700m의 계곡에 내려오니 꾀병이 나은 듯 머리 아픈 증상이 말끔히 가신다.

잉카시대 원형이 남아 있는 올란따이땀보Ollantaitambo에서 잉카레일 INCA Rail을 타고 우루밤바강 하류로 1시간 30분을 이동한다. 기차로 이동하는 동안 우루밤바강의 굽이치는 물살과 높은 산들을 감상하게 된다. 그리고 기온이 높아져서 따뜻하다고 느낄 즈음 열대식물들이 조금씩 보이기 시작한다. 강을 따라 조금만 더 가면 곧 아마존에 당도할 수 있겠다는 느낌도 든다.

우루밤바강은 북쪽으로 흘러 아마존강과 합류한다. 기차가 끝나는 역은 온천마을(아구아스 칼리엔테스 : 온천)이다. 거기서 셔틀버스를 타고 지그재그로 만든 하이럼 빙험 길을 오른다. 마추픽추를 발견한 하이럼 빙험을 기념하는 길이지만 버스가 지그재그로 올라가는 길의 이름이 하이럼 빙험이라는 것에는 아무도 관심을 갖지 않는다. 단지 지그재그로 오르는 동안 점점 웅장해지는 경관에 감탄할 뿐이다.

안데스의 파노라마 경관이 눈앞에 펼쳐질 즈음 2,400m 고지에 자리해서 공중에서만 볼 수 있는 마추픽추에 당도한다. 마추픽추는 케추아어로 '오래된 봉우리'라는 의미이다. 도착하면 가장 멋진 그림이 잡히는 높은 곳으로 향한다. 잉카시대의 전망대가 있는 곳에 당도하면 눈앞에 펼쳐진 파노라마 전경에 압도된다. 오랫동안 사진 속에

젊은 봉우리 와이나픽추는 아슬아슬해 보이는 계단식 농경지이다. 식량을 저장하는 기술이 있었기 때문에 생산을 많이 했다.

서만 봐왔던 장소에 서 있음을 실감하기 위해 한동안 감상만 하게 된다. 그리고 사진 찍는데 열중한다. 이곳을 언제, 왜 만들었는지에 대한 스토리텔링도 뒷전이다. 밝혀진 사실은 아무것도 없기 때문이기도 하고, 풍광 자체만으로도 마추픽추를 품기에 충분해서 설명이 필요 없을지도 모르겠다. 단지 깊고 험한 계곡에 흐르는 우루밤바강이 봉우리를 감싸듯 휘어져 돌아가는 곳이어서 우리의 풍수에서 이야기하는 명당의 조건을 갖추었음을 느낀다. 풍광이 좋은 높은 곳에 만든 공중도시가 아니라면 찾아올 생각이나 했을까 싶다. 인디에나 존스 같은 하이럼 빙험의 모험담도 이곳을 유명하게 하는 데 한몫했음을 인정한다.

마추픽추 유적지 너머에 뾰족한 봉우리 와이나픽추 Waynapicchu는 사진의 멋진 배경이 된다. '젊은 봉우리'를 뜻하는 와이나픽추 정상 부분을 자

채석장이라 알려진 곳에서 본 풍경. 아슬아슬해 보이지만 걸어보면 힘들지도 위험하지도 않음을 알 수 있다.

세히 보면 아슬아슬한 계단식 농경지를 발견하게 된다.

급경사이다 보니 가끔 추락사고가 난다고 한다. 그래서 올라 갔다 오려면 여권을 산 입구에 보관해야 한다. 해가 지기 전에 여권을 찾아 가지 않았다면 십중팔구 조난을 당했다고 판단한다.

시간이 지나면서 계곡에서 피어오른 구름이 마추픽추를 가끔씩 가린다. 페루의 겨울이었다면 구름이 산 아래로 깔려서 쾌청했을 터인데 우기철인 여름이어서 구름이 마추픽추를 사라지게 하는 마술을 종종 보여준다.

사실 마추픽추의 가장 놀라운 점은 비가 많이 올 때 산에서 한꺼번

마추픽추에 조성된 거대한 계단 농경지 안데네스^{Andenes}. 주거공간을 제외하고 농경지를 만들었다.

에 물이 흘러도 피해가 전혀 없게 설계된 농경지라는데 있다. 경사면 전체에 두텁게 자갈, 작은 돌, 큰 돌 순으로 깔고 그 위에 흙을 덮어 계단식 밭을 만들었다. 이는 산에서 흘러내려온 물이 지하로 빨리 들어가서 홍수나 산사태를 방지하고 물이 농경지 밖으로 천천히 나오게 한다. 지하의 거대한 돌무더기는 그야말로 거대한 물 창고가 되어서 산사태가 나지 않는다. 그렇게 계단식 농지를 만들기 위해 사용된 돌이 이집트에 있는 대피라미드에 사용한 분량보다 훨씬 많다고 하니 상상을 초월하는 거대 토목공사가 아닐 수 없다.

식수는 어디서 시작되었는지 모를 곳에서부터 물을 끌어와서 1년 내내 맑은 물을 흐르게 했다. 이런 방식은 쿠스코에서도 찾을 수 있는 안데스 고산문명의 특징이다. 마추픽추 안으로 흘러 드는 식수는 16번 떨어지면서 마을 아래쪽으로 향한다. 떨어지는 장소마다 작은

가장 미끈한 구조물인 태양의 신전. 그 아래는 콘도르 신전이 있다.

물받이가 있어서 물을 떠 마실 수 있게 했다. 이렇게 16번 떨어지는 모습을 '우물의 계단'이라고 부르고 있다. 관리인들은 졸졸 흐르는 식수에 대해서 오래 전과 마찬가지로 민감한 반응을 보여서 손도 못 대게 한다. 마추픽추 입구에 있는 호텔과 식당에서 사용하기 때문이다.

마추픽추의 거석문화는 쿠스코의 거석문화와 만든 방법이 동일하다. 가장 특이한 구조물은 태양의 신전이라고 말하는 장소로 유일하게 둥근 형태를 하고 있다.

마추픽추와 안데스산맥

특히 자연석 위에 미끈한 돌을 빈틈없이 빽빽하게 쌓아서 주변 구조물과 차별화시켰다. 다른 지역과 마찬가지로 잉카제국 시기엔 금속이라고는 금 이외에 없었다. 쿠스코처럼 틈이 없이 거대한 돌을 정교하게 다듬어서 건축물을 만들었기 때문에 마추픽추 역시 잉카시대 이전에 만들어진 것이라 말한다. 또한 안데스의 설화처럼 돌을 쌓는 방법은 어떤 풀을 이용해서 돌을 말랑말랑하게 만들어서 돌들을 레고 블록처럼 쌓았다고 전해져 온다. 용도에 대해서도 정확히 알 수가 없어서 다양한 추정만 해왔다. 최근 들어 이곳은 잉카제국 황제의 겨울궁전이라고 해석했다. 이유는 소수의 사람이 살았던 흔적만 남아

마추픽추에서 가장 부지런한 일꾼 비쿠냐. 사진모델하랴, 풀 깎으랴.

있고 유골이 발견되지 않았으며 전쟁을 위한 도구 또한 없었기 때문이다. 그리고 발견된 유골도 여자의 것이 많고 남자의 것은 거의 없었다.

  그럼에도 마추픽추가 관광객들을 빨아들이는 마력은 미스터리 때문이 아닐까 한다. 미스터리가 풀리면 궁금증이 사라져서 흥미를 잃어버리는 사람들의 심리가 작용한다. 풀이 많이 자라는 시기여서 여기저기에 풀어놓은 비쿠냐vicuna들을 만났다. 페루의 풍경에 어울리는 녀석이기도 하지만 길게 자라는 풀을 잘 다듬어주는 일꾼으로 쓰기 위함이다. 그리고 관광객들에게 무료로 사진모델이 되어줘서 환영받

페루 225

는 녀석이다. 그런데 안데스에서 가장 흔한 라마를 풀지 않고 비쿠냐를 풀어놓은 이유는 비쿠냐가 라마에 비해서 매우 순하기 때문이다. 그뿐 아니라 소량의 고급 털을 제공하기 때문에 잉카시대부터 보호를 받았던 잉카의 상징동물이다. 가장 흔해 빠진 라마는 털이 뻣뻣하고 성깔이 고약해서 그다지 환영받지 못해서 주로 짐꾼으로 고용한다. 그리고 기분이 내키지 않으면 앞에 있는 사람에게 침을 뱉는 못된 습성이 있다. 그런데 안데스에선 라마의 침은 재수가 없다는 속설이 있다.

마추픽추 가는 기차

2009년 1월부터 더 이상 쿠스코 시내에서 기차가 출발하지 않는다. 지그재그 레일을 따라 열차가 앞으로 갔다 뒤로 갔다 반복하면서 천천히 올라가는 동안 쿠스코 전경을 보며 엘 콘도르 파사를 듣는 일은 더 이상 없다는 이야기이다. 쿠스코 서쪽 13km 떨어진 뽀로이에서 페루레일 Peru Rail을 타야 한다. 뽀로이까지 버스나 택시로 갈 수 있다. 가장 좋은 방법이면서 가장 많이 이용하는 방법은 잉카시대의 원형이 남아 있는 도시 올란따이땀보에서 3가지 종류의 셔틀기차를 이용하는 것이다. 페루레일, 마추픽추 레일, 잉카 레일이 있다. 그 중에 페루레일의 비스타돔(Vistadome : 천정이 유리도 되어 있어서 산악의 경관을 볼 수 있는)을 권한다. 경비에 스낵과 음료가 포함되어 있다.

전설의 올란따 장군의 도시
올란따이땀보

 더 머물고 싶었지만 충분하다 싶을 정도로 둘러본 후 기차역이 있는 아구아스 칼리엔테스 Aguas Calientes 온천으로 내려왔다. 온천이라는 마을 이름에 걸맞게 얼마 전까지 온천시설이 있었지만 홍수에 휩쓸려서 사라졌다. 기차역 바로 옆에 자리한 전통 풍물시장은 기차시

펜 파이프, 께나 등 페루 민속악기만 판매하는 독특한 가게

간에 맞춰 눈요기하기에 그만이다. 알록달록한 실로 짠 가방, 모자, 옷이 가장 많다. 이는 안데스 고산지역에 사는 라마, 비쿠냐, 과나코 guanaco, 알파카 alpaca의 털에서 실을 뽑아서 만든 제품들이다.

펜 파이프만 파는 가게에선 자연스럽게 발길이 멈춰진다. 바닥과 천정 그리고 벽이 온통 펜 파이프 한 종류뿐이다. 펜 파이프는 남자들이 연주하지만 주인 아주머니는 멋진 소리를 낼 것만 같았다. 펜 파이프는 오래 전부터 안데스인들이 사용해왔던 악기이다. 발굴 도자기 유물을 통해서 이미 수천 년 전부터 사용되었다는 것이 확인되었다. 기차를 타고 올란따이땀보 Ollantaitambo로 돌아가는 동안 승객들의 대부분은 잠을 청한다. 이른 아침부터 기차를 타기 위해 잠을 설

마추픽추와 올란따이땀보를 오가는 기차. 비스타 돔을 타면 강과 산이 동시에 보인다.

쳤기 때문에 피곤하다. 협궤열차여서 의자도 비좁고 그다지 편하게 잠들지도 못한다. 필자는 기차로 오갈 때면 항상 승무원에서 페루 커피를 달라고 한다.

페루는 세계 5위의 커피 생산지이다. 페루 커피에 대해선 대부분 생소하겠지만 향과 맛은 일품이다. 옥수수와 담뱃잎이 많이 심어진 농촌이 가까워지면 곧 열차가 도착한다. 버스로 다음 장소로 이동하기 전에 잉카의 원형이 남아 있다는 올란따이땀보를 잠시 둘러본다. 이곳 역시 미스터리 문명이 있고 500년 전으로 타임머신을 타고 간 느낌을 받는다. 올란따이땀보는 과일이 많이 나오는 곳으로 유명하고 날씨도 온화하다. 17세기 유럽 자연주의 사상가들은 올란따이땀

500년 과거를 간직한 올란따이땀보. 농사가 잘되는 곳답게 수로가 잘 발달되어 있다.

잉카시대 골목의 원형

보을 발견하고 나서 성경에서 이야기하는 천국이라고도 했다. 마을의 건물들은 거석의 기단 위에 지어졌고 계단을 타고 올라가는 언덕 위에 세워진 거대한 석벽은 삭사이와망에서 보는 것과는 또 다른 미스터리를 낳게 한다. 50톤이 넘는 돌을 머리카락도 안 들어갈 정도로 정밀하게 맞물려 세웠기 때문이다. 다이아몬드 다음으로 단단한 돌들을 쌓는 것은 시간의 문제가 아니라 기술의 문제이기 때문이다. 도시는 적어도 1만 2천 년 전에 생긴 오래된 기단 위에 만들었다고 이야기한다. 당시 만들어진 수로는 지금도 사용하고 있으며 마을 주변

마을 뒷산엔 식량 창고와 요새가 자리하고 있다.

에 빠르게 흐르는 맑은 물이 풍요로운 마을의 분위기를 대변한다.

울퉁불퉁한 산 중턱엔 식량창고였던 건물이 눈에 선명하다. 골목을 걷고 있노라면 동네 개조차 이 지역 사람처럼 순박해서 쳐다보는 눈이 선량하다. 마을 이름인 올란따이땀보는 잉카에게 반기를 들었던 오얀따 Ollanta Humala 장군이 만든 요새 이름이다. 타완틴수요 제국은 신분상승이 불가능한 엄격한 신분사회였다. 잉카와 잉카의 가족 그리고 잉카의 친척이 있었고 관리들이 있었다. 그 밑으로는 평민이 있었다. 신분에 맞는 교육과 의식주가 따로 있었다.

그러나 예외가 있었는데 바로 오얀따에 의해서이다. 그는 잉카제국을 만든 제9대 잉카 파착쿠텍의 밑에 있던 장군으로 제국을 세우는데 공로가 컸다. 그런데 평민으로 장군이 된 오얀따는 파착쿠텍의 공주를 사랑하게 되었고 공주는 임신을 했다. 평민인 오얀따는 공주와 결혼하게 해달라고 했지만 파착쿠텍은 평민인 오얀따를 내쫓는다. 공주가 지하감옥에 감금되자 오얀따는 자신을 따르는 군사를 이끌고 쿠스코 동쪽으로 이동해서 요새를 쌓았다.

황제가 군사를 보내어 제압하려 했지만 번번히 실패했다. 황제가 죽고 아들 투팍 유팡기_{말하는 외교관}가 정권을 이어받은 후 계획을 세워 오얀따를 사로잡는다. 오얀따를 처리하기 위해서 투팍 유팡기는 사제들과 논의했다. 사제들은 오얀따의 용서를 구했다. 이에 오얀따를 용서하고 동생을 감옥에서 꺼내서 둘을 결혼시킨다. 오얀따는 왕에게 영원한 충성을 맹세했다.

이 실화는 잉카의 엄격함과 자비를 보여주는 고도로 발달된 통치술의 사례이다. 오얀따의 이야기는 스페인 식민지시대에도 오랫동안 연극으로 공연되었었다. 잉카는 정복할 때도 먼저 싸움을 걸기보다는 타완틴수요의 크기와 위용을 보여주고 스스로 항복하게 하였다. 평화로운 방법이 소용없다고 생각되면 무력으로 정복했고 피정복민이 반항하면 그 부족 전체를 다른 곳에 이주시켜서 정착하게 했다. 고통스럽게 이주한 피정복민의 슬픔을 노래한 것이 바로 야라비_{yaravi}라는 시 가류인데 지금도 안데스 산지에 사는 사람들이 즐겨 부른다고 한다.

안데스문명의 발생지
티티카카호수

쿠스코에서 해발 고도 4,000m를 넘나드는 도로를 따라 티티카카호수로 이동한다. 잘 닦인 도로는 오래전 잉카인들이 만든 도로와 거의 같은 곳에 놓여 있다. 그래서 지나는 동안 다양한 역사 유적지를 만난다. 아시아에 바이칼^{Baikal}호가 있다면 남미엔 티티카카호수해발 3812m가

티티카카호수. 길이 194km, 최장 폭이 80km로 여러 섬이 분포된 방대한 호수이다. 호수의 절반은 볼리비아에 속해 있다. 그림은 뿌노^{Puno} 시의 전경이다.

있다. 아시아에서 남미로 가장 오래 전에 건너간 사람들이 정착한 곳이다. 여러 섬에 사는 주민들은 지난 수천 년간 감자, 끼누아^{quinua}를 재배해왔고 고기를 잡고 옷을 짜고 라마를 키워오고 있다. 태양의 섬은 태양이 태어나고 그의 아들인 초대 잉카 망코 카팍이 태어났다고 알려져 있다.

볼리비아 쪽 티티카카호수 인근엔 남미문명 중에서 가장 오래된 미스터리 문명인 티아와나코 유적지가 있다. 잉카의 수도 쿠스코는 티아와나코를 모방해서 건설했던 도시이다. 티아와나코가 무슨 목적으로 만들어졌는지에 대해선 정확한 것이 없다. 단지 구전에 의존할 뿐이다.

티티카카호수는 세계에서 가장 높은 곳에 위치하고 있으며 원래는 바다였다. 서서히 발생한 지각변동에 의한 것이 아니라 영화 '2012'$^{롤랜드 에머리히 감독}$에서 보여줬던 것처럼 지축이 순식간에 기울어졌을 때 발생한 대홍수에 의해 바닷물이 산으로 올라온 것이라고 한다. 바다는 티티카카호수가 있던 지역을 비롯해서 볼리비아 높은 고원지대 그리고 쿠스코가 있던 지역까지 잠겨 있었다. 그래서 지금도 바다에서 사는 물고기가 잡히며 바다에만 사는 해마가 살고 있고, 짠 맛이 약간 있는 담수호(염분 함량 1리터 중 500mg 이하인 호수)이다. 티티카카 호수는 페루와 볼리비아가 절반씩 가지고 있다.

티티카카하면 푸노 인근 우로스^{Uros}섬에 사는 수상 족으로 유명하

자기 집으로 오라고 일종의 호객행위를 하는 섬 사람들

다. 그들은 스스로 지구상에서 가장 오래된 사람들이라고 말한다. 수백 년 전 내륙의 횡포를 피해 인공 섬을 만들어 생활하기 시작했다. 수심 50m 정도되는 물 위에 갈대의 한 종류인 또또라totora를 쌓아서 만든 떠 있는 섬에서 생활한다. 시간이 지나면 점차 가라앉기 때문에 새로운 또또라를 깔아서 계속 떠 있게 한다.

이와 유사한 것이라면 멕시코 아즈텍인들이 갈대로 섬을 만들고 흙을 올려서 농사를 지은 치남빠chinampa가 있다. 티티카카의 인공 섬들은 마을을 이룰 만한 규모가 되었다. 점점 많은 이들이 섬으로 들어

섬을 방문하면 오랜 생활방식인 물물교환하는 모습을 재현해준다.

섬과 섬을 이동할 때 이용한다.

와서 이젠 민속촌처럼 변했다. 현재 40개의 인공 섬이 있다.

　가장 큰 섬엔 학교와 마을회관이 있다. 학교, 호텔, 카페의 재료도 또또라이다. 호텔을 둘러본 우리나라 사람들의 반응은 하나다. 쥐가 가끔 다니는 곳에서 무슨 이색적인 경험이냐고 고개를 젖는다. 카페라기보다 작은 구멍가게에서 맛없는 인스턴트 커피를 마시기 위해서 앉은 자리 옆에 우체통이 걸려있다. 가게에서 엽서와 우표를 구하고 지인들에게 쓰는 엽서를 보냈다. 도착한다면 기념이 될 터인데 도착하려나? 이곳에서 이동 수단은 또또라로 만든 배이다. 이런 배는 약 3천 년의 역사를 가지고 있다고 한다. 이들의 선조가 전쟁에서 패

섬들이 줄줄이 연결된 모습

하자 태평양으로 가서 배를 만들어서 폴리네시아로 가서 폴리네시아 문명을 만들었다고 전해진다. 놀랍게도 폴리네시안들의 전설과 배를 만드는 방법, 유전자 검사를 통해 인류문화학적으로 확인이 되었다.

샤워할 때 머리를 위로 두세요.

4,000m가 넘는 고산지역에서 숙박할 때 간혹 쓰러지는 사람이 발생한다. 산소가 희박해서 고산에 약한 사람은 술을 약간 먹어도 매우 힘들어하고 샤워할 때 머리를 숙이면 어지러워서 쓰러진다. 가장 공기밀도가 낮은 새벽 두 시가 되면 심장에 압박이 더욱 심해져서 잠에서 깨곤 한다. 유럽 융프라우에서 고생했던 기억이 있는 사람이라면 남미를 여행할 때도 같은 고생을 하게 된다.

남미에서 가장 오래된
수수께끼 티아와나코 문명

티티카카호수까지 왔는데 볼리비아의 유명한 장소를 빼먹을 수 없어서 잠시 볼리비아 탐험을 하고 돌아오도록 하겠다. 해발 4,000m에 자리한 볼리비아의 티아와나코Tiahuanaco는 페루의 공식어 중 아이마라어로 '가운데 있는 돌'이라는 의미이다. 그런데 원주민들의 기억은 아카파나Acapana 피라미드이며 아이마라어로 '관찰자들이 거주하는 곳'이라는 의미라 한다. 전 세계에서 가장 큰 태양신전이 있었던 티아와나코 문명은 대홍수(성경 및 세계 주요 문명세계에서 전해오는 홍수 신화) 이전에 만들어진 것이라고 학자들은 확신하고 있다. 현재 볼리비아 쪽 티티카카호수 인근에 있는 티아와나코는 남미문명 중 가장 오래된 것으로 나중에 잉카제국 때 사람들이 들어와 살았었다. 그 인근의 푸마푼쿠Puma Punku에서 발견되는 유물들은 지구상에 현존하는 기술로도 만들기 어려울 정도라 한다.

티아와나코와 푸마푼쿠는 관광객들이 대부분 건너뛰고 지나가는

볼리비아의 푸마푼쿠의 유적, 태양의 문. 전지전능한 조물주 비라코차^{Viracocha} 부조가 있다. 매우 단단한 섬록암에 정교하게 새겨진 것이어서 놀라울 따름이다.

곳이지만 꼭 가봐야 할 곳이다. 유적지에 남아 있는 것들은 현대 기술로는 도저히 설명이 불가능한 것들이다. 거대한 돌판을 운반했고 어떤 도구로 거대한 작업을 했는지 설명은 고사하고 이해할 수 없기 때문이다. 푸마푼크는 더 놀랍다. 예를 들어 단단한 섬록암(화산 용암이 굳어진 것인데 어두운 회색의 돌이며 단단해서 잘 마모되지 않는다. 경도가 8이다. 다이아몬드는 경도가 10)으로 만든 똑같은 형태의 블록들은 어떤 스위스 시계의 부품처럼 정교하게 제작되어 있다. 1mm도 벗어나지 않는 정교함을 가지고 있다. 마치 다이아몬드가 달린 드릴과 같이 현대 작업장에서나 만들 수 있는 것처럼 잘 다듬고 문질러서 만들어져 있다. 단단하기가 경도 8이기 때문에 철로도 새길 수 없을뿐더러 철이 없던 시기에 돌이든, 끌이든 뭐로든 간에 도

푸마푼크에서 발견된 돌들. 다이아몬드가 아니면 저런 구조로 만들 수가 없다고 한다. 똑같은 모양의 돌들은 구석구석이 너무 정밀해서 현대 기술로도 만들기 어려울 정도라 한다.

푸마푼쿠에서 발견된 똑같은 형태의 섬록암 구조물. 마치 블록을 찍어낸 것처럼 놀라운 모습이며 지금도 손이 베일 정도로 날카롭다.

저히 만들 수 없는 것들이다.

다이아몬드나 섬록암 정도라야 섬록암을 긁을 수 있다. 현대에 와서 만든 콘크리트 제품도 이곳에서 발견되는 것에 비하면 원시적인 수준이라고 한다. 또한 발견된 커다란 석상은 mm(밀리미터) 간격으로 정교하게 그림을 새겼는데 마치 예술가의 스텐실 기법이나 치과의사들의 드릴로 정교하게 만든 것 같다고 한다. 모든 연대기 작가들이 공통으로 기록하는 것은 엄청난 구조물이 단 하루 아침에 만들어졌다는 것이다. 이것은 '태양, 달, 별들을 창조한 창조주 비라코차 잉카인들의 신가 하룻밤을 보내는 사이에 직접 건설했다.'고 안데스인들은 전설을 통해 확신하고 있다.

이 문명을 40년1904-1945 동안 연구한 아서 포스난스키(뉴욕 아카데미 회원, 볼리비아 고고학회 회장, 티우아나코 인류학 재단 책임자,

라파즈 지질학회 회장)는 이 4,000m의 고지대가 바다에 잠겨 있었다는 사실을 발견했다. 1910년부터 볼리비아와 페루의 고고학은 그의 연구가 전부라고 해도 과언이 아니라고 한다.

그는 지구 자전축이 기울어질 때 그 여파가 안데스지역 전체에도 영향을 미쳐서 바다가 페루와 볼리비아의 고산지역에 올라오는 홍수의 피해를 여러 번 입었다고 가정했다. 티우아나코와 푸마푼쿠 유적에서 물에 잠겼을 때 나타나는 현상들을 발견했다. 한 예로 물에 녹은 석회가 굳어서 긁어내리면 단단한 칼을 사용해야 할 정도이다. 뿐만 아니라 물에 잠겼던 최고 높이 수위가 수 km의 절벽에 남겨져 있다. 이곳을 연구했던 많은 지리학자들이 물에 잠겼다는 것에 대해선 모두 동의하고 있다. 그러니까 이 유적들은 대홍수 이전에 만들어졌다는 것을 말하고 있다.

지축 이동에 대한 밀란코비치 Milutin Milankovitch 이론

오래 전 KBS TV 〈지구 대기행〉에 나왔던 내용이기도 하다. 구 유고슬라비아 연방 중 세르비아의 수도 베오그라드대학교의 수학 교수이자 천문학자인 밀란코비치는 지구자전축 기울기 변화와 빙하기에 대한 이론을 발표했다. 지구자전축이 현재 23.5도 기울어져 있지만 약 4만 년 주기로 자전축 기울기가 변하며 똑바로 서기도 한다. 지구는 태양 주위를 타원 궤도로 돌지만 자전축 기울기 변화에 따라 10만 년 주기로 원형으로 바뀌게 된다고 발표했다. 당시는 받아들이기 어려운 내용이었으나 지금은 여러 가지 과학적인 증거로 밀란코비치 주기를 받아들이고 있다. 그래서 10만 년마다 오는 빙하기 동안 간빙기가 생기는 원리를 밝혔으며 100만 년 동안 약 7번의 빙하기가 있었다는 것을 알게 되었다.

하늘과 맞닿는 곳 우유니 소금사막

유리 같은 바닥에 맑은 하늘과 구름이 반사되어 하늘과 땅의 구별이 없는 곳. 사진으로 보면 현실세계에 존재하지 않을 것 같은 곳. 우기(11월~3월: 남미의 여름)에 볼리비아의 우유니 소금사막에서 볼 수 있는 장면이다. 사진을 보는 순간 가보고 싶다는 충동을 느끼

우유니 소금사막. 잉카와시섬에서 내려다본 전경. 남한 면적의 10분의 1이나 되어서 인공위성에서 훤히 내려다 보인다(사진 제공 오투어 공혜경).

게 하는 몇 안 되는 곳이다. 우유니 소금사막은 비가 와서 물이 살짝 고였을 때 밤 하늘의 별을 포함해서 하늘을 다 비추는, 세상에서 가장 큰 거울이 된다.

그런데 도대체 그 옛날 이곳에서 무슨 일이 있었을까? 해발고도 3,656m에 생긴 우유니 소금 사막은 높낮이가 없이 일정한 높이를 유지하고 있는데, 이는 오래전 바다가 올라와서 생긴 현상이다. 지각 변동이 서서히 진행되어 산이 융기한다면 산 위에 바다가 생기지 않는다. 지구자전축이 순식간에 요동치면서 바닷물이 산 위로 올라와서 바다가 생겼다고 한다. 전 세계 홍수 설화가 이야기 하는 시기와 같다. 한동안 안데스 고산평원은 거대한 바다였다. 우유니 이외에 바다였던 흔적은 티티카카호수해발 3,800m, 쿠스코 인근에 있는 살리네라

소금사막 가운데에 있는 잉카와시(incawashi, 잉카의 집을 뜻함)섬은 화산의 흔적이다. 키 큰 선인장들이 많고 여행객들의 휴식처이다. 주변엔 산호화석이 널려 있어서 한때 바다였음을 보여준다. 이곳 사람들은 어부의 섬이라 부른다(사진 제공 오투어 공혜경).

스 고산 염전해발 3,000m이다. 물이 점차 증발하자 볼리비아 고산평원엔 두 개의 소금호수와 두 개의 소금사막이 생겼다. 고지대의 소금호수는 우루우루Uru Uru, 뽀뽀Poopo이며 소금사막은 꼬이빠사Coipasa, 우유니Uyuni이다. 우유니는 다른 세 개를 합친 면적보다 월등히 넓다. 세계에서 면적이 가장 넓은 소금사막으로 우리나라 남한 면적의 약 1/10에 해당한다. 소금의 두께는 최고 120m이며 평균 1m 두께로 쌓여 있다. 우기에 비가 오면 뽀뽀에서 넘치는 소금물이 꼬이빠사로 흐르고 다시 우유니로 흐른다.

우유니는 현재 티티카카호수보다 더 넓다. 우유니에 가면 투누파Tunupa : 5,321m라는 활화산을 덤으로 볼 수 있다. 분화구의 모습도 멋지

바다 호수였던 곳으로 비가 거의 안 오기 때문에 물이 증발한 후 소금만 남았다(사진 제공 오투어 공혜경).

지만 살아있는 자연의 역동적인 모습을 대면하게 된다. 아이마라어로 '둘러싸인 평평한 곳'이라는 의미처럼 우유니는 물이 빠져나가는 곳이 없는 거대한 소금 웅덩이이며, 사막 전체의 고도 차이가 1m도 안 되는 평평함을 유지한다.

소금사막은 인공위성에서 보면 하얀색 사막이 더 선명하게 보이며, 반사율이 높아서 인공위성들이 고도를 수정할 때 우유니사막을 이용할 정도라 한다. 매년 25,000톤의 소금을 채취하지만 남아 있는 소금이 100억 톤이나 된다고 한다. 다시 한 번 지축이 기울어져서 바다호수가 한 번 더 생긴다 해도 볼리비아가 다 소비하지 못할 양이다. 무엇보다 우유니 소금 속에는 희소광물 리튬이 함유되어 있는데

건기 때면 소금들이 단단히 뭉쳐서 오각형과 육각형 모양으로 끝없이 펼쳐진다(사진 제공 오투어 공혜경).

소금밭을 멀리서 보면 그물처럼 보인다.

전 세계 리튬의 약 50%에 해당한다. '21세기 산업의 쌀'인 리튬은 휴대전화, 노트북에 들어가는 2차 전지에 필수적으로 들어간다. 세계 각국은 리튬 확보를 위한 자원 전쟁에 뛰어들었는데 리튬을 빠르게 추출하는 우리나라 기업체와 볼리비아 정부가 2012년에 리튬 개발 사업을 단독 계약하면서 우리와 가까운 곳이 되었다. 티티카카호수는 바다였던 물이 다 빠지지 않고 안데스고원에서 내려오는 강물이

살리네라스 염전. 쿠스코에서 멀지 않은 신성한 계곡 인근에 자리하고 있다. 소금이 섞인 온천수를 가두어서 소금을 채취하는 고산염전 살리네리스는 근처에 있는 마라스 마을이 소유하고 관리하고 있다. 소금밭 하나당 한 가정이 소유한다. 외지에서 사람이 와서 소금 밭 하나를 달라고 했을 때 마을에서 허락하면 밭을 만들어서 소금을 가져갈 수 있다.

유입되어서 담수에 가깝게 변했지만 소금기가 남아 있다. 그 증거로 바다에서 사는 물고기 종류와 바다에서만 발견되는 해마海馬가 서식하고 있다. 우루밤바강이 흐르는 신성한 계곡 살리네라스 Salineras 염전은 바닷물이 증발한 후 남아 있던 소금층이 지각 변동에 의해서 땅속에 묻혔었다. 따뜻한 온천수에 녹은 소금물을 가두는 계단식 염전을 만든 후 소금을 채취하고 있다. 살리네라스 염전은 전통적으로 염전

인근 마타스 마을 공동의 소유로 운영되었다. 원하는 만큼의 소금을 채취할 수 있는 개인 웅덩이를 만들어서 필요할 때마다 소금을 가져 갔다. 이렇게 해서 약 3천 개의 소금물 웅덩이가 있다. 고산지대에 있는 고마운 염전으로 인해서 잉카가 존재할 수 있었다.

역경을 극복하고, 환상의 세계 우유니로 가자!

우유니는 칠레의 아따까마사막에서 가기도 하지만 볼리비아 수도 라파즈에서 출발하는 것이 가장 일반적이다. 차량으로 10~11시간을 이동해야 갈 수 있는 힘든 여정이다. 여행사가 준비한 차량이 아니고 대중교통이라면 중간에 간혹 고장이 나서 곤란한 상황에 처하기도 하며 도로가 무너져서 차량 통행이 안 될 수도 있다. 소금사막이 해발 3,656m에 자리하고 있어서 고산증에 민감한 사람이면 더욱 힘든 여정이 된다.

높은 평원을 뜻하는 알티플라노 지역에 도착하면 세상에서 하나뿐인 경관들이 기다린다. 중간에 만나는 호수에선 남반구의 여름철인 11월에 찾아오는 3종류의 붉은 플라멩고^{Flamenco}를 볼 수 있다. 남반구 겨울인 건기에는 비가 전혀 오지 않는다. 사실 우기인 여름이라 하더라도 한 달 동안 겨우 5일 동안만 비가 온다. 그래서 세상에서 가장 큰 거울을 보는 것은 자연이 주는 행운이다. 여름(11월~1월) 최고 온도가 21도이며 겨울인 7월 온도는 13도이다. 밤은 일 년 내내 추워서 -9도에서 5도 사이이다.

호텔 일부는 해발 4,000m가 넘는 곳에 자리하고 있는데 그 중에 타이카^{Tayka} 소금호텔은 모든 것이 소금으로 되어 있어서 매우 이색적인 경험이 된다. 우유니사막을 벗어나서 볼리비아 가장 남쪽에 자리한 에두아르도 아바로아 국립공원을 지날 때면 안데스 야생동물 비쿠냐와 라마를 만날 수 있다. 동물들을 보고 있자면 고산에 적응이 되어서 고산증을 느끼지 않고 뛴다는 것이 신기할 따름이다. 그리고 방문할 수 있는 곳 중에 가장 높은 곳은 해발 5,000m에 자리한 간헐천이다. 진흙이 보글보글 끓는 장면을 만난다. 시설이 불편한 숙소에서 잘 씻지 못한 것을 온천에서 만회할 수 있다.

일자 무식쟁이 형제에게 어처구니없이 잉카가 정복된 날!

엄청난 남미문명의 정점을 이루던 잉카제국이 어떻게 망하게 되었는지 이야기할 시간이다. 이 역사를 알아야 현재 남미에서 벌어지는 상황을 이해할 수 있기 때문이다.

페루의 정복자로 불리는 프란시스코 피사로 Francisco Pizarro는 귀족이었던 스페인 군인과 천민인 어머니 사이에서 태어난 서자로 돼지를 키우는 일을 생업으로 했던 문맹자였다. 그는 친척이었던 멕시코의 정복자 에르난 코르테스와 함께 서인도 제도로 갔다. 그리고 후에 다른 원정대와 함께 페루를 발견했다.

파나마에서 시장과 관리인을 하다가 페루를 탐험한 후 금이 있다는 확신을 한 피사로는 스페인의 왕 카를로스 5세(오스트리아 합스브르크 혈통이며 당대 유럽 최고 권력자로 신성 로마제국의 황제였고 유럽 최초로 해가 지지 않는 영토를 구축했던 인물)로부터 정복지 총독으로 임명한다는 문서를 받고 파나마에 돌아와서 형제들과 군인들을 데리고 약탈원정에 나선다. 잉카인들의 특성은 찾아오겠다는 손님은 모두 기꺼이 만났다. 때문에 1532년 11월 잉카의 마지막 황제 아타왈파는 페루의 북쪽 안데스 고원의 온천도시 카하마르카에서 기꺼이 외부인들을 만났다. 그러나 간교한 침략자들 중 도미니크 수도회 신부 벨베르데는 기도서를 보여주면서 이 속에 그리스도교 하나님의 목소리가 들어있다고 했다. 그리고 아타왈파Atahualpa에게 내밀었다. 그는 책을 받아보고는 책장을 넘겼지만 곧 바닥에 던져버렸다. 수사는 파사로에게 신을 모욕하는 족장을 공격하라고 소리쳤고 피사로의 명령을 받은 63명의 기병대와 200여 명의 군인들은 대포를 쏘고 화승총을 발사했다.

천둥 같은 소리와 함께 사람들이 쓰러지자 잉카인들은 천둥신이 진노한 줄 알고 혼비백산 되었고 머리를 땅에 박았다. 또한 처음 보는 커다란 동물인 말 위에서 달리는 기병대의 모습에 충격을 받았다. 스페인 병사들은 2시간이 채 안 되어 6,000명에서 7,000명의 원주민을 모조리 죽였다. 이것은 거의 기적이었다. 그리고 마지막 황제 아타왈파를 사로잡았다.

황제는 피사로를 자신이 감금된 방으로 불렀다. 그리고 손을 천정으로 뻗쳐 손이 닿는 곳까지 금으로 채워줄 테니 자신을 풀어달라고 한다. 당시 검은 옷을 입은 기독교 수사는 기독교 유일신을 믿지 않으면 불에 태워 죽여서 내세로 갈 수 없어 영생을 얻지 못하게 하겠다고 위협했다. 약속된 금이 모였지만 피사로는 약속을 어기고 황제를 화형에 처했다. 잉카인들은 미라로 온전하게 죽어야 내세로 갈 수 있는데 육체가 파괴된다는 것은 그들에게는 흉조 중에 흉조였다. 1533년 피사로는 잉카의 수도 쿠스코로 진격해서 잉카제국을 점령했다. 1535년 금과 은을 실어 나르기 위해서 태평양으로 나가는 항구도시 리마$^{Lima : 현 페루의 수도}$를 건설했다. 당시 기록에는 '산에서건 강에서건 페루 전역에 금이 발견되었다.'라고 적었다.

잉카제국이 어이없이 정복당한 또 하나의 이유는 신에 대한 몰이해 때문이었다. 안데스의 신화에서 비라코차의 모습은 '얼굴이 하얗고 키가 크며, 수염이 달렸고 긴 옷이 발목까지 내려온다.'라고 묘사했다. 어려울 때 비라코차가 바다에서 나타나서 도와줄 것이라는 믿음을 가지고 살고 있었다. 그런데 이방인들이 가져온 천연두에 의해 황제가 목

페루의 어원

페루의 어원에 대해선 매우 다양한 의견들이 있다. 그 중 가장 오래된 이야기는 1513년 스페인들 중에서 최초로 페루를 발견한 군인이 군대를 끌고 와서 남쪽으로 항해를 하는데 인디오가 낚시하는 것을 발견한 일화이다. 그를 붙들어서 배로 데리고 온 병사들이 손짓 발짓을 섞어서 "이 땅이 무엇이냐? 네 이름이 뭐냐?"라고 물었다. 인디오는 이해할 수 없었지만 황급히 '베루', '펠루'라고 내뱉었다. 이 말은 '내 이름은 베루이고 이곳이 강(펠루)이다.'라는 의미였는데 두 단어가 합해져서 1516년에 페루라는 지명으로 부르게 되었다고 한다.
또 다른 페루의 어원은 황금의 도시 엘도라도를 마노아^{Manoa}라고 했는데 그 도시는 비루 땅에 있다고 한다. 곧 에스파냐어로 페루^{Peru}이다.

숨을 잃었고 황제의 두 아들이 잉카제국을 차지하려고 다투다가 악한 아우가 착한 형을 감금한 상황이 발생했다. 이렇게 어려운 시기에 커다란 배를 타고 기독교 수사는 비라코차의 화신으로 보일 수밖에 없었다. 그 후 식민지 기간 동안 스페인 지주들과 신부들을 비라코차라고 불렀다.

중미의 경우에도 아즈텍인들이 믿는 신 케찰코와틀_{날개 달린 뱀신: 용}

엘도라도 전설 이야기

유럽인들이 만든 엘도라도에 대한 환상은 다양하다. 엘도라도는 '황금 인간'을 뜻하는 '엘 옴브레 도라도_{hombre dorado}'의 약자라고 했다. 코르테스가 멕시코 아즈텍에서 황금을 획득한 이후에 퍼진 전설이다. '황금 인간은 어느 왕국의 왕이었는데 그 나라엔 금이 하도 많아서 매일 아침 금가루를 뿌린 액체를 머리부터 발끝까지 바른다. 저녁에는 연못에 몸을 담그고 금과 기름을 씻어냈다.'는 소문이 전 유럽에 퍼졌다.

그러나 황금의 도시 엘도라도 이야기는 잉카의 멸망과 더 연관이 깊다. 잉카의 마지막 황제 아타왈파가 죽기 전 제국의 전 지역에 알려서 황금을 가져오게 했다. 그러나 스페인들이 약속을 어기고 황제를 죽였다. 잉카인들은 더 이상 얼굴이 하얀 사람들에게 황금을 가져갈 이유가 없었다. 잉카인들은 황금을 가지고 가족과 함께 안데스 깊숙한 고지나 아마존 정글 같은 곳으로 사라졌다.

그 후로 잉카인들이 모여 살던 '잃어버린 도시 엘도라도'를 찾기 위해서 유럽에서 원정대를 조직했다. 마침 스페인 왕실의 이사벨 여왕은 신대륙 정복에 대한 보답으로 식민지 인디오를 포함해, 획득한 모든 것을 신대륙 정복자들에게 분배하게 했다. 거기에다 왕실은 정복자들이 농업과 광업 등에 인디오의 노동력을 마음대로 사용할 권리를 주었다. 그러면서 인디오를 맡길 테니 '불쌍한 어린 양'을 그리스도의 품으로 인도하라는 '위탁제_{엔꼬미엔다}'를 두었다. 인종과 문화의 우월감에서 나온 행동이었다. 그 후 스페인인들은 합법적으로 인디오를 붙잡아다 황금의 도시를 찾는 원정대의 길잡이로 쓰거나 노동력으로 쓸 수 있었다. 이때 원정 중에 많은 인디오들이 죽음을 맞이하기도 했다.

은 잉카인들이 생각하는 비라코차와 같은 모습으로 바다에서 나타날 것으로 믿었다. 그래서 아즈텍의 마지막 왕 목테수마Moctezuma는 멕시코의 정복자 코르테스를 정중히 모시고 대접했지만 얼마 후 정복 당했다. 그리고 스페인인들은 전투에서 죽으면 인디오들에게 죽은 모습을 보이지 않게 하기 위해서 몰래 장례를 치르곤 했다. 자신들이 인디오들처럼 죽는 것을 보여주지 않기 위해서였다.

비라코차만 위대한 신으로 생각해온 피정복자 잉카인들은 비라코차를 이긴 정복자의 하나님을 자신의 신으로 받아들이게 된다. 이에 스페인 신부들은 얼굴 하얀 비라코차가 자신들의 하나님이라고 역설한다. 이들은 태양신이 예수이고 대지의 어머니 신인 파차마마가 성모 마리아라고 믿게 했다. 우연히 기독교에서 정한 예수의 탄생일인 12월 24일은 남반구에서 하지에 해당하기 때문에 예수가 태양신이 된다. 그래서 잉카인들은 별 저항 없이 기독교를 받아들였다. 지금도 기도할 때면 하나님 옆에 비라코차라는 단어를 사용한다. 그리고 안데스산지에 지진이 간간히 발생했기 때문에 성당 내부에는 예수의 형상을 한 성인을 모셔서 지진을 막아주는 지진의 신으로 추앙하는 경우가 많다.

라틴아메리카를 먼저 정복한 것은 전염병이었다. 천연두가 수백 번이나 발병했던 유럽과는 달리 아메리카에는 천연두가 없었다. 중남미에는 소가 없었기 때문에 천연두가 발생하지 않았다. 역사가들의 표현으로 '스페인인들이 도착하는 순간부터 숨을 한 번 내쉬면 면

역력이 없었던 인디오들은 속수무책으로 쓰러졌다.'고 한다. 천연두의 전파속도는 스페인 약탈자들의 점령속도보다 훨씬 빨랐다. 잉카제국 멸망의 전조도 스페인인들이 도착하기 전에 황제가 천연두로 죽으면서부터 시작되었다.

원주민들은 듣지도 보지도 못했던 천연두로 고생하다 죽어갔지만 스페인인들은 초인(超人)처럼 전염병에도 끄떡 없었다. 원주민들은 스페인 초인들에게 저항할 엄두가 나지 않았다. 멕시코의 아즈텍제국도, 페루의 잉카제국도 전염병으로 시들어갔다. 면역력이 없는 안데스인들은 중노동과 전염병에 속수무책으로 쓰러지자 스페인인들은 전염병에 강한 아프리카 노예들을 데리고 왔다. 흑인 노예사냥과 인신매매는 그렇게 생겨났다.

그러나 흑인들이 가져온 것은 아시아와 아프리카 전염병인 홍역, 티푸스, 독감이었다. 설상가상으로 새로운 병원체가 덮쳐서 아메리카 원주민들은 파리떼처럼 죽어갔다. 콜럼버스가 아메리카를 발견할 당시 1492년 아메리카의 원주민은 대략 8,000만 명이었다고 추산하고 있다. 학자에 따라 1억 5,000만 명으로 보기도 한다. 그리고 중남미지역 원주민은 대략 6,500만 명으로 추산했다. 전염병과 농업, 광업에서 혹독한 강제노역으로 150년이 지난 후에는 인구의 90%가 감소한 500만 명만 살아남았다. 16세기 잉카가 지배했던 지역에는 약 3,000만 명의 인디오가 있었다고 추산한다. 그러나 300년이 지난 후에 인디오 숫자는 경우 150만 명밖에 남지 않아 소수민족으로 전락했다. 북미에선 천연두 환자의 피부 딱지가 묻혀있는 천에 싼 물건을 인디언에게 전달해서 마을의 씨를 말리기도 했다.

남미의 진정한 정복가 훔볼트

역사는 전염병에 대해서 크게 신경 쓰지 않는다. 사람에 대한 이야기들뿐이다. 남미를 진정으로 정복한 사람은 다름 아닌 훔볼트라고 말한다. 중남미의 동식물, 지질, 광물자원을 연구한 업적 때문에 유럽 사회에선 나폴레옹 다음으로 유명한 사람이라고도 했다. 그는 3만여 종의 동식물 표본을 유럽으로 보냈다. 그가 연구한 자료 때문에 정복자들은 남미에 대한 지식을 얻게 되면서 남미를 왜 가야 하는지에 대한 확신을 가졌다. 그 후에 이야기는 뻔하다. 남미가 거덜 났다는 것이다.

훔볼트는 19세기 초에 프러시아(독일의 전신)의 베를린 출신으로 대학교에서 광물학을 공부한 박학다식한 인물이었다. 그의 형 빈헬름 폰 훔볼트는 정치가이자 언어학자로서 베를린대학교를 창립한 인물이다. 지금은 훔볼트대학이 인문학으로 유명하다. 그는 아마존 상류에서 동식물 조사를 하는 한편 콜롬비아 안데스산맥에서부터 페루까지 힘든 탐험을 하면서 지질, 자원, 문화 등 모든 분야를 꼼꼼히 조사했다. 그리고 에베레스트가 발견되기 전 당시 세계 최고봉이었던 침보라소(6,268m 에콰도르, 적도에 위치하고 있어서 지구 핵 중심에서 가장 멀리 떨어진 산) 정상 400m 아래까지 직접 등정했다. 남쪽에서 적도를 향해서 흐르는 페루 연안 해류를 조사한 것을 기념하기 위해서 '훔볼트 해류'라 명명했고 그 해류를 타고 온 남극 펭귄을 '훔볼트 펭귄'이라고 명명했다. 그는 미국 대통령을 만나서 멕시코의 지질광물에 대한 자료를 건네주었다. 이로 인해서 미국이 멕시코의 광물을 차지하기 위해 점령하기도 했다. 남미의 독립 해방자 시몬 볼리바르는 진정한 남미 정복자는 훔볼트라고 이야기했다.

잉카를 간직한
안데스인들이 사는 방법

스페인인들이 300년간 통치하면서 무자비하게 가톨릭화됐음에도 안데스인들에겐 그들만의 전통이 그대로 살아있다. 안데스 고원지대로 갈수록 붉은색이 많이 들어간 전통 옷을 입고 둥근 차양이 있는 모자를 쓰고 등에는 봇짐을 지고 다닌다. 특히 500년 전 원형의 문화

집에서 가축처럼 키우는 꾸이는 꾸이꾸이하고 소리낸다. 3,000년 동안 안데스인들의 주식이었다.

를 간직한 마을인 올란따이땀보의 주민 집을 방문하면 우리의 상상을 초월하는 모습을 만나게 된다. 방이라고는 따로 없고 지붕이 덮여 있는 창고 같은 넓은 공간에서 칸막이 없이 생활한다. 한쪽엔 침구류가 있고 다른 한쪽은 부엌으로 사용한다. 부엌 아궁이가 있는 쪽엔 '기니아 피그'라는 '꾸이'를 기른다. '꾸이 꾸이'하는 소리를 내기 때문에 붙여진 설치류로 오랜 기간 길들여서 키워왔기 때문에 야생에선 발견되지 않는다. 방에서 가축처럼 키우는 꾸이는 사람이 와도 잘 도망가지 않는다.

꾸이는 단백질이 풍부해서 콜레스테롤로 고생하는 사람에게 좋다고 하며 안데스인들에게 빼놓을 수 없는 영양식이다. 쿠스코와 신성한 계곡 일대의 식당에서 피망 속에 넣은 꾸이 요리를 쉽게 접할 수 있

돌아가신 조상님들을 방에 모시며 같이 산다. 살아 있는 사람들과 똑같은 삶을 산다고 믿기 때문에 내세의 삶을 풍족하게 하기 위해 돈, 곡식을 비롯한 다양한 물건이 제단에 올려져 있다.

다. 부엌이 있는 벽 쪽을 보면 충격적인 장면을 볼 수 있다. 돌아가신 부모님의 유골을 벽에 안치해서 같이 산다. 그리고 그 옆에 살아 있을 때 사용하던 물건을 제단 위에 올려놓고, 사람 모양의 인형을 놓고 그 인형이 조상님을 돌보게 한다. 또한 안데스에서 자생하는 라마나 알파카의 새끼를 박제처럼 만들어서 걸어두어 돌아가신 후에도 동물을 키우면서 살 수 있게 한다.

안데스인들의 일상은 슬로우시티Slowcity에서 사는 것처럼 생활하는데 밭에서 농사를 지을 때는 특별한 장비 없이 막대기 하나로 작업을 한다. 간혹 소를 이용해서 농사를 짓기도 하지만 매우 드문 경우이다. 집에선 야생에서 잡아온 라마를 키우는데 가끔 짐꾼으로 사용하고 라마의 배설물은 농사 지을 때 비료로 사용한다.

여인네들은 밖에서 일을 하거나 집에 있을 때에도 라마, 알파카 또

안데스인들의 동반자이자 일꾼이면서 털을 제공해주는 낙타와 친척관계인 알파카

는 비쿠냐, 과나코의 털로 손뜨개질한다. 고산지역에 사는 동물들이라 털의 재질이 아주 좋다. 이러한 털로 만든 옷이나 모자, 가방, 걸어두는 천, 매트 등은 외국인들에게 인기 있는 상품이 되고 있어 어디에서나 발견할 수 있다.

안데스인들의 다양한 작물과 더불어 코카는 안데스인에겐 하나의 약품 구실을 했다. 배가 아픈 사람은 코카 차를 마시고, 배고픈 일꾼들은 코카잎을 씹어먹었다.

300년 동안 스페인이 안데스인을 통치했지만, 안데스인들의 의학 지식은 변함없이 오늘날까지 내

과일이 풍부한 페루. 아마존 열대 우림에서부터 한대까지 다양한 기후 조건을 가지고 있어서 연중 과일이 풍부하다.

농사와 직물을 짜서 생활하는 안데스 여성들의 힘겨운 삶. 쿠스코에서 우루밤바강으로 가는 도중 친체로(Chinchero)에 들렀는데 마침 여성의 날이어서 옥수수 치차와 맥주를 마시며 즐거운 하루를 보내고 있었다.

려오고 있다. 안데스인들의 의학 지식은 원래 높았고, 특히 아직도 약초에 대한 수준 높은 지식은 그대로 사용되고 있다.

간단한 예를 들어 위가 아플 때 먹는 질경이, 감기 걸렸을 때 먹는 만사니야$^{Manzanilla : 쌉쌀한\ 셰리}$ 차를 판다. 그래서 시골시장이나 도심지 골목에 가면 약초를 파는 사람들이 좌판을 벌인다. 유럽인들이 오기 전엔 돼지도 없었고 소도 없었다. 소는 스페인의 상징이 되었고 돼지는 애완용 가축처럼 집 밖에 풀어서 키운다. 시골 마을에 가면 소 모양의 토기를 지붕 위에 올린 곳을 종종 보게 된다. 소가 풍요의 상징이고 악한 것을 막는 상징으로 작용한다.

아직도 모든 마을에는 안데스문명의 특징을 보여주는 수로가 길 복판 또는 마을 안에 있어서 오래 전부터 물을 잘 이용했던 전통을 쉽게 볼 수 있다. 이런 전통을 고수하는 것이 여행객들의 눈에는 신기하게 보일지도 모르겠다. 모든 것이 가난 때문이다. 안데스인들은 200년 전에 스페인의 식민지를 벗어났지만 현재는 1492년 이전보다 못한 삶을 살고 있기 때문이다. 안데스 고원지대에 반군 게릴라들이 발생하는 것은 역사의 산물이어서 당연한 현상처럼 보인다.

페루의 독립 이야기

페루의 독립은 백인에 의한 백인을 위한 독립이었다. 핍박을 받는 인디오들에겐 독립 후에도 바뀐 것이 하나도 없었다. 신대륙을 발견한 1492년 이후 522년이 지난 지금 그 이전보다 더 못 사는 사람들이 인디오들이다.

아프리카 노예 흑인들이 오고 나서 인종 간의 결합은 다양하게 이루어졌다. 그 중에는 펜닌술라(유럽 스페인 출신), 크리오요(신대륙 출신 백인), 메스티소(백인+인디오), 인디오, 노예로 끌려온 흑인, 물라토(흑인+백인), 삼보르(흑인+인디오)가 있었다. 스페인 통치 시절 페루는 라틴아메리카의 모든 국가가 그랬듯이 스페인의 부왕국이었다. 유럽 리베리아 반도에서 온 스페인인들은 반도인을 뜻해서 '페닌술라'라고 불렀고 페닌술라의 자손으로 신대륙^{부왕국}에서 태어난 사람을 '크로오요'라 불렀다.

백인 지배층의 순서는 첫째 고위 성직자, 둘째 스페인 본국에서 온 부왕과 고위 관료들, 셋째는 크리오요였다. 이 세 부류가 정치권을 독점했고 토지의 대부분을 차지했고 가톨릭 교회를 통해서 문화와 교육의 혜택을 누렸다. 이런 상황은 남미가 독립한 이후 오늘날까지 이어지고 있다. 그리고 백인+인디오=메스티소, 백인+흑인=물라토, 인디오+흑인=삼보르 등으로 불렸다. 이렇게 신대륙에 인종이 다양해진 것은 스페인 사람들은 이민족과의 결혼에 익숙해져 있었기 때문이다. 스페인은 로마 이전부터 페니키아, 그리스, 카르타고인들이 도시를 만들었다. 로마시대를 거쳤고, 게르만이 이주해왔고 8세기 동안 아랍인들의 거주했다. 그래서 이민족과 빈번한 교류로 인해서 이민족 간의 혼혈은 자연스러운 현상이었다.

스페인 출신 페닌술라와 그의 후손들인 크리오요는 인디오 착취에 익숙해져 있었다. 문제는 능력 있는 크리오요가 부를 획득하더라도 페닌술라에 비해서 항상 정치적으로 뒷전에 있었다. 페닌술라를 이길 수 없었다. 그러다 17세기가 되면서 스페인이 재정 악화로 식민지에서 관직을 사고 파는 행위가 발생했다. 많은 관직에 크리오요들로 채워졌다. 18세기 중반이 되면서 매관매직을 금하고 크리오요의 자리를 다시 페닌술라로 대폭 교체했다. 이 때문에 크리오요들이 반발하면서 독립에 대한 열망이 생겼다.

상황이 변하기 시작했다. 미국이 독립[1774년]을 했고 유럽 본토에서는 프랑스 혁명[1789년]이 일어나서 아메리카 지식인들이 들뜨기 시작했다. 19세기 초엔 나폴레옹이 스페인 본토를 침략해서 식민지에 대한 신경을 쓸 겨를이 없었다. 특히 나폴레옹의 개정 헌법에 따르면 스페인이 소유한 아메리카 식민지의 자율을 인정하는 내용이 있었다. 크리오요들에겐 이것이 기회였다. 베네수엘라 출신인 일명 '독립해방자' 시몬 볼리바르Simon Bolivar는 안데스 주변 나라인 콜롬비아, 베네수엘라, 에콰도르를 독립시켰다. 남쪽에서부터는 아르헨티나 출신 산 마르틴San Martin이 아르헨티나와 칠레를 독립시킨 후 1821년 페루도 독립시켰다.

산 마르틴은 페루 최초의 대통령이 된다. 그러나 페루 기득권층의 반발로 형식적인 독립만 했을 뿐이다. 산 마르틴은 더 많은 군대의 필요성 때문에 볼리바르를 불러서 페루의 완전한 독립에 대한 협상을 했다. 그러나 두 사람의 통치 형태에 대한 의견이 커서 결렬되었다. 산 마르틴은 오직 라틴아메리카의 독립에만 관심이 있었고 권력에 욕심이 없었다. 산 마르틴은 군대를 이끌고 아르헨티나로 돌아갔다.

그 후 볼리바르는 페루에서 스페인군을 물리쳐서 1824년 완전 독립을 시켰다. 그러나 기득권을 가지고 있었던 소수의 크리오요들은 대다수의 인구인 인디오와 메스티소에 대한 지배권 상실을 우려했다. 게다가 권력에 공백이 생겼다. 당시 독립한 라틴아메리카 국가들에겐 권력 공백을 막아줄 세력으로 군벌이 등장했다. 그 중 한 명이었던 볼리바르는 1825년 페루 대통령이 되었다. 그리고 '높은 페루' Alto Peru를 해방시켰는데 바로 자신의 이름을 딴 '볼리비아'이다.

페루의 수도 리마의 이모저모   페루의 수도 리마는 스페인인들

리마의 중심 아르마스(군인)광장. 페루의 정복자 피사로의 왕국이었던 곳이었다. 지금은 대통령 궁으로 사용하고 있다. 광장 주변으로 대성당이 있으며 귀족들의 궁전이었던 노란 건물들이 지금도 자리를 지키고 있다.

이 착취한 귀금속과 농작물을 운반하기 위해서 만들어진 도시이다. 리마의 어원에 대해선 다양한 설이 있지만 리막 강이 흐르는 계곡이어서 스페인인들이 붙인 거라고 한다.

유럽처럼 중앙집권정책을 하다 보니 식민지 시절부터 모든 기관이 모였기 때문에 권력자와 광산 소유자, 대농장 소유자가 함께 모였다. 스페인 본토가 정한 리마 부왕국의 부왕^{식민지의 왕}에 등극한 정복자 피사로는 리마의 지정학적인 곳에 아르마스광장을 만들고 대성당을 세우고 자신이 거처인 왕궁을 만들었다. 지금은 대통령 궁전으로 사용하고 있다. 스페인이 지배하던 남미의 거의 모든 도시에는 군대를 의미하는 아르마스광장이 있다.

아르마스광장은 그 도시에 가장 중심이 되는 곳이다. 최고 권력자의 거처가 있으며 그 주위에는 권력층인 관료들이 사는 궁전 같은 집들을 지었다.

사랑의 공원에 조성된 모자이크 벤치. 태평양을 내려다보는 곳에 자리한 유명한 장소이다.

또한 권력층과 가까이 지내야 하는 광산주, 농장주들도 수도 리마에

라르꼬마레. 태평양을 대면하고 있는 장소로 저녁에 많은 이들이 찾는다.

와서 거주했다. 그러나 수도에서 가장 큰 건물은 성당이 있는 수도원 건물이다. 실직적인 권력의 최상부가 수도원 수도사들이었기 때문이었는데 프란시스코 수도회가 들어왔을 때 지어진 성 프란시스코 수도원이 가장 크고 화려하다. 프란시스코 수도원은 당시 리마 시내의 1/8을 차지했고 신대륙에서 가장 큰 건물이었다.

  아르마스광장에서 멀어질수록 지위가 낮은 사람들이 거주하는 공간이었다. 지금도 비슷한 현상이 유지되고 있다. 아르마스광장에서 약간 떨어진 시내 중심에 백인들의 주거구역을 따로 만들었고, 심지어 그곳에 골프장을 만들어서 백인들만 이용하고 있다. 리마의 시내 대로변에는 사행성 오락인 카지노가 유독 많다. 거리가 넓을수록 카지노가 줄지어 있다. 이는 페루의 정치가와 관료가 매우 부패해 있

불타는 라르꼬마레의 석양. 하루를 정리하고 라르꼬마레로 나온다.

음을 보여준다고 말한다. 페루는 한국발 IMF 경제 위기의 여파를 겪으면서 중산층이 사라져 버렸다. 그래서 카지노에는 대박이라도 터뜨리려는 사람들이 모인다. 사막에 세워진 도시여서 주변의 모든 산들은 나무가 없는 민둥산이다. 그 산 아래는 달동네 판잣집들이 들어서 있다. 시골에서 올라와 품팔이라도 해서 생계를 유지하는 사람들이 살고 있다. 민둥산의 공간에는 흰색 글자를 크게 새겨서 정치적인 광고판으로도 사용하는데 선거철이면 후보의 이름이 선명하게 보인다. 리마에서 가장 모던하고 세련된 곳은 태평양을 끼고 발전한 미라플로레스Miraflores이다.

미라플로레스는 활발한 상업 지구이고 현대식 고층건물과 공원이 있다. 태평양은 절벽 아래 펼쳐져 있어서 시원한 바다 전경이 한눈에 들어온다. 미라플로레스에서도 라르꼬마레는 아름다운 석양을 즐기려는 사람들이 찾는 명소가 되었다. 바다의 풍광을 즐길 수 있는 종합 쇼핑몰과 극장, 레스토랑, 카페가 있다. 시원스런 풍광을 보면서 저녁 한때를 즐기고 싶다면 라르꼬마레에 가 보자.

사막을 질주하는 판 아메리카 하이웨이

수도 리마를 떠나서 남쪽으로 내려가는 길은 사막이다. 오른쪽은 태평양이 펼쳐지고 좌측은 안데스산맥이 태평양과 나란히 이어진다. 안데스산맥 서쪽이 사막인 이유는 1년 내내 비가 오지 않는 기후 때문이다. 이유는 남극에서 올라오는 차가운 훔볼트 해류 때문이다.

오른쪽 암반의 사람 형상을 페루의 창조신 비라코차라고 이야기한다. 판 아메리카 하이웨이는 맘껏 달릴 수 있는 아우토반은 아니다. 구불구불 험한 산길을 가기도 한다.

너무 차가워서 바다에 들어갈 수도 없지만 수증기가 올라가서 구름을 만들지 못하기 때문에 비가 오지 않는다. 한편 안데스산맥 건너편은 아마존 정글이 있는 열대 우림지역이다. 거기서 발생하는 구름이 안데스산맥을 넘어서 태평양 쪽으로 올 수 없다. 산맥이 높고 이중으로 되어 있어서 구름을 막는 장벽이 되기 때문이다. 그래서 남미는 안데스산맥을 중심으로 좌측지역 기후와 우측지역 기후가 정반대이다. 태평양을 끼고 있는 지역은 전부 사막이다. 이 사막은 페루 남쪽 칠레까지 연결되어 유명한 아따까마사막 연간 강우량 0.3mm과 이어지며 더 나아가 칠레의 수도 산티아고 Santiago까지 연결된다. 칠레 와인이 좋은 이유가 비가 안 와서 일조량이 좋기 때문이다.

이런 자연적인 현상 때문에 페루의 수도 리마에는 비는 오지 않고 안개만 낄 뿐이다. 겨울엔 몇 개월간 안개에 잠기기도 한다. 처음부터

두 겹의 안데스산맥은 거대한 장벽이 되어서 아마존의 구름이 넘어오지 못한다. 서쪽의 태평양의 물은 너무 차갑기 때문에 증발로 인한 구름이 형성되지 않아서 비가 전혀 오지 않는다. 구름이 오지 못하고 구름이 형성되지 않아 사막이 되었다.

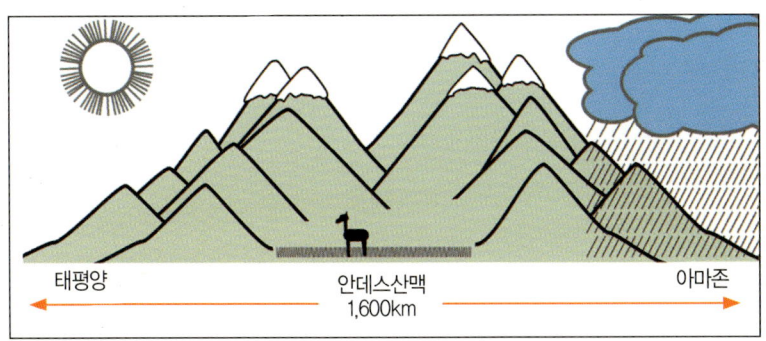

차가운 해류가 올라온 것은 아니다. 남극과 남미 대륙 끝은 붙어있었는데 떨어져 나가면서 차가운 남극 해류가 적도 쪽으로 올라와서 기후를 완전히 바꿔 놓았다.

태평양 쪽 해안을 달리는 동안 사막의 아름다운 모습에 빠지게 된다. 해가 질 저녁 무렵이면 하늘도 붉게 물들고 산도 사막도 붉은색이 되어 환상의 세계를 만든다. 그러나 아름다운 사막을 달리는 동안 페루의 현실을 말해주는 장면들이 나타난다. 사막에 불법으로 점거한 판자집들이다. 돈도 없고 집도 없는 가난한 사람들이 사막에 터를 잡았는데 물은 어디서 구하는지 궁금할 따름이다. 페루 정부는 이들을 쫓아내지 않고 얼마간 이런 모습으로 살면 땅의 소유를 인정해서 정착하게 한다.

석양이라는 옷을 입은 사막은 아름다운 모델로 변신한다.

페루 사막을 불법으로 점거한 빈민들. 어느 정도 시간이 지나면 소유권을 인정해준다.

 그래서 어떤 곳은 판자로 대강 만든 작은 집들이 군락을 이뤄서 마을이 되기도 한다. 한편 척박한 사막에 골프장도 들어 서 있다. 사막에 나무를 심고 물을 뿌리면 나무가 잘 자란다고 하니 오래전 사막이 아니고 녹지였음을 땅이 기억하고 있는 듯하다.
 물이 있으니 오래전 기억대로 나무를 자라게 하는 것이 땅의 본성 아닐까? 아마도 안데스인들의 땅의 여신 파차마마가 땅을 살리고 있는지도 모르겠다. 안데스에서 띄엄띄엄 흘러내리는 강물이 있는 마을을 지날 때면 농사를 크게 짓는 제법 큰 마을을 만난다. 고대로부터 안데스문명을 일구게 했던 강물의 힘, 즉 안데스인들의 바다의 신이 생명을 이어가게 하는 것이다.

사막에 묻힌 미스터리 문명
빠라카스

바다와 안데스산맥을 보면서 판 아메리카 하이웨이를 따라 남쪽으로 내려가는 동안 모래 속에 파묻힌 고대 도시들을 지나게 된다. 첫 목적지는 리마에서 3시간 30분 정도 떨어진 빠라카스이다. 섬으로 가는 배를 예약했기 때문에 배가 출항하기 최소 1시간 전에는 도착해야 한다. 한 번은 왕복 2차선 도로에서 복병을 만났다. 토요일에 사이클 대회가 열려서 1시간 동안 모든 차량이 사이클 행렬이 지나갈 때까지 꼼짝없이 기다려야 했다. 화장실이 급한 사람들이 곤란한 상황에 직면했다. 할 수 없이 도로변에 있는 인가의 후미진 곳에 실례를 했다. 판 아메리카 하이웨이는 말이 고속도로지 우리네 국도와 별 차이가 없다. 지체된 시간을 만회하기 위해서 목적지를 앞두고 비포장도로도 달렸다. 차량의 속도가 시속 80km인데도 마치 150km로 달리는 듯한 기분이었다.

빠라카스에는 바다 쪽으로 넙적하게 뻗어나간 반도를 중심으로 발

빠라카스의 정교한 직물. 죽은 이들을 감싸주던 것이다.

달했던 문명이 있었다. 지금은 전부 사막이지만 기원전 700년 전부터 기원후까지 발달했던 곳으로 훌륭한 직물이 발견되었는데 주로 무덤 속 시신을 감싸던 것들이다. 안데스인들의 죽음에 대한 관념은 시신이 미라 상태로 묻어야 환생할 수 있다고 믿었기 때문에 앉은 상태에서 천으로 감싸서 묻었다. 이런 장례 풍습은 안데스 전 지역에서 퍼져 있었다. 지금도 사막의 모래를 걷어내면 묘지와 주거지에서 다양한 유물들이 나오고 있다. 고고학자들은 이곳이 비옥한 옥토였을 것으로 여기고 있다.

그래서 사막 이전의 모습이 어땠을까 궁금하다. 작은 갈라파고스 Galapagos로 가기 전 한국에서 오랫동안 살다 왔다며 한국어를 제법 유

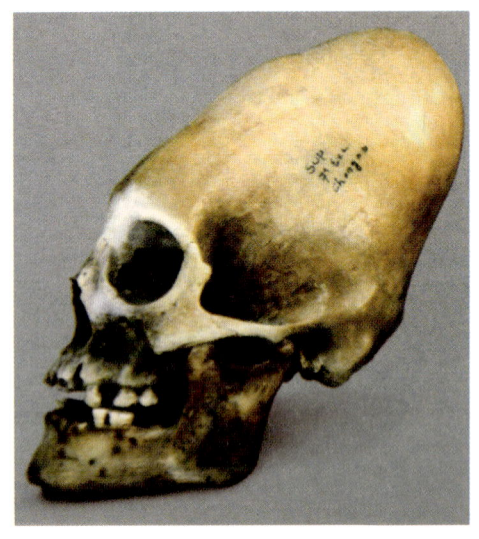

빠라카스인의 유골. 편두 습성은 페루 전역에서 나타난다.

창하게 하는 선물가게 주인을 만났다. 한국에서 돈 벌고 와서 가게를 차렸다고 하니 여행객들이 물건을 하나 둘씩 산다. 지구 반대편에서 한국인의 인정이 발휘되는 모습이다. 빠라카스 해변은 펠리컨으로 유명하다. 날개를 펴면 2m가 넘을 정도로 덩치 큰 녀석들은 사람들이 주는 음식을 받아먹는데 익숙해서 동물원에서 사육하는 녀석들

미스터리 빠라카스 유적. 촛대 같은 모습이면서 달밤에 멀리서 보이는 야광 효과가 있기 때문에 어부들을 위한 등대라 여기고 있다.

같다.

 이제 새들의 천국인 작은 갈라파고스로 간다. 스피드한 보트를 타고 바다 쪽으로 길게 이어진 황량한 반도를 보면서 나가는데 펠리컨 군단이 수도 없이 바다로 곤두박질친다. 작은 물고기 떼를 발견하고 마치 집단 다이빙 쇼를 하듯이 수백 마리가 장관을 이루며 보기 드문 경관을 선사했다. 보트를 멈추고 모두들 감탄하면서 내셔널 지오그래픽 nationalgeographic 같은 장면을 감상했다. 반도의 중간 정도를 지났을 때 언덕 중턱에 180m 길이의 거대한 미스터리 그림이 나타났다.

 기원전에 만든 촛대 같기도 한 그림은 달이 뜬 밤이면 멀리서도 야광처럼 밝게 빛나서 등대였을 거라고 이야기한다. 그래서 이곳 어부들을 위해서 만들었을 거라고 한다. 그외 비라코차 신이 번개를 발생

새들이 앉아서 까만 섬처럼 보인다.

시키는 막대기로 사용했다는 등 여러 의견들이 있다. 빠라카스가 나중에 나스카문명에 흡수되었기 때문에 만들어진 방법은 나스카사막 위의 그림과 별반 다르지 않다. 바닥을 긁어서 밝은색 흙이 드러나게 그린 그림이다. 보이는 것이라고는 사막뿐인 빠라카스 반도 국립공원을 보면서 바다를 20여 분 질주하자 작은 갈라파고스, 발레스타스 섬에 도착했다.

펭귄과 물개 그리고 바닷새의 천국, 작은 갈라파고스

발레스타스Ballestas는 새들이 새까맣게 하늘과 섬을 덮고 있어서 멀리서 보면 검은 섬으로 착각할 정도이다. 150여 종류의 바닷새의 천국이다. 희귀종 중에는 물독수리, 콘도르가 있지만 남극에서 올라온 신사 훔볼트 펭귄이 가장 인상적이다. 그리고 물개들이 집단으로 서

훔볼트 펭귄. 남아프리카 공화국에 서식하는 아프리카 펭귄과 같은 종류이다. 바다에서 금방 돌아온 녀석들의 눈가는 빨간색이며 일광욕을 해서 염분이 빠지면서 색이 밝아진다.

바닷게를 좋아하는 물개가 큰 게를 물고 있는 장면

물개들의 천국. 가까이 가도 사람에겐 관심조차 없다. 바다표범과 물개는 같은 말이기 때문에 혼돈이 없길 바란다.

식한다. 섬은 새의 배설물로 온통 하얗게 덮여 있다. 이 배설물은 구아노라는 것으로 수천 년 동안 페루 해안에 쌓여져 있었다. 구아노는 최고의 천연 비료여서 한때 페루 국고 수입의 80%를 차지했었다. 그러나 지금은 채취가 금지되어 있다.

플랑크톤의 먹이가 되는 구아노가 줄어들면 어족 자원이 줄어들고 새들도 사라지고, 고래도 안 오고, 물개도 떠나서 결국 관광객도 찾아오기 않기 때문이다. 이 때문에 관광객은 섬에 상륙할 수 없다. 국립공원 관리원들만 상륙이 허락되고 어부들은 잠시 동안 섬 주변에 머무르면서 어업을 할 수 있다고 한다.

그런데 이 '새똥' 때문에 페루, 볼리비아, 칠레가 19세기 말에 남태평양 전쟁을 했다. 더 정확하게 말하자면 초석^{niter,} ^{질산칼륨}과 새똥 때문에 전쟁이 있었다. 현 칠레의 아따까마사막은 원래 볼리비아의 영토였다. 그곳에는 주석과 동 그리고 초석이라는 광물질이 한도 없이 매장되어 있다. 초석은 질소 비료, 화약, 성냥에 사용되는 원료로 당시 석유만큼이나 매우 중요한 자원이었다. 그런데 이 초석과 새똥인 구아노의 이권 때문에 사막을 두고 페루와 볼리비아 연합군 대 칠레가 해상 전투를 벌인 결과 칠레가 승리했다.

페루와 볼리비아 연합군의 수가 칠레의 4배나 되었지만 전함이 10척이 넘는 칠레는 전함 4척밖에 없는 볼리비아와 페루를 압도했다.

새들의 배설물인 구아노가 쌓여 있는 섬의 모습

전쟁의 결과로 볼리비아는 바다를 잃고 내륙에 고립된 국가가 되었다. 이를 계기로 칠레는 비약적인 발전을 하게 되었다. 전쟁 한판으로 칠레가 얻은 영토는 현 국토의 1/3에 해당한다. 더구나 불모지 아따까마사막은 세계에서 구리가 가장 많이 매장된 곳이며 아직도 칠레 경제의 중요한 몫을 차지한다. 칠레는 지금 남미에서 가장 잘 사는 국가가 되었다. 똥도 쓸 때가 있다는 말이 여기에 적용되는 것일까?

이 전쟁 때문에 바다로 가는 길을 잃어버린 볼리비아는 고립된 상태로 지내는 동안 약소국으로 남았다. 아직도 볼리비아와 페루는 칠레에 대해서 불편한 이웃이다. 그런데 최근에 3국이 철도협정을 맺어 각국을 연결하려 하고 있다. 그렇게 된다면 당사국들도 이익이지만 여행객들이 쉽게 이동할 수 있어서 3국의 경제에 도움이 될 듯하다. 섬을 둘러보면 물개를 비롯해서 건강한 생태계가 유지되고 있음을 확인할 수 있다. 지금도 구아노는 약 5m 정도 쌓여 있다고 하니 작은 갈라파고스가 영원히 존재하기를 기원한다.

초급 상식
북반구엔 펭귄이 없고 남반구에 곰이 없다. 즉 동물원을 제외하고 야생에서 남극 곰과 북극 펭귄은 존재하지 않는다.

페루에서 가장 재미있는 놀이터, 이까사막

이제 농담 삼아 '3년 동안 귀에서 모래가 나온다'는 사막을 즐기러 이까Ica로 왔다. 마르지 않는 오아시스가 그림 같고 광대한 지역에 부드러운 모래언덕이 펼쳐진다. 사막에 올라서면 단지 낙타가 보이지 않을 뿐, 사우디아라비아나 사하라사막에 온 듯한 느낌을 받는다. 우선 사막을 즐기기 위해서 복장을 가볍게 한다. 좋은 카메라는 미세한

고운 모래언덕이 잘 발달된 이까사막. 페루 북단에서 시작된 사막은 칠레의 아따까마사막 너머까지 이어진다.

모래로부터 보호하기 위해 차량에 두고 내린다. 안전을 위해서 안전벨트를 단단히 메고 뒤집어져도 안전한 오픈 차량에 오른다. 탑승자 모두 준비가 되면 잘 생겼지만 거칠게 운전하는 드라이버에서 모든 것을 맡기게 된다. 거대한 모래언덕으로 정신없이 질주하다가 70도의 급경사 아래로 곤두박질 치듯이 빠르게 내려갈 때 두 가지 반응이 나타난다. 비명을 지르거나 놀래서 말이 안 나오는 경우이다. 놀이동산에서 바이킹을 타는 것보다 더 위협적이며 재미있다. 몇 회의 스릴을 경험하면 공포감이 와서 이제 그만 했으면 좋겠다 싶을 때 차량이 멈춰 선다.

　여행객들은 차량에서 내리면 그때서야 매우 재미있었다며 즐거운 표정을 짓는다. 그러나 여기서 끝나지 않고 모래썰매를 타고 비명을 지르지도 못하면서 2중 모래언덕 아래로 내려가야 하는 즐거움이 기다린다. 썰매를 타고 급경사로 질주할 때 자세가 불안하면 눈, 코, 귀와 옷 속에 모래가 다 들어가기 때문에 입을 벌릴 수가 없다. 그러나 한 번 타고 나면 망각되었던 동심을 일깨워주는 매우 안전한 놀이였다는 것을 알게 된다. 그리곤 모래 속으로 몸이 파고들 것 같은 엄청난 속도로 더 깊은 모래언덕 아래로 미끄러진다.

　2단계의 즐거움이 끝나고 돌아가는 길에 언덕 위에서 오아시스의 멋진 풍경을 감상한다. 이 오아시스는 페루 지폐 50솔 뒷면에 새겨져 있다. 전설에 의하면 사냥꾼에게 쫓기던 공주가 몸을 피해 오아시스에 숨었는데 아직도 인어로 숨어서 물속에 살고 있다고 한다. 전설이

정신없이 사막을 질주하는 차량. 차량을 타면 안전벨트를 꽉 메야 한다. 그럴 일은 없지만 뒤집어져도 안전하다.

야 어떻든 얼마 전까지만 해도 페루에서 좀 산다는 사람들이 이곳에 와서 몸을 담그고 갔었다. 치료 효과가 있다고 믿었기 때문이다. 남미에서 가장 유명한 이까 오아시스는 이곳 주민들이 즐기는 장소가 되었다.

이까 오아시스. 기후 변화의 영향인지 몰라도 지구 상에서 마르지 않는 샘은 없다. 최근 물 부족으로 외부에서 물을 끌어다 채우곤 한다.

삐스코는 페루이다

이까는 와인 생산지역으로 유명하다. 도로변에는 포도 농장들이 즐비하다. 해가 갈수록 포도 재배지역이 넓어지고 있다. 그런데 페루에서 꼭 마셔볼 것은 와인으로 만든 브랜디 삐스코^{Pisco}라 이야기한다. 사막의 기적이라고 말하는 삐스코는 페루 국가 대표 술이다. 삐스코는 케추아어로 새^{Bird}라는 의미와 골짜기라는 의미가 있다. 안데스산맥에서 흐르는 이까강이 만든 계곡에서 브랜디를 생산하기 때문에 삐스코계곡라는 이름으로 정했다. 개인적으로 삐스코를 권하고 싶지 않다. 맛도 별로이지만 너무 독하다. 삐스코가 유명한 사연은 페루 역사의 파편이기 때문이다.

페루 최초의 와인은 16세기 스페인 정복자들이 이까 인근에 포도를 심으면서 시작되었다. 와인 생산이 절정에 달했던 17세기에 스페인은 페루 와인 수출을 금지시켰다. 스페인 본국의 와인산업에 악영향을 미친다는 이유였다. 그 후에 와인 생산자들은 와인으로 브랜디를 만들어서 빠라카스 인근 삐스코항에서 수출을 해서 호황을 누렸다. 때문에 삐스코가 페루인들의 오뚜기 근성과 같다고 이야기한다. 태평양 3국 전쟁 때는 승리한 칠레인들이 와인 저장고와 와인 농장을 불태워 없앴다. 칠레의 목적은 페루에서 와인 생산을 못하게 하고 삐스코를 만들지 못하게 하는 것이었다. 그런 다음 잘 팔리는 삐스코를 칠레의 것으로 만들기 위한 의도였다. 때문에 2005년까지 두 나라는 삐스코 상표에 대한 독점권을 주장해 왔다. 그러나 '삐스코는 페루다.'라는 말처럼 페루의 삐스코는 살아남았다. 페루가 와인을 생산하지만 시중에 파는 대부분의 와인은 칠레와 아르헨티나 와인이다. 기회가 된다면 이까의 대표적인 와인 따까마Takama를 마셔보길 권한다. 세계에서 가장 오래된 아따까마사막의 일부분인 이까에서 생산하기 때문에 따까마라고 상표를 붙였다.

사막의 석양. 해질녘이면 날씨가 맑은 사막은 하늘과 땅이 온통 붉게 물든다.

나스카, 거인들의 작품인가 외계인의 작품인가

해 질 무렵 나스카Nazca로 이동할 때 사막과 안데스산맥을 지나는 산은 모두 붉은색으로 변한다. 그야말로 세상을 순식간에 바꾸는 자연의 위대함에 경외감만 들뿐이다. 석양을 감상하면서 사막을 한참 이동하면 나스카에 도착한다.

나스카는 도자기와 직물, 피라미드군群이 남겨진 문명이다. 그러나 고대 유적보다 사막에 그려진 거대한 미스터리 그림 때문에 사람

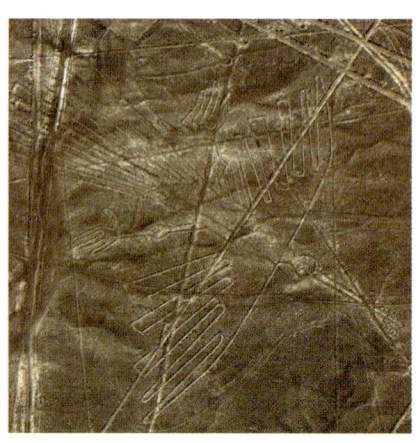 

들이 찾는 곳이다. 나스카를 처음 방문했을 때 그림으로만 접했던 나스카 라인을 보기 위해 무거운 200mm 렌즈를 장착하고 경비행기에 몸을 싣고 하늘로 올랐다. 과연 소문대로 수많은 직선과 도형 그리고 동물들이 눈에 들어왔다. 우주인, 원숭이, 벌새, 거미, 펠리컨, 콘도르,

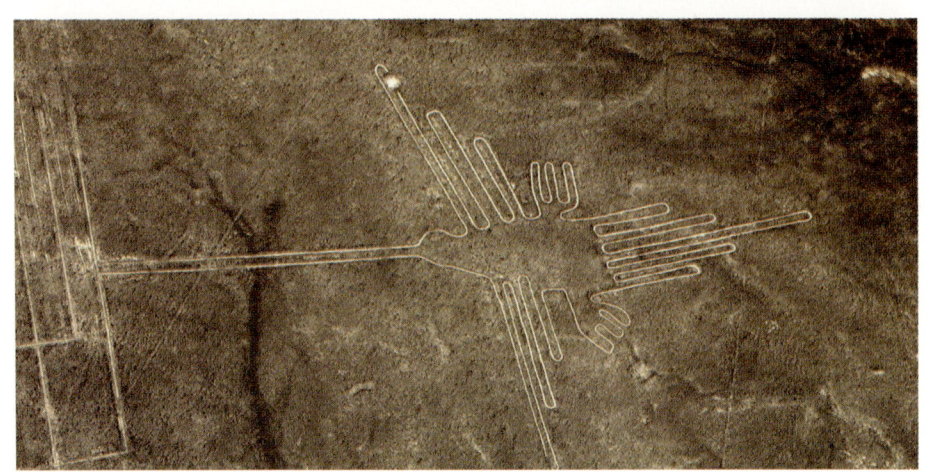

콘도르, 삼각형, 원숭이, 벌새, 우주인. 동물 그림은 디자인적으로 완성도가 높은 그림으로 평가한다. 단순하면서 균형이 잘 잡혀 있다. 사람 형상은 외계인 또는 우주인으로 불린다.

고래 등. 완성된 디자인처럼 아름답게 도안된 그림들은 누가 왜 만들었을까? 고래는 인근 바다에서 쉽게 발견되겠지만 원숭이는 아마존에서 발견되는 종이며, 거미 역시 아마존지역에서 서식하는 종류이다. 상당히 먼 거리에 있는 동물들을 그림으로 남겼다. 그것도 하늘에

나스카에서 발견되는 직물에도 새겨진 거미

서 봐야 식별이 가능한 크기로 말이다. 나스카 그림 중 사람들을 가장 놀라게 하는 것은 직선이다. 수십 km의 직선이 산 넘고 계곡을 지나도 일직선을 유지하고 있다. 레이저로 측정해야 가능한 수준이다. 그리고 산 위를 깎아서 비행기 활주로처럼 만든 평평하면서 넓은 도로는 가장 많은 논란을 일으킨다.

 최근에 이 지역에서 발견된 도자기에서 나스카 라인에 새겨진 동물 모양 문양이 발견되어서 사람들이 오래전 기구를 타고 올라가서 만들었을 거라는 다소 믿을 수 없는 이야기도 한다. 독일의 수학자이자 천문학자인 마리아 라이헤 박사는 여성의 몸으로 59년 동안 연구를 했다. 1998년 그녀가 죽기 전 내린 결론은 신과 소통을 하기 위한 거대한 천문달력이라 했다. 비가 내리길 바라고 곡식이 잘 자라게 빌었다는 것이다. 그러나 다 허사였다. 수많은 학자들의 오랜 노력에도 불구하고 밝히지 못했다. 의식을 행하는 중심 장소, 외계인들의 착륙

지상에서 확인 가능한 것은 손과 나무뿐이다.

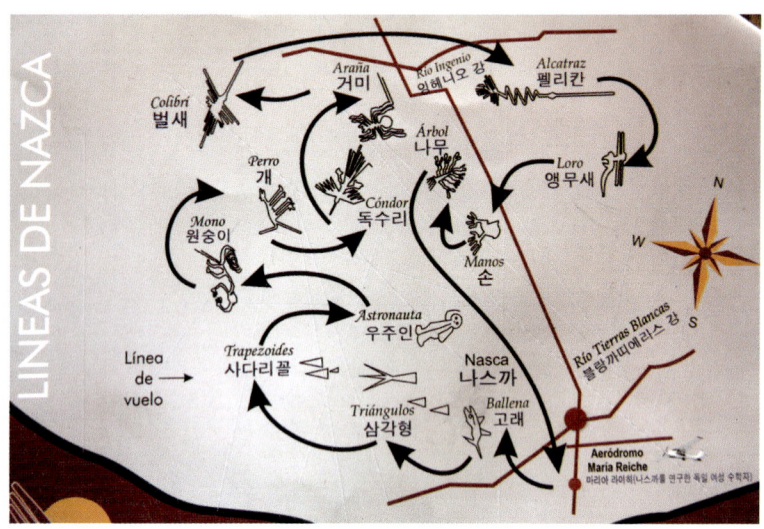

항공기에 올라서 나스카 라인을 보는 순서도

장소 등이라는 이론과 설만 있는, 세계에서 가장 큰 고고학적 미스터리이다.

   나스카 라인이 온전하게 남아 있는 이유는 비가 오지 않기 때문이다. 연간 강우량이 1mm 정도라는 것은 비가 안 온다는 이야기와 같다. 그런데 최근 엘니뇨 현상 때문에 바다가 더워져서 증발된 공기에 의해서 비가 약간씩 오고 있다. 언제까지 유적이 살아남을지 의문이다.

나스카 라인 경비행기

나스카 라인을 보려면 경비행기를 타야 하는데, 경비행기 타는 순서를 기다리는데 시간이 오래 걸린다. 나스카 라인을 보려는 항공기가 북쪽 도시 이까와 리마에서도 뜨기 때문이다. 아침 일찍 공항에 도착하지만 일행들이 다 보려면 오후 1시가 되는 경우가 대부분이었다. 나스카 라인을 보는 순서가 있긴 하지만 한 대의 항공기만 하늘에 떠야 하는 규정과 한 번 뜨고 내리면 점검을 받을 후에 다시 올라야 하기 때문이다.

침 뱉는 라마의 저주, 여권 도난

필자는 투어 리더로 해외에 나갈 때 조심해야 할 사항을 꿰차고 다니며 여행객들이 사고가 나지 않게 주의를 기울인다. 그러나 재수에 옴 붙으면 어쩔 수 없나 보다. 나스카에서 카메라 가방이 도둑맞는 불상사가 생겼다. 가방 속엔 여권도 있었다. 사건의 시작은 그 침

필자 얼굴에 침을 뱉고 시치미 떼는 라마 녀석

뱉는 라마 녀석 때문이라고 굳게 믿고 있다. 나스카의 숙소에서 일찍 일어나 정원을 산책하는데 한쪽 구석에 라마가 맛있는 아침 식사를 하고 있었다. 항상 뭔가를 씹고 있는 이 녀석을 보려고 가까이에 갔는데 큰 눈을 더 크게 뜨면서 싫어하는 표정을 하더니 기습적으로 내 얼굴에 침을 뱉는 것이 아닌가! 그 순간 필자가 일행들에게 "라마가 침을 뱉으면 재수가 없으니 조심하세요."라고 말했던 생각이 났다. 그러면서 '설마 별일이 있겠어'라고 생각했다.

그런데 그날따라 나스카 공항에서 경비행기 배정이 매우 느려서 평소 같으면 오전 11시에 끝날 일인데 오후 1시가 넘어서 끝났다. 점심 식사를 하고 부지런히 올라가서 저녁 비행기로 귀국해야 하는데 시간이 촉박했다. 그리고 도난으로부터 안전한 예약된 식당에서 식사해야 했지만 예약장소가 공사 중이라 나스카 주민들이 쉽게 드나들 수 있는 곳에 갔다.

주변이 익숙한 장소였지만 조심하라는 당부의 말을 하면서 일행은 한쪽에 좌석을 잡았다. 식사를 하는 도중 누가 식당 안을 다닐 것이라고는 생각하지 못했다. 그런데 식사가 끝날 무렵 뭔가 허전한 기분이 들어서 가방을 찾았는데 손에 잡히지 않았다. 필자는 순간 밖으로 뛰쳐나가서 동네를 빨리 돌았다. 그러나 카메라 가방을 들고 있는 사람은 보이지 않았다. 누구에게 책임을 물을 상황이 아니었다. 도둑 잡던 투어 리더가 도둑맞다니. 정말 귀신도 울고 갈 일이었다. 시간이 촉박해서 일단 경찰서로 가서 분실 보고서를 작성하려는데 도대체 일 처리하는 경찰도 없어서 시간이 한참 걸려서 끝났다.

　리마로 올라가는 동안 서울에 전화를 몇 번씩 하면서 상황을 공유했다. 리마에서 일행들을 보내고 필자는 3일간 민박집 신세를 졌다. 여권 발급 때문에 영사에게 전화를 했는데 토요일이었음에도 흔쾌히 임시 여권을 발급해줬다. 항공 티켓도 새로 구입해야 했다. 임시 여권으로는 미국을 경유해서 귀국할 수 없기 때문에 미국을 경유하는 티켓이 소용없었다. 유럽으로 갈 것인가 캐나다로 갈 것인가 고민하다가 결국 캐나다 토론토를 경유해서 돌아왔다. 결론은 무조건 조심하자이다. 중남미 여행 도중 여권을 분실하면 여행을 더 이상 할 수 없다. 페루는 내가 얼마나 좋았으면 발목을 잡았을까? 17년 전에도 지갑을 분실했는데, 그때도 수백만 원이 깨졌었다. 페루는 예나 지금이나 도둑이 유명하다!

안데스인의 오늘

권력은 백인이, 중간층은 메스티소가, 하층민은 인디오와 흑인, 이런 구도는 21세기에도 계속되고 있다. 티티카카호수에서 현지 안내원으로 일하고 있는 한 원주민은 대학을 우수한 성적으로 졸업했고 회사를 다녔지만 신분 상승이 불가능하다는 현실을 인정하고 과감하

쿠스코 사람들. 자동차 길 양쪽은 시장 골목들이다. 신분 상승이 안 되는 구조 속에서 한 번 서민은 영원한 서민일 수밖에 없다.

게 관광업에 뛰어들었다고 했다. 페루를 비롯한 중남미 대부분 국가에서 서민들의 신분 상승은 꿈에서나 가능한 일이다. 그 가이드는 꿈이 없어졌기 때문에 현실에서 만족을 찾고 있었는데 회사 다닐 때보다 수입은 좋아서 행복하다는 말을 했지만 그 모습에서 허탈한 표정을 발견할 수 있었다.

페루를 비롯한 라틴아메리카는 19세기 독립 이후 정권이 매우 불안했다. 1845년부터 2013년까지 페루에선 총 74번의 대통령 취임식이 있었다. 한 사람당 평균 2년 6개월도 안 되는 기간 동안 집권했다. 군 출신이 모두 56번이며 그 중 15회는 군사 쿠데타로 정권을 잡은 경우이다.

군인들 중에는 독재자가 많았고 서로 번갈아 가며 대통령을 해먹는 것은 자연스런 현상이었다. 이런 정치 놀음은 스페인으로부터 독립하기 이전의 상황과 다르지 않다. 즉, 독립의 주체는 스페인인들의 후손인 크리오요이기 때문에 정권이 바뀌는 현상은 백인들끼리 서로 다투는 모습일 뿐 인디오, 메스티소, 기타 인종과는 전혀 상관없는 이야기들이다. 결과적으로 독립이 이들에게 해준 것은 아무것도 없다. 경작하던 땅도 광산도 모두 소수의 백인들의 것이었다. 이러한 상황은 20세기에 들어오면서 더욱 악화된다.

서양식 모델을 추구하는 상류층은 서양에 대한 신봉으로 원주민의

전형적인 인디오 여인. 손수 짠 제품을 들고 쿠스코 시내에서 행상을 하고 있다.

것에 혐오감을 드러낸다. 라틴아메리카의 가치인 혼혈 문화나 원주민의 독특함은 깡그리 무시되어 설 자리가 없었다. 이로 인해서 다양한 방식으로 민중저항이 나타났다. 멕시코 혁명, 아르헨티나의 에비따, 쿠바혁명, 니카라과 Nicaragua 혁명, 칠레의 사회주의 실험, 파나마의 저항 등이 그렇다. 그러나 모두 실패로 돌아갔다. 이때 미국이 제2의 제국주의 지배자 역할을 했다. 막대한 군사력, 경제력 앞에 라틴아메리카는 미국에게 완전히 먹히는 신세가 되었다.

이도 저도 안 되는 상황에서 1980년대 신자유주의를 도입했다. 나라가 잘 살고 부자가 잘 살면 아래 것들도 배불리 먹을 것이라고 생각했지만 그것도 환상에 불과했다. 서구 선진국의 자본이라는 것은 자신들의 뱃속을 채우는 것 이외에는 아무것도 관심이 없었기 때문이었다.

이에 대한 반발로 현재 라틴아메리카는 좌파정권이 대세를 이루고 있다. 페루와 남미를 대표하는 국가 브라질은 좌파정권이고 아르헨티나는 좌파정권을 지지하는 공동전선이며 베네수엘라, 쿠바, 파라

시골에서 도시로 올라온 사람들의 빈민촌. 수도 리마의 산등성이 곳곳에 마을이 형성되어 있다. 역사의 산물인 빈민촌은 중남미 전 지역에 있다.

과이가 여기에 힘을 가세했다. 우루과이도 100년 만에 최초로 좌파 정권이 탄생했다. 그러면서 라틴아메리카의 공동체를 만들려고 하고 있다. 이들은 미국과의 FTA를 거부한다.

현재 페루 인구구성은 인디오 45%, 메스티소 37%, 백인 15%, 기타 흑인 및 동양인 1%(일본 및 중국계)이다. 케추아어는 잉카시대에 4개 구역(타완틴수요)을 다스리기 위해 공용어로 사용했다. 페루 인구 2,500만 명 중에 케추아어를 사용하는 인구는 350만 명이고, 스페인어를 사용하는 사람은 1,700만 명이다. 케추아어가 공용어이지만 정부의 모든 문서는 모두 스페인어여서 스페인어를 모르고선 불편할 수밖에 없고 케추아어를 사용하는 사람에겐 사회적 편견도 매우 많은 것이 현실이다. 그래서 케추아어가 사라지고 있다. 식민지 시대부터 중앙집권화된 사회여서 정치, 경제, 문화, 교육이 모두 수도 리마를 중심으로 해서 이루어졌기 때문에 농촌지역은 매우 열악한 환경 속에서 고통받고 있다. 이들은 차라리 도시에서 일용직 노동자로 사는 것이 낫다며 도시로 가서 무리 지어 빈민촌을 만들고 있다. 따라서 나라 전체적으로 인구의 대도시 집중이 심화되어 있다.

페루의 애국가는 '우리는 자유인이다. 앞으로도 그러하리라'고 노래한다. 스페인 식민지에서 자유를 이야기하는 것으로 볼 수 있다. 그러나 스페인으로부터 벗어난 지 200년이 되었지만 페루인들은 결코 자유롭지 못하다. 페루를 300년간 지배한 스페인인들이 남긴 유산은 인종적 편견이다. 인디오적인 요소는 미개한 것이며 없애야 할 것이라고 교육시켰다.

그 중심엔 당대 최고의 권력층이었던 도미니크 수도회, 프란시스코 수도회, 예수회의 사제들이 있었다. 많은 신전 위에 성당을 지었고, 케추아어를 금지시켰고, 전통적인 관습도 없앴다. 이러한 편견은 지금도 페루인들의 의식에 뿌리내려 있다. 자신의 피부색이 백인에 가깝고 먼 조상 중 하나가 스페인 출신이라는 것이 긍지가 되는 현실에선 국민 통합은 요원한 일이다. 남아프리카공화국의 넬슨 만델라가 각양각색의 피부색을 가진 인종들이 섞여서 잘 살아야 할 무지개 나라를 만들 것을 주창한 것처럼 서로의 피부와 언어, 문화를 인정했을 때 비로써 페루는 자유의 나라가 될 것이다.

페루

국가명 : República del Peru

면　적 : 1,285,216평방 Km (세계 20위, 남한의 약 13배)

공식어 : 스페인어, 케추아어(Quechua), 아이마라(Aymara)

인　종 : 인디오(45%), 메스티소(37%), 백인(15%), 기타(2%)

인　구 : 약 3,040만 명

마추픽추와 거석 유적으로 잘 알려진 나라이다. 세계에서 가장 깊은 계곡이 있다. 인종이 혼합되어서 다양한 문화를 이룬다. 메스티소(인디안+백인), 아프리카, 중국 일본 이민자들이 살고 있다.

페루의 지형은 비가 전혀 오지 않는 태평양 연안의 사막지역과 안데스 고산지역, 동쪽의 아마존 열대 우림지역으로 나뉜다. 아마존지역은 아마존강의 상류 쪽이며 페루 전체 넓이의 60%를 차지한다. 페루 아마존은 세계에서 4번째로 넓은 열대 우림지역으로 브라질, 콩고, 인도네시아 다음이다.

안데스 산악지역은 5,000m가 넘는 산들이 즐비하다. 가장 높은 산은 6,768m의 우아스카란Huascaran이다. 세계에서 가장 높은 곳에 자리

기억에 남는 빨간색 부겐벨리아[Bougainvillea]. 페루, 브라질, 아르헨티나가 원산지인 이 식물은 나이가 들수록 꽃을 많이 피운다. 꽃잎이 따로 나지 잃고 나뭇잎이 포엽[bract, 苞葉]처럼 붉게(또는 분홍색) 자란 후 파란색으로 변하는 특이한 꽃 나무이다.

한 티티카카호수^{3,800m}가 있다.

　안데스산맥에서 태평양 연안 사막 쪽으로 10여 개의 강이 흐르지만 경사가 급하고 짧기 때문에 1년 내내 물이 흐르는 강은 3개에 불과하다. 긴 강들은 대부분 산맥과 평행하게 흐른다. 지형과 기후가 매우 다양해서 2만 5천여종의 동식물이 있으며 그 중에 30%는 페루에서만 발견된다.

　페루는 금 생산량 세계 5위이고 구리-아연은 세계에서 가장 많이 매장된 나라에 속한다. 어획량이 중국 다음으로 세계 2위이다. 인구의 33%가 농사를 한다. 매년 1천 5백만 명의 관광객들이 찾아온다.

　기후로 인해서 관광객들이 가장 많이 찾아오는 계절은 남반구의 건조한 계절인 6월에서 9월까지이다. 남반구 겨울에 해당되지만 이때 산악지역은 쾌청한 날씨를 보인다. 그래서 해를 좋아하는 많은 서양인들은 산악 트레킹과 잉카 트레일(4일 코스이며, 하루에 500명만 갈 수 있다.)을 즐긴다. 또한 겨울은 아마존을 방문하기에 가장 좋은 계절이다. 성수기이기 때문에 물가가 비싸다. 남반구 겨울은 해안 쪽에 안개가 많이 낀다. 여름인 11월에서 4월까지는 남반구의 우기여서 산악지역에 구름이 많고 비가 많이 오지만 반면에 해안 쪽 사막지역은 쾌청하고 온도가 높다. 이때 물가가 저렴하며 우리나라 여행객들이 주로 가는 시기이기도 하다.

PART FOUR

멕시코 Mexico

아즈텍을 건설한 민족은 한민족?

멕시코에 대해서 가장 재미있는 이야기는 무엇일까? 배제대학교 손성태 교수가 밝혀낸 '우리 민족이 아메리카 대륙으로 건너가서 멕시코 아즈텍 제국을 만들었다'는 판타스틱한 리얼 스토리이다. 스페인어를 전공한 손교수는 미국 애리조나주에서 멕시코인들의 고대 언어를 연구하면서 아즈텍인들은 한민족임을 알아냈다고 한다. 이를 입증하는 것으로 풍습과 의상이 같고 언어의 단어, 구, 문장의 의미와 어순까지 한글과 똑같다는 사실이다.

언어의 어순은 일만 년이 지나도 변하지 않는다. 그래서 언어는 역사를 밝혀내는 최후의 수단이라고 한다. 멕시코를 정복한 후 스페인 선교사들은 멕시코인들의 발음을 알파벳으로 표기하고 그 뜻을 스페인어로 기록했다. 나중에 영어로도 번역했지만 지난 수백 년 동안 서양인들은 어떤 언어인지 알지 못했다. 그러나 한국인이면 다음의 단어를 보고 한번에 우리말임을 알 수 있다.

다기려(tacuilo) ➡ 화가

다마틴니(tamatini) ➡ 다 맞히는 사람, 즉 점쟁이나 예언가

다도안이(tatoani) ➡ 다 도와주는 이(왕)

다차고(tachaco) ➡ 공놀이

마까기틀(macahuitl) ➡ 막 까는 도구

다치틀(tachitl) ➡ 다 치는, 즉 공놀이 선수

다조타(tazota) ➡ 다 좋다

나 그 다조타(na c tazota) ➡ 나 그것이 다 좋다

내 집(niche) ➡ 내 집

다메메(tameme) ➡ 지게꾼

아시키(ashkii) ➡ 아이

콘앳/콘엑(conet/konek) ➡ 큰 아이

잡이래(za-pi-le) ➡ 잡을래

발돌림(patollin) ➡ 발로 무언가를 돌리는 행위

태백(tepec) ➡ 산

다치활태백(tachihualtepec) ➡ 손으로 지은 산(피라미드)

선교사가 멕시코인들에게 "당신들이 쓰는 언어가 무엇이냐"라고 묻자, 멕시코인들은 무슨 질문인지 몰랐고 그냥 우리들이라는 의미로 '나와 다들이'라고 했다. 마야와 아즈텍에서 사용했던 '나와 다들이나와 우리들'어는 나중에 나와틀어 또는 나와어가 되었다.

상투를 튼 9명의 부족장이 아사달(아즈텍)의 중심을 정하는 회의를 하는 모습. 왼쪽에 상투가 없는 사람은 무당이며 주술을 할 때 닭 피를 얼굴에 뿌렸는데 멕시코에선 앵무새의 피를 뿌렸다고 한다. 그리고 회의 때 뱀을 잡은 독수리가 앉은 곳을 수도로 정하기로 했는데 독수리가 앉은 섬이 아즈텍의 수도였던 떼노치띠뜰란Tenochititlan이다. 그림 속의 독수리는 현재 멕시코 국기 중간에 새겨져 있다.

아즈텍인들이 갈대로 물에 뜨는 인공 섬을 만들어서 밭을 가꾸었는데 이 밭을 치남빠chinampa라 한다. 치남빠는 치솟다의 '치'와 나물을 뜻하는 '남' 그리고 밭을 뜻하는 '빠'가 합쳐진 용어이다. 이외에 '내', '나'를 영어의 I, my로 번역했고 아이에게 젖을 물릴 때는 찌찌tzi tzi라고 한다.

멕시코에는 우리와 같은 공기놀이, 팽이치기, 윷놀이가 남아 있다. 북미와 멕시코에 남아 있는 윷놀이는 우리 민족이 오래전부터 사용해 오던 풍습이다. 윷놀이에서 자기 말이 가장 먼저 나오면 '조오타'라고 했다고 스페인 선교사가 쓴 역사책에 스페인어로 기록되어 있다. 미국의 민속학자 스튜어트컬린(1858~1919)은 자신의 저서 「한국의 놀이』에서 '한국의 윷놀이는 전 세계에 존재하는 수많은 놀이의 원형'이라고 했다. 일제 강점기 일본의 민속학자도 무라야마 지준도

상투는 우리 민족만의 풍습이기 때문에 상투를 튼 민족을 추적하면 오래전부터 우리 동이족이 이동했음을 알게 된다. 상투는 본래 상두(上斗)이며 두(斗)는 북두칠성을 나타낸다. 상투를 틀 때 머리를 앞으로 4번, 뒤로 3번, 총 7번을 꼬아서 하늘(북두칠성)을 향하게 했다. 칠성신은 인간의 수명을 관장하기 때문에 칠성신을 받들고 다닌다는 의미이기도 하다. 사람은 북두칠성의 기운을 받아서 얼굴에 7개의 구멍이 있다고 한다. 우리는 북두칠성이 있는 곳에서 살다가 지상으로 내려왔기 때문에 사람이 죽으면 '돌아가셨다'라고 한다. 이때 돌아가셨다는 원래 왔던 장소인 북두칠성으로 돌아갔다는 것을 의미한다. 지금은 많이 사라졌지만 시체를 담는 관에는 북두칠성 모양으로 7개의 구멍을 뚫은 칠성판을 깔았다. 그리고 시신을 칠성판과 함께 7번 묶는다. 우리의 오래된 고인돌에도 북두칠성이 그려져 있다. 북두칠성으로 돌아가길 기원하는 것이다. 북방 유목 민족은 죽은 이의 정수리는 북두칠성을 향하게 했다.

윷놀이는 한국만의 유희이고 그 유래가 매우 오래 되었다고 했으며, 환단고기의 태백일사 편에는 윷놀이의 유래와 의미를 전하고 있다. 배달국 치우천황 때 자부선생이 만든 윷놀이는 우리나라 3대 경전 중 하나인 천부경의 이치를 담은 환역을 사람들에게 쉽게 전하기 위해 신시배달 때 윷놀이를 만들었다고 밝히고 있다. (출처 환단고기. 안경전 역주. 상생출판) 그리고 멕시코 원주민들은 우리 민족만의 풍습인 상투를 틀었다. 남자들은 갓을 쓰며 하얀 도포를 입고 여자들은 색동저고리를 입고 볼에 붉은 연지를 찍었다. 여성들은 조선시대 여인들처럼 머리에 가체를 하고 비녀를 꽂았다.

남북아메리카의 원주민들이 지게를 사용하는 것도 매우 흥미롭다. 지게는 우리 민족이 사용하던 것이고, 중국에도 없었다. 또한 우리 민족의 풍습에는 출산한 집 앞이나 신성한 성황당 같은 곳에 금줄을 둘러서 나쁜 기운이 들어오지 못하게 했다. 이와 유사하게 스페인 선교사의 기록에 의하면 멕시코에는 둥근 금줄과 줄형 금줄이 있었다고 한다. 그리고 머리에 항아리 따위를 질 때 사용하는 '똬리'가 있었고, 음식의 일부를 떼어내 땅에 던지는 '고수레'가 있었는데 멕시코인들은 이것을 '다다살리'라 했다. 이외에 순장, 장례를 5일장으로 치르는 것, 사자^{死者}의 입에 저승가는 노잣돈으로 옥에메랄드을 넣어주는 것, 사자에게 회를 뿌려주는 것, 염할 때 얼굴 가려주는 것, 장례할 때 곡을 하고 장송곡을 부르는 것, 개고기를 섭취하는 것까지 우리 민족과 같다.

얼마 전 BBC 인터넷판에선 아메리카 대륙에 있는 개들의 조상은 아시아에서 건너온 것임을 밝혀내기도 했다. 중남미 사람의 일부는 몽골반점을 가지고 태어난다. 그러니까 이들은 같은 민족에서 분화한 것이라는 의미이다. 손성태 교수의 말을 조금 빌리면 다음과 같다.

"애리조나대학교 도서관에서 찾은 1645년에 멕시코에서 발간된 책과 1689년 미국 LA에서 발간된 원주민어에 관한 책이 있습니다. 그 책에 보면 이건 마치 중세시대 우리말을 설명하듯이 놀랍게도 매우 똑같습니다. '팜 약이 있다.'Pam nahi-ta : 팜 야흐이 타는 알파벳 발음기호를 읽은 것인데 '약이 있다'란 말에 have medicine이라고 번역되어 있습니다. 우리말이잖아요. 거기서 충격을 받았습니다. 어순만 같은 것이 아니라 '약'이란 말과 '있다'라는 동사가 합쳐져 있다는 것은 언어학자의 시각에서 예삿일이 아닌 것이죠. 언어가 일치한다는 것은 뭐냐 조사나 동사가 뒤로 가는 건 기본이고, 뭐가 일치해야 하느냐, 구조와 뜻과 특히 발음, 소릿값이 일치합니다. 완벽하게 똑같은 언어일 수밖에 없습니다.

예를 들어서 '내 집'은 영어로 마이 하우스라고 해석되어 있습니다. '내 곳'은 마이 플라워라고 되어 있습니다. 재미있는 것은 내 꽃이 아니라 내 곳이라고 했거든요. 15세기 용비어천가에 보면 '곳 좋고 여름 하나니'라고 했습니다.

본래 중미지역엔 마야인들이 기원전부터 살고 있었습니다. 그런데 멕시코 역사책을 보니 아즈텍인들은 기원후 3세기에서 5세기 사이에 처음 멕시코로 들어왔고, 650년경 제1차로 대규모 집단이 유입됐으면, 9세기경 제2차 대규모 집단이 유입했고 그 이후에도 지속적으로 유입했다는 기록이 있습니다. 아즈텍인들이 쓰던 말이 기록되기 시작한 것은 1521년 스페인인들에 의해서입니다. '환 데 또바르'라는 신부가 아즈텍 제국이 멸망한 후 1570년경 쓴 역사책을 보면 아즈텍인들은 두 개의 나라에서 왔다고 기록되어 있습니다. 그리고 2차 대규모로 유입한 집단은 '아사틀란Aztlan'에서 왔다고 나와 있습니다."

손교수의 이야기들은 정말 놀라울 따름이다.

아스틀란Aztlan의 아스Az는 500년 전 멕시코 기록에 흰색이라고 쓰여 있다. 트란tlan은 땅을 뜻하는 탄an과 같아서 '밝은 땅'을 뜻하는 아사달을 의미한다. 아사달의 본래 이름은 아스다이다. 서정범 교수의 『국어어원사전』에 따르면 우리말의 땅은 원래 '닫〉달〉다'를 거쳐 〉'땅'으로 변천되었다고 나와 있다. '다'나 '단'은 모두 땅을 의미한다. 아스다아사달는 아스 단이고 아스단에서 비롯된 영어 단어가 아즈텍Aztec이다.

우리말은 교착어이다

교착어는 주어와 목적어 다음에 조사가 온다. 교착어는 우리말, 일본어, 몽골어, 만주어, 그리고 멕시코 나와틀어, 페루 잉카인들이 사용했던 케추아어, 수메르인들이 사용했던 쐐기 문자 등이 있다.

고대 아시아인들이 이주했던 경로와 아즈텍인들이 이주해간 경로. (참고: 『환단고기』 안경전 역주. 상생출판)

『환단고기』안경전 역주, 한국상고사에 관한 책에 따르면 단군왕검이 나라 이름을 조선朝鮮이라 하고 천제를 지내고 아사달지금의 흑룡강성 하얼빈을 도읍으로 정했다. 아사달은 '아침 태양이 떠올라 빛을 비추는 땅'이라는 의미이다. 당시 아사달이 송화강 유역에 위치하여 송화강 아사달이라고 했다. 그 후 22세의 단군 색불루索弗婁는 남서쪽에 있는 백악산 아사달지금의 길림성 장춘로 천도하였고, 다시 44세의 단군 구물은 남쪽으로 더 내려와 장당경 아사달지금의 요령성 개원시로 천도하였다. 그리하여 총 47명의 단군이 2,096년 동안 고조선을 다스렸다.

우리나라의 역대 이름에는 밝고 환한 광명을 뜻하는 이름이 많았다. 환국은 '광명의 나라', 배달국은 '광명이 비친 땅밝땅→밝달→배달', 조선은 '아침의 해가 빛나는 나라', 부여는 '아침의 먼동이 뿌옇게 밝아오는 나라', 고구려는 고대광려高大光麗 즉 '높고 빛나는 나라', 대진은 동방 진震자를 써서 '광명이 처음으로 비춰오는 나라', 그리고 고려는 고구려의 준말이며, 마지막으로 대한민국에 이르기까지 광명의 정신을 일관되게 지켜왔다. 따라서 한민족이 멕시코로 넘어와서 세운 나라를 아사달밝은 땅이라고 한 것은 당연하다고 보여진다. 유목민들은 오래전부터 자신들의 고향을 잊지 않기 위해서 머무는 곳을 자신들의 고향 이름을 사용했다는 걸 안다면 이해가 더 빠르지 않을까 싶다.

멕시코는 우리식 발음이지만 원어민 발음은 '메히꼬'이다. 원래 발음은 '멕이곳'으로 '맥이족이 사는 곳'을 뜻한다. '꼬'는 우리말의 '곳'과 같다고 한다. 스페인 선교사가 어디에서 왔는지 물어보았을 때 콜와고리족과 맥이족맥족이라 했다. 아무르강 유역에 있던 고리족이 먼저 왔고 만주의 요동에 있던 맥족은 나중에 왔다. 우리 민족은 맥족 또는 예맥족이라 불렀다.

5세기『후한서』에 중국은 고조선을 폄하하면서 맥이貊夷라고 했다. 맥이족이 사는 곳이라는 의미인 맥이곳을 나중에 영어로 썼기 때문에 Mexico메히꼬가 되었다. 피라미드를 엄청나게 많이 만든 만주에서 넘어갔기 때문에 멕시코와 그 일대에 피라미드가 많은 것은 어쩌면 당연한 일일 수도 있겠다.

멕시코의 기록에 의하면 820년경에 아즈텍인들이 멕시코시티 주변에 도착해보니, 먼저 온 사람들이 이미 부족별로 주변의 모든 땅을 나누어 각자 국가를 건설해 살고 있었다. 먼저 온 사람들은 아즈텍인들이 도착했을 때 쫓아내려고 공격했다. 전쟁이 끝나자마자 '콜와'라는 원주민들이 아즈텍인의 보호자로 자처하고 나서서 자기네 나라로 데리고 가서 살 땅을 내줬다. 콜와 주민들과 아즈텍인들은 만나자마자 서로 말이 통했고 형제자매라고 부르면서 결혼도 했다. 기록에 의하면 콜와족과 아즈텍인들은 같은 민족이었다고 한다.

이미 이주해 있었던 콜와족은 누구인가?

멕시코 쪽 기록에 의하면 기원후 49년, 50년부터 '콜와'라는 민족이 멕시코에 도착하기 시작하여 670년경에는 대규모로 이동해 왔다고 나온다. (콜와족으로 불리는 인디언이 미국, 멕시코, 페루에도 있다고 한다.) '콜와'에 관한 기록을 보면, 이들은 멕시코에 도착한 이후 다섯 집단으로 나뉘어 살았다. 한 집단만 지금의 멕시코시티 지역에 남고, 나머지는 동서남북으로 흩어졌다고 한다. 한 집단은 남쪽인 남미로 내려갔다고 보고 있다. 남미 잉카제국의 언어인 케추아어에 다양한 우리말 흔적이 나오는 것이 그 증거이다. 820년에 대규모로 온 아즈텍인들을 맞이한 콜와족은 이주하지 않고 멕시코시티에 남았다. 그들을 이끈 지도자는 '케찰코아틀'이라 불리던 무당이었다. 용신을 섬기던 무당이다. 케찰코아틀은 날개 달린 뱀신 또는 깃털 달린 뱀신으로 우리 민족의 용이다.

사실 콜와족이 누구였는지에 대해서 지난 수백 년간 서양학자들은 알지 못했다. 단지 아즈텍을 연구한 미국과 유럽학자들이 '콜와'라는 명칭은 원래 '고리'라는 말에서 왔으며, '고리'는 '물건이 둥글게 휘어진 것'을 가리킨다고 밝히고 있다. 우리말에서 둥글게 휘어진 물건을 고리라 한다. '문고리'도 그 한 예에 속한다. 부여를 건국한 우리 선조들을 '고리'라고 불렀다는 것은 중국의 문헌에도 나온다.

멕시코의 기록에도 콜와의 어원인 고리는 둥글게 휘어진 물건, 나직하고 봉우리가 있는 둥근 산, 할아버지를 뜻한다. 우리도 이런 산을 고리라고 했다. 충청도 옥천군에 환산環山은 옛 이름이 고리산이다. 고리타분하다는 말은 구세대, 즉 할아버지를 가리킨다. 이렇게 우리말의 '고리'와 '콜와'족을 나타내는 '고리'는 정확히 일치한다. 아즈텍의 모든 기록들이 정확하게 우리 선조들의 역사와 일치하고 '아스다'니 '고리'니 하는 명칭까지 일치하는 것은 우연이 아닌 것이다. 결론

마지막 부여인 연나부부여가 494년에 망하면서 동서남북으로 흩어졌는데 왕족은 일본으로 갔고, 일부는 한반도에 들어왔으며 그 영향으로 백제는 583년 남부여라고 국호를 고쳤다. 서쪽으로 간 세력들은 7세기 대불가리아를 세웠고, 태평양을 건너 동쪽의 아메리카 대륙으로 건너간 이들은 남북 아메리카에 다양한 흔적을 남겼다. 멕시코에 남아 있는 윷놀이도 부여에서 매우 유행했었다고 하는데 그때 넘어간 것으로 보인다.

적으로 콜와족은 부여 계열의 우리 민족일 가능성이 매우 크다고 할 수 있다.

아즈텍을 세운 고리족과 맥족이 멕시코로 넘어오는 과정에서 북미에 정착한 사람들이 남겨놓은 흔적들도 우리의 언어와 생활풍습이 같은 것들이 많다. 미국 스미소니언박물관Smithsonian Museum에 가면 우리나라의 시골에서 볼 수 있는 똑같은 절구통과 소쿠리, 짚신, 베틀, 어망, 맷돌 등이 전시되어 있다. 팽이치기, 베틀, 나무를 묶는 다바리다발의 경산도 방언, 자치기, 실뜨기, 윷놀이 등이 남아 있다. 미국 오리건주에서 짚신 75켤레가 발견되었다. 그리고 인디언 무당과 한국 무당이 굿하는 모습이 똑같다. 이런 모습 때문에 미국 매킨토슈 교수는 '인디언들은 한국에서 건너왔다.'고 주장했다.

북미에 남아 있는 똑같은 언어의 일부를 열거하면 다음과 같다.

아파치애리조나주에 살던 아파치족. 영어 father로 번역 ➡ 아버지
그네 ➡ 그네
꼬 신 ➡ 꽃신
낫 ➡ 낫
막하신 ➡ 나막신
가시나 또는 딸 ➡ 여자

덮히 ➡ 지붕

데네 ➡ 자네들

토막 토막 내는 물건 ➡ 도끼

보시오 ➡ 여보시오

이쁘나 ➡ 이쁘다

허갠 ➡ 허깐

나, 누이 ➡ 나

그 밖에도 다음과 같은 단어들이 있다.

네 바다 ➡ 네 개의 바다

나이아가라 ➡ 네 가람 고어로는 네 개의 냇가

요세미티 there are many bears ➡ 웅주마티 곰이 많다

맨하탄 Manhattan ➡ 많 man 아 ha 땅 ttan 으로 '땅이 많다'는 뜻이다.

코네티컷 coneticut 은 모히칸 인디언 언어로 'con 큰 neti 냇 cut 가/갓'으로 '큰 강 가까운 곳'이라는 뜻이다. 미국 코네티컷주 공식 사이트에 다음과 같이 나온다.

〈Name Origin/Indian: Quinnehtukqut -- Mohegan for "Long River Place" or "Beside the Long Tidal River〉

토론토라는 지명도 인디언 언어에서 나왔는데 그 뜻은 영어로 'meeting place'이다. 추장들이 토론하는 터, 즉 토론터라고 한다. 북미 인디언 중에 '이시이'족은 깃발에 갑골문자로 나무 목자와 아들 자자를 기록해 두었다. 木 + 子 = 李 씨가 되기 때문에 '이시이'가 되었다. 그들은 李氏 성을 가진 부족이다.

그렇다면 한국을 제외하고 아메리카로 건너기 전에 아시아 땅에 남아 있는 사람들의 흔적도 있을 법하다. 베링 해협과 마주하고 있는 땅을 춥지반도라 한다. 그곳에선 춥다는 말을 '으추'라고 한다. 그 지역에 사는 사람들은 춥지족이다. 러시아 면적의 1/5에 해당하는 사하 공화국 사람들 중엔 야쿠트족이 있다. 우리와 모습이 똑같은 4만 명이 살고 있다. 처음에 에벤키족이 살았지만 나중에 타타르인들이 올라와 섞이면서 야쿠트족이 되었다. 그런데 언어의 뿌리가 우리나라와 같다.

아미 ➡ 아비父

에니 ➡ 어미母

아시 ➡ 아씨젊은 아낙

아끼 ➡ 아찌아저씨

아란아란 ➡ 아장아장아기가 기는 모습

~같이 ➡ 가친 또는 께친

호모가친 ➡ 곰같이

돌 ➡ 돌石

듈 ➡ 둘2

듈레 ➡ 둘레

무 ➡ 물

무린 ➡ 말

~지 ➡ 가지고 있다

무리지 ➡ 말을 가지고 있다

물러-미 ➡ 물을 길어오다

몽온 ➡ 목

류네 ➡ 눈雪

스페인 신부가 기록한 멕시코 기록에 의하면 아즈텍인들은 하늘이 여러 번 갈라지는 곳을 지나서 왔다고 했다. 캄차카반도에서 알래스카까지 목걸이처럼 연결된 알류산열도를 건너서 왔다. 그 일대의 섬에선 최근에 우리 민족만이 사용해 왔던 온돌[BC10]이 발견되었다. 그런 온돌 문화는 멕시코에까지 전해져서 남아 있다. 알류산열도에서 발견되는 낚시 바늘은 국립중앙박물관에 있는 것과 같다.

한민족 최고 발명품으로 한글, 금속활자, 온돌, 나침반이 있다. 나침반은 배달국 14대 자오지 환웅천황(치우천황)이 전쟁 때 항상 남쪽을 가리키게 만든 지남거指南車가 나침반의 시초이다.

용산국립박물관 신라관에 전시된 신라시대 토우 개미핥기. 중남미에만 분포되어 있다.

매우 특이한 것으로 신라 경주고분에 5세기경에 발견된 것으로 추정되는 개미핥기 토우가 나왔다.

현재 국립중앙박물관에 전시되어 있는 이 개미핥기는 멕시코 중부 지역부터 파라과이까지 넓게 분포된 동물인데 그동안 신라에서 개미핥기 토우를 만들었다는 것이 미스터리였다. 호주 서부 지방에서 나오는 주머니쥐 개미핥기와는 다르다. 흰개미만 먹는 호주 개미핥기는 주머니가 있는 쥐처럼 생겼고 이빨이 있어서 그 형태부터 다르다. 이는 우리 민족이 아주 오래전부터 중남미지역과 교류가 있었거나 그런 지역을 알고 있었음을 말한다. 멕시코와 남미를 여행하는 동안 우리와의 유사성과 연관성을 찾는다면 더 재미있는 여행이 되지 않을까 한다. 이제 본격적으로 멕시코 여행을 떠나 보자.

멕시코인들의
민요와 음식

　　어느 나라건 국제공항을 통해서 입국하면 짐을 찾고 세관을 통과해야 한다. 그런데 멕시코와 페루의 세관은 좀 유별나다. 세관 신고서를 세관원에게 제출하면 사람 키 높이만한 기둥에 설치된 버튼을 눌러 보라고 한다. 이때 초록색 불이 켜지면 통과하고 빨간색 불이 켜지면 짐을 풀어서 검사를 받아야 한다. 갑자기 복불복福不福, 사람의 운수 인생이 되어 버린다. 갈 때마다 누군가는 짐을 푸는 경우가 반드시 있었다.

　　일행들의 대표로 짐을 풀었다고나 할까? 우리나라 여행객들이 가장 싫어하는 것 중에 하나가 공항에서 짐을 다 풀어보라는 거다. 짜증을 내면서 짐을 풀어서 검사를 받고 대부분 별 이상 없이 통과하지만 꼭 한마디씩 한다. '돈 쓰러 왔는데 보따리 풀라고 하는 건 뭐여…' 그러나 멕시코의 현 상황을 이해한다면 별 것도 아니다. 마약이 판치고 범죄가 늘어나는 사회이기에 참아야 한다. 관광객들은 방문하는 나라가 요구하는 대로 해주면 별일 없다. 시간이 좀 지나면 복불복 입국이 기억에 남는 이야깃거리가 되어서 생각하면서 웃게 한다.

우리는 멕시코 문화에 다소 익숙한 편이다. 미국 서부 영화에 등장하는 멕시코인에 대한 왜곡된 모습은 많은 이들을 혼란스럽게 만들어 왔다. 좋은 놈인 미국 카우보이는 멋진 모자를 쓰고, 나쁜 놈인 멕시코인은 상대적으로 너무 크고 우스꽝스러워 보이는 솜브레로 Sombrer, 창이 넓고 크라운이 높게 솟은 모자를 쓰고 나온다.

멕시코인은 항상 악당이면서 무식한 모습으로 그려져 왔는데 지금까지도 할리우드의 표현은 달라지지 않았다. 정복자인 유럽인들이 멕시코에 들어온 이후 똑똑하고, 멋있고, 힘세고, 돈 많고, 바르고, 합리적이고 등 모든 좋은 표현은 서양인들의 것이고 나쁘고, 돈 없고, 멍청하고, 못생기고, 부정적인 것은 원주민들의 것이 되었다. 즉 '사람 위에 사람 있고, 사람 밑에 사람 있다.'가 뿌리 깊이 박혀 있다.

멕시코의 모자, 커다란 솜브레로

시골을 제외하고 지금은 쓰는 사람이 거의 없지만 멕시코의 상징인 커다란 모자 솜브레로는 멕시코인에겐 모자 이상이다. 솜브레로는 가혹하게 내리쬐는 사막의 태양빛 아래서 일하는 목동에게 시원한 그늘을 제공해주었고 멕시코 혁명 때도 이 커다란 모자를 쓰고 혁명을 치뤘냈다. 로데오 경기와 투우 경기에서도 솜브레로를 쓰고 나온다. 소가죽으로 만든 솜브레로는 관광객들의 호기심을 자극해서 관광 기념품으로 들고 가기도 하지만 무겁고 부피가 커서 가방에 넣을 수도 없다. 결국 한번 사면 들고 다닐 수밖에 없어 여행기간 내내 애물단지가 된다.

스페인이 라틴아메리카를 정복하는 300년 동안 사람 간에 차별화를 만들어 놓았다. 그 차별화로 인해서 발생하는 라틴아메리카의 갈등이 오늘날까지 가장 큰 문제로 대두되고 있다.

그런 현실은 멕시코의 유명한 노래에서도 잘 나타난다. 라쿠카라차 La Cucaracha, 제비 La Golondrina, 돈데보이 Donde Voy 등으로 이어지는 음악은 멕시코인의 과거와 현재의 모습을 반영한 정서가 담겨 있다. 흥겹고 경쾌한 멕시코 민요 라쿠카라차는 바퀴벌레라는 의미이다. 비참한 멕시코 원주민을 바퀴벌레에 비유해 만든 곡이다.

우리에게 알려진 가사는 '…… 빨래터의 아낙네도 우물가의 처녀도 라쿠카라차 바퀴벌레 아름다운 그 얼굴'이었다. 중학교 때는 뭣도 모르고 불렀지만 지금 생각하면 어처구니없다. 멕시코 원곡은 '이제 다시 걸을 수 없네. / 더 이상 돈도 없네. / …… 이미 카란사의 군대들은 떠났네. / 빤쵸 빌야의 군대가 오고 있다네.'라는 하나의 해방 가요다. 억압받는 노동자들이 멕시코 혁명가 빤쵸 빌야의 혁명군을 기다리는 내용이다.

한국의 가수가 번안한 제비는 원제목도 제비 La Golondrina이다. 전 세계적으로 유명한 이 노래는 원래 스페인 노래이지만 멕시코인들이 스페인에게 저항하는 의미로 불렀다. 그래서 멕시코 노래로 알려졌다. 스페인에게 정복당했을 당시 제비가 나는 모습을 보면서 망국의 한을 달랬던 마음을 담고 있다.

"이곳을 떠나는 저 제비는 피곤한 날개로 어디를 가는 걸까? /오, 바람 속에서 둥지를 찾다가 길을 잃고 울부짖을 것만 같아 너의 둥지를 찾아주고 싶구나. / 아니면 나의 안식처에서 쉬게 해주고 싶구나. / 그러나 나 역시 길을 잃고 헤매고 있다오. / 오 하늘이시여, 나에게는 돌아갈 조국이 없습니다."

우리에게 가장 익숙한 멕시칸 음악이라면 베사메무쵸가 아닐까 싶다. '나에게 뜨겁게 키스해 주세요!'라는 곡으로 연세 지극한 사람이면 회식자리에서 한 번쯤 듣거나 불러 보았을 것이다.

이처럼 멕시코는 모르는 듯하면서 우리에게 알려진 문화들이 다수 있다. 여하튼 우리와 동병상련의 역사가 있어서인지 멕시코 음악이 유독 친숙하다.

현재 멕시코인들의 현실을 가장 잘 나타낸 곡이라면 단연 돈데보이이다. 1989년에 만들어진 돈데보이 Donde Voy 는 제목을 들으면 마치 돈과 관련된 가사가 아닐까 하는 착각도 든다. '어디로 가야 하나요?'라는 의미로 애절함이 묻어나는 노래인데 우리나라 드라마 배경 음악으로 깔리면서 인기를 얻었다.

"……태양이여, 내 모습이 이민국에 드러나지 않게 감춰 주세요. / …… 사막을 떠도는 도망자처럼 난 혼자 걷고 있답니다. / 하루하루 시간이 지나면서 당신으로부터 멀어지고 있답니다. / 보내드린 돈으로 당신이 내 곁에 왔으면 좋겠어요. / 그대 없이 사는 것은 무의미합니다. 도망자처럼 사는 것도 마찬가지입니다. / 나는 어디로 가야 하나요."

돈데보이의 가사는 가난한 하층민들이 멕시코에서 더 이상 살아갈 희망이 없자, 미국에 불법 입국을 해서 불법 취업한 한 멕시코 여인의 슬픔을 담고 있다.

그런데 미래를 예견한 것일까? 노래의 가사는 최근 멕시코 상황을 더 잘 말해주는 듯하다. 1994년에 멕시코가 캐나다와 미국을 상대로 체결한 북미자유무역협정NAFTA때 멕시코 대통령은 "협정은 멕시코가 제1국가로 가는 티켓이다."라고 말했다. 그러나 지금은 미국이 멕시코를 정복한 1878년 시절만큼이나 미국 자본에 의해서 멕시코는 만신창이가 되고 있다.

몇 가지 예로 농촌은 파괴되었고, 막대한 원유가 나와도 정제시설이 부족해서 원류를 미국에 팔고 정유를 수입하고 있어 휘발유가 미국보다 훨씬 비싸다. 고용이 안 되고 임금은 1996년 수준에 머물고 있다. 경제 성장은 마이너스로 돌아선지 오래다. 이런 상황에서 멕시코인들의 미국으로의 불법 이민은 해가 갈수록 기하급수적으로 늘어났다. 보다 못한 멕시코 정부는 얼마 전에 '안전하게 미국으로 월경하는 방법'이라는 책을 만들어서 공식적으로 국민들에게 배포했다.

외교부 사이트에도 '물을 준비하고, 팀을 이루어서 가고' 등 많은 내용을 전하고 있다. 정부가 이렇게 나서는 이유엔 멕시코 경제가 미국의 한 주에도 못 미치기 때문에 미국에서 생활하는 약 3천만 명의 멕시코인들이 자국에 보내오는 돈(단순 계산으로 1$만 보내도 3천만 달러)에 의한 경제를 무시할 수 없기 때문이기도 하다. 현재 미국에 사는 히스패닉hispanic 인종은 4,500만 명에 달한다. 미국에서 흑인을 제치고 제1의 소수민족이 되었다. 더욱이 19세기까지 멕시코 땅이었던 곳에 주로 살기 때문에 고토를 회복했다고도 말한다. 캘리포니아주에서 생산하는 농산물의 90% 이상은 멕시코인들이 생산한다고 하니, 멕시코인들이 확실히 땅을 차지한 느낌이다.

멕시코의 고토

미국은 남미의 거의 모든 지질을 조사한 훔볼트(베를린 훔볼트대학을 만든)에게서 받은 자료를 통해 멕시코에 많은 자원이 있다는 것을 확인하고 1847년 멕시코를 침공했다. 멕시코를 점령한 미국은 조약을 통해서 1,500만 달러를 멕시코에 주고 텍사스, 애리조나, 뉴멕시코, 유타, 콜로라도, 네바다, 캘리포니아를 넘겨받았다. 당시 면적은 2,200,000평방 Km로 우리나라 남북한 면적의 10배에 해당한다. 이것은 현재 멕시코 면적보다 넓다. 이런 상황이 된 것은 무능한 정부의 잘못도 있지만 시대착오적인 식민 경제 때문이다. 300년 동안 식민지배를 당한 멕시코는 멀리 떨어진 지역에까지 경제 발전을 세울 수 있는 국가적인 기업가 계층이 존재하지 않았다. 현재 미국의 텍사스(한국 면적의 3배)에서는 미국 석유의 35%가 생산되고 있다. 훔볼트는 페루 편을 참고하기 바란다.

사실 미국의 히스패닉계는 영어를 사용하는 사람들이 매우 드물고 집에선 스페인어로 대화를 한다. 그러나 구매력이 뛰어나기 때문에 미국에선 지금 히스패닉을 잡으려는 마케팅이 벌어지는 상황이다. 캘리포니아주에선 스페인어가 공용어일만큼 쓰임새가 미국어와 크게 차이가 없다. 불법 이민자들은 저렴한 노동력에 세금 환급을 받지도 않으며 높은 구매력이 작용하고 있어서 미국은 히스패닉hispanic이 없으면 패닉panic 상태가 된다는 말도 나오고 있다.

이런 멕시코의 모습은 최근 멕시코에 부는 마약과의 전쟁 역시 현재 멕시코의 경제적인 상황과 무관하지 않다. 경제가 막막한 멕시코인들이 마약에 손을 대는 것은 어쩌면 최후의 돌파구처럼 보이기도 한다. 미국은 마약이 필요한 사람들이 많은 나라이고 그 마약을 멕시코에서 공급한다. 멕시코 정부가 미국의 요구를 수용한다고 하지만 본래 멕시코 정부관료들과 마약 범죄자들과는 끈끈한 관계가 있었다. 그러나 미국의 압력으로 이해관계가 틀어져 전쟁을 하고 있다. 시골로 갈수록, 관광객들이 많은 곳일수록 불시 마약 검문을 담당하는 군인들과 경찰들을 심심치 않게 볼 수 있고 한밤중에 기관 총성이 들리기도 한다. 그러나 관광객이 주로 다니는 곳에서 사고가 났다는 보고는 없었다.

멕시코를 의식하지 않더라도 우리 주변을 둘러보면 멕시코의 문화

밀전병인 토르티야에 여러 가지 소스를 섞은 살사를 싸먹는 타코

들을 자주 접할 수 있다. 초콜릿, 토마토, 아보카도 등은 멕시코 원주민들의 언어인 나와틀어에서 영어와 프랑스 등 여러 언어로 변한 것이다. 멕시코를 팔아먹은 대통령 산타아나^{장군 출신}가 미국으로 망명했을 때 무엇인가를 씹는 것을 본 미국의 통역관 아담스는 추잉검 회사를 만들었다.

아즈텍 언어 치클에서 따온 치클렛이란 상표를 만들었다. 껌의 원조는 마야인들이다. 오래전부터 사포딜라^{Sapodilla} 나무의 수액을 끓여서 치클^{Chicle}을 씹던 습관에서 비롯된다. 멕시코를 대표하는 코루나 맥주는 비록 유럽에서 물 건너간 기술이지만 전 세계인들이 마신다. 멕시코는 다양한 맛의 맥주와 맥주에 알맞은 음식 궁합이 세계 최고라고 알

멕시코 327

용설란 꽃. 용의 혀를 닮았다는 꽃으로 따뜻한 지중해권이나 중남미에서 흔히 볼 수 있다.

려져 있다.

옥수수 가루로 만드는 큰 전병 모양의 토르티야는 멕시코를 비롯한 메소아메리카인들의 주식인데 전병으로 음식과 소스를 같이 싸서 먹는다.

매우 흔한 길거리 음식인 타코^{taco}는 토르티야 속에 다양한 종류의 고기 또는 콩 그리고 고추와 소스를 넣어서 먹는다. 그러나 터키의 케밥을 안다면 타코는 그리 특이한 음식도 아니다. 케밥은 스페인을 8세기 동안^{15세기까지} 지배했던 아랍인들이 먹던 음식이었기 때문에 스페인인에 의해서 멕시코에 물 건너온 것으로 추정한다. 다른 점이라면 밀전병 대신 옥수수전병에 고추와 토마토 그리고 양파를 갈아서 만든 소스인 살사^{salsa}가 들어가서 맛이 케밥과 완전 다르다는 것이다. 좀 더 화끈한 것이라면 데킬라가 있다. 데킬라는 할리스코주의 데킬라 지방에서 자라는 용설란에서 추출한 속심으로 만든다. 용설란은 1세기에 한 번 꽃이 핀다고 알려졌다.

용설란 꽃은 우리나라에선 보기 어렵지만 선인장의 고향인 남미를 여행하는 동안 흔하게 만난다. 식민지 시절 데킬라는 멕시코의 첫 번째 수출품이었다. 데킬라는 마치 의식을 거행하듯 마신다. 엄지와 집게 손가락 사이의 손등 부분에 침을 바른 후 손에 소금을 뿌린다. 그 소금을 마시고 레몬즙을 빨아 마신다. 술을 한 잔 마시고 소금을 더 핥는다. 이때 라임은 페르시안 라임이라는 신맛이 강한 작은 초록색의 라임을 사용한다. 소금을 빼고 먹기도 하기 때문에 마시는 순서가 바뀌는 실수를 하더라도 누가 뭐라지 않는다.

음식을 먹을 때 순서를 정한 것은 서양인들이기 때문에 별생각 없이 마시거나 먹어도 된다는 이야기이다. 레몬과 소금을 같이 먹기 시

음식을 먹는 순서

성직자보다 낮은 신분이었던 귀족(왕 포함)들은 기독교인으로 개종하기 전엔 식탁에서 먹을 수 없었다. 개종하고 나서 신분이 상승되자 그때야 식탁에서 음식을 먹을 수 있었다. 그래서 좁은 식탁을 여러 사람이 사용하다 보니 팔꿈치를 옆구리에 붙이고 먹어야 옆 사람에게 방해가 되지 않았다. 그리고 자신의 앞에 있는 식기에 담긴 음식에만 신경 쓰면 되게끔 순서대로 음식이 나오는 방식을 사용했다. 음식 먹는 순서가 없는 우리나라와는 달리 서양은 음식 먹는 것이 하나의 의식에 가깝다.

작한 것은 1918년 스페인에 독감이 퍼졌을 때 의사가 데킬라와 라임 그리고 소금을 처방한 데서 시작되었다고 한다. 만약 데킬라를 마시겠다면 최고의 맛으로 알려진 에라두라 블랑카를 마시자. 소금과 레몬을 먹지 않아도 부드럽게 넘어간다. 그런데 데킬라가 유명세에 비해서 인기는 없다. 알콜 함량도 많지만 맛이 별로이다. 한편 레몬은 맥주를 마실 때도 사용한다. 코로나 맥주병에 반쪽짜리 레몬을 넣거나 테카테 캔맥주의 캔 꼭대기에 짜내서 맥주를 마실 때 레몬을 같이 맛보게 한다. 맥주에 레몬을 같이 마시는 것은 사막처럼 먼지가 많은 곳에서 몸속에 들어간 먼지를 제거하는 효과가 있다는 속설 때문이기도 하지만 사실 레몬과 같이 마시면 더 맛있기 때문이다.

그리고 멕시코에선 맥주와 맥주에 알맞은 음식 궁합이 발달되어 있다. 음식점에 따라 다양한 종류의 맥주에 알맞은 음식을 정해놓은 메뉴판을 만나면 그렇게 시켜 먹는 것이 현명하다. 식사하는 습관은 아침에 스테이크, 달걀과 콩 요리와 커피를 곁들여 가장 많이 먹으며 저녁을 가장 가볍게 먹는 것이 일반적이다. 그러나 식당은 스페인처럼 밤늦게 찾는 손님들도 많아서 다양한 식사 습관이 존재한다.

제주도 손바닥 선인장

제주도가 자생지인 손바닥 선인장(백년초)의 원산지도 멕시코이다. 생명력이 강한 선인장은 멕시코에서부터 해류를 타고 제주도에 떠 내려와서 월령리에 자생하기 시작했다고 한다. 유럽에도 선인장을 테마로 한 정원들이 있다. 선인장이 없었던 유럽 역시 멕시코 등지에서 가져온 것이다.

천국과 지옥이 공존하는 멕시코시티

멕시코시티는 최악의 도시라는 악평과 최고의 도시라는 찬사를 가진 음도 있고 양도 가지고 있다. 비가 오는 러시아워에 차를 타고 지나는 것은 멕시코에서 경험하는 최악의 여행이다.

특히 공항에 도착하는 순간, 러시아워이고 비가 온다면 멕시코시

교통지옥 멕시코시티. 버스 승강장이 높은 것이 특징이다.

티에 대한 첫인상은 실망스러울 뿐이다.

멕시코시티는 평균 해발 2,240m에 세워진 곳이며 인구도 약 2천1백만 명으로 인구 밀도가 세계 최고에 달한다. 인구만큼 끔찍한 공해, 상상도 못하는 교통 체증, 범죄, 사회적 혼란이 있다. 그리고 과거 호수였던 곳에 멕시코시티를 만들었기 때문에 조금씩 가라앉고 있다. 이런 땅 위를 가득 메우고 있는 시민들은 비좁은 주거 공간에서 하루 하루 전쟁 같은 삶을 살고 있다.

그러나 멕시코시티 최고의 이미지는 아름다운 가로수가 늘어선 대로, 멋진 공원들, 다양한 벽화, 세계 최고의 박물관에 속하는 인류문화학 박물관, 식민지시대에 만들어진 미학적인 건물들이 즐비한 것이다. 멕시코의 최고 지성인들이 모인 곳이기도 하다. 그리고 외각은 산악국립공원으로 둘러싸여 있어 산을 좋아하는 사람들이 환호한다.

멕시코시티를 방문할 때 '재구성의 거리'Paseo de la Reforma : 파세오 드 라 리포르마는 빼먹지 말아야 한다. 현 멕시코시티의 가장 중심이면서 관광과 비즈니스 그리고 정치가 이루어지는 곳이어서 각국 대사관과 세계적인 기업들이 들어와 있다.

거리는 처음 멕시코 황제가 놓았다. 19세기 오스트리아 황제 프란츠 요셉1세의 동생, 막시밀리안 1세가 황제에 등극했을 때 자신의 거처인 차풀태백Chapultepec성에서부터 현 대통령궁이 있는 소칼로광장까지 이어지는 대로를 놓았다. 황제는 고향 비엔나의 환상 도로인 링

거리 또는 파리의 샹젤리제 거리와 같이 화려한 곳으로 만들 생각으로 대로를 만들었다. 그러다 보니 유럽풍의 건물들이 많이 들어섰다. 독립전쟁으로 황제가 사형당하고 공화정이 들어서면서 거리 이름도 지금처럼 '재구성의 거리'로 바뀌었다.

작은 산에 만들어진 차풀태백성은 호화롭게 살았던 황제의 방들이 전시된 국립역사박물관이다. 정원에서 멋진 재구성의 거리가 내려다보인다. 성 주변은 커다란 차풀태백 공원이다. 2,000마리의 동물을

독립 천사의 기둥. 멕시코 독립전쟁(1910–1921)에 승리한 기념으로 만든 기둥으로 멕시코에선 천사라고 부른다.

수용한 동물원과 음악당이 자리하고 있다. 무엇보다 멕시코와 라틴 아메리카에서 가장 중요한 인류문화학 박물관이 자리한다. 재구성의 거리는 가로수가 양옆으로 뻗어있으며 멕시코에서 가장 높은 토레마요르 225m, 55층 빌딩을 비롯한 비즈니스 고층 빌딩들이 줄지어 이어진다. 도로 한복판엔 여러 기념 조형물들이 있는데, 그 중 독립 천사의 동상이 가장 유명하다. 이곳에서 국가 대표 축구팀이 월드컵 경기 등 큰 경기를 할 때 사람이 모여서 응원한다. 일요일에는 이 도로를 막아서 자전거와 보행자만 다닐 수 있다.

거기에 날씨가 좋으면 멕시코시티 남쪽에 자리한 두 개의 눈 덮인 산을 볼 수 있다.

기독교 3대 성지로 알려진 과달루페 사원에서 내려다본 멕시코시티 전경

멕시코에서 두 번째로 높은 5,452m의 유명한 화산인 '포포카테페틀' 연기가 폭폭 솟아나오는 산과 그 옆에 세 번째로 높은 5,286m의 '이스타시우아틀' 화산이 있다.

현대식 건축으로 과달루페 대사원의 내부. 조명 등이 특이하다.

기적의 성모 상. 백인의 얼굴이 아닌 인디언 여인처럼 황갈색이다. 1531년 12월 9일 멕시코 원주민 후안 디에고의 눈앞에 발현했다. 성모는 처음 발현했던 험한 산 위에 장미를 피웠다. 그것도 겨울에 장미를 만발하게 피웠는데 멕시코 자생 장미도 아닌 당시 교황의 고향인 스페인 카스티야 지방의 장미였다. 장미를 자신의 망토에 담아서 주교에서 가서 쏟았는데 망토에 자신이 보았던 성모상이 그려지는 기적이 있었다. 사진의 성모상이 대성당에 걸려졌다.

장미가 떨어지고 성모 얼굴이 망토에 새겨지는 기적이 일어나는 장면

멕시코시티 중심에서 남쪽으로 70km 떨어진 포포카테페틀산에 올라가는 데는 특별한 장비가 필요 없다고 한다. 3,950m에 위치한 틀라카마스의 캠프에서 시작하는 것인데, 적당한 장비만 갖추면 높은 고도와 찬바람에 익숙한 건강한 사람은 하루나 이틀 만에 다녀올 수 있다고 한다. 이런 이유로 멕시코시티는 방문하는 모든 이들을 설레게 만들지만 여행객의 입장에선 짧은 일정이 아쉬울 따름이다.

호수에 떠 있었던
아즈텍의 수도 떼노치띠뜰란

필자가 멕시코시티를 방문할 때마다 가장 먼저 찾는 곳은 아즈텍 제국의 중심이었던 소칼로광장이다. 누구든지 아즈텍의 수도가 궁금해서 가장 먼저 소칼로광장을 찾지 않을까 싶다. 소칼로광장은 보통 중심광장, 군인광장으로 불렸지만 현재는 헌법광장이 공식 명칭이다. 그러나 이곳 사람들은 소칼로광장이라고 한다. 가로 240m, 세로 240m로 세계에서 두 번째로 큰 광장이지만 그리 매력적인 공간은 아니다.

어디에서 출발하거나 차량들 대부분은 천천히 움직여서 도심의 중앙에 자리한 소칼로광장으로 향한다. 소칼로광장은 섬 위에 세워진 아즈텍 제국의 수도였던 떼노치띠뜰란의 중심이었다. 기대를 품고 도착하지만 커다란 호수 위에 세워졌던 거대 운하의 도시 떼노치띠뜰란의 모습은 온데 간데 없다. 높은 신전이 있던 자리엔 스페인 식민시대의 대성당이 자리하고 있다. 광장 한쪽엔 수도사들의 감독을 받았을 왕궁^{현 대통령궁}이 자리하고 있다.

남미 최대 사원인 메트로폴리타나 대성당. 아즈텍의 수도 떼노치띠뜰란의 중심 광장이었던 곳에 세웠다. 250년간 만들어서 여러 스타일이 가미되었다. 내부엔 특이하게도 블랙 예수상이 있다.

광장 주변엔 스페인에 가야 볼 수 있을 것 같은 식민지시대의 유럽식 건물들이 늘어서 있어서 여행객들에게 깔끔하고 고급스런 이미지를 주기는 한다. 다행스러운 것은 바로 옆에 아즈텍 수도의 중심에 있었던 피라미드 신전인 템플마요르를 발굴하는 현장이다. 신전의 꼭대기 부분이 드러나서 언젠가는 바닥까지 발굴되리라는 희망을 준다. 발굴 장소 바로 옆엔 아즈텍의 수도 떼노치띠뜰란의 청동 도시 모형이 있어서 당시 모습을 설명해준다.

스페인인들이 멕시코에 처음 왔을 때 듣지도, 보지도 못했던 크고

소칼로광장의 한쪽 면은 대통령궁이 자리하고 있다. 아즈텍의 마지막 황제 목테수마 2세의 궁전이 있었던 자리이다. 목테수마의 궁전을 재료로 사용했다.

놀라운 도시의 모습을 접하고는 경외감에 사로잡혔다. 그리고 아즈텍을 정복하고 나서 도시를 파괴해서 흔적을 감추는데 급급했다. 그 후에 호수는 홍수로 인한 수위 조절 실패로 말라버렸고 해발 2,200m에 자리한 거대한 호수 위의 도시는 완전히 사라져 버렸다. 운하의 흔적은 멕시코시 남쪽에 남아 있을 뿐이다.

아즈텍인은 서두에서 이야기했듯이 9세기에 2차로 대거 이주해왔고 이주 행렬이 14세기까지 이어졌다. 전설에 따르면 선인장 위에 앉아 뱀을 먹는 독수리를 발견한 곳이 호수 위의 섬이었다. 그 전설 속 독수리는 현재 멕시코 국기에 그려져 있다. 맥이족들은 섬 위에 아즈텍 국가의 중심지를 건설했다. 당시 두 개의 섬과 하나의 인공 섬을 만들어서 운하로 연결했다. 멕시코 정복자 에르난 코르테스가 스페인 국왕에게 쓴 보고서를 통해 떼노치띠뜰란의 규모를 가늠할 수 있다.

"떼노치띠뜰란이라는 대도시는 호수 안에 건설되었고, 육지에서 시내까지는 어느 방향으로 가더라도 2레구아_{대략 11km}입니다. …… 세비야_{스페인 남부 안달루시아 지방의 도시}나 코르도바처럼 크며 주요 도로는 아주 넓고 곧습니다. …… 도시엔 광장이 많은데 시장이 계속 열려 상거래가 이루어집니다. 살라망카시_{코르테스의 고향이며 마드리드 서쪽 약 200km 떨어진 곳}의 2배가 되는 대규모 광장도 있습니다. …… 매일 6만 명이 모여 물건을 사고 팝니다. …… 너무나 아름다운 사원과 우상을

아즈텍의 수도 떼노치띠뜰란의 청동 모형을 대성당 옆 바닥에 설치해 놓았다.

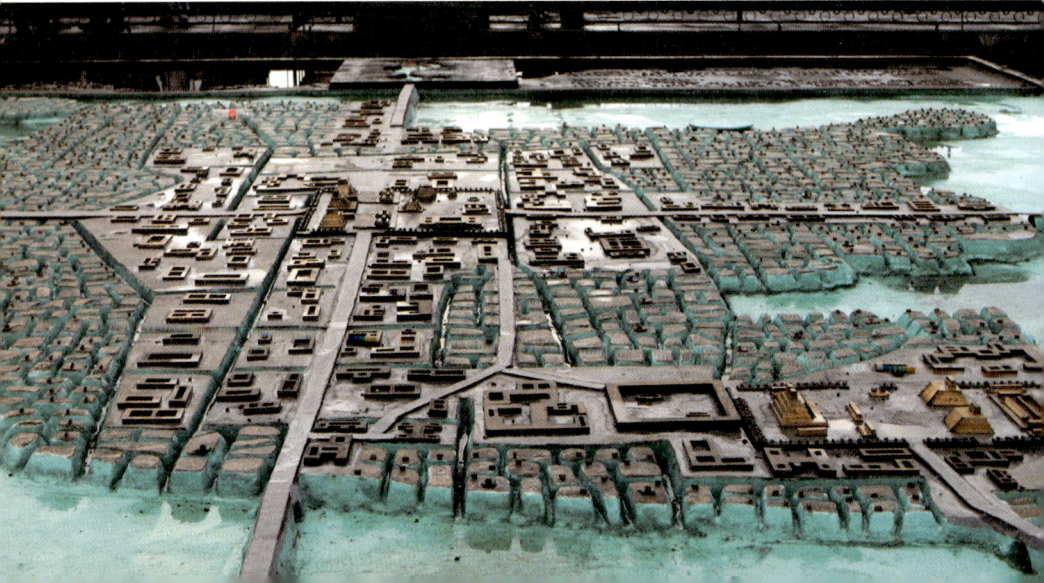

안치한 신전들이 많습니다. …… 대단히 높고 아름다운 탑이 40개 정도 있으며, 가장 높은 탑의 꼭대기까지 50단이나 됩니다. 세비야의 대성당의 탑보다 훨씬 높습니다."

 유럽 어떤 국가에도 존재하지 않는 웅장한 대도시를 본 코르테스의 눈엔 상상 속에서나 만날 수 있는 환상적인 모습이었다. 당시 유럽에서 큰 도시라고 해도 기껏해야 5만 명이 살고 있었다. 스페인에서 가장 큰 도시 세비야도 겨우 3만 명이었다. 그러나 아즈텍의 수도엔 인구 30만 명이 살고 있었다. 아즈텍 제국의 전체 인구는 500만 명이었다.

 떼노치띠뜰란은 좁은 섬이라는 특성상 식량 문제를 해결하기 위해서 갈대를 엮어서 만든 사각형의 인공 섬을 물 위에 띄우고 흙을

아즈텍 제국의 중심 광장에 서 있던 템플 마요르의 일부를 발굴한 현장. 소칼로광장 대성당 바로 옆.

깔아서 옥수수, 콩, 고추, 호박 등을 경작했다. 이런 방법을 치남빠 Chinampa : 치 솟아오른 나물 밭라고 한다. 치남빠는 물속의 양분을 땅으로 쉽게 스며들게 하는 수경농법으로 생산성이 매우 높아서 1년에 7경작까지도 했다.

◀ 떼노치띠뜰란의 중심을 복원한 모형. 인류문화학 박물관에 전시하고 있다.

▼ 매일 수만 명이 모여서 장사를 했던 중심 광장의 모형

믿을 수 없는
인신공양의 제국

　할리우드의 멜깁슨이 만든 아포칼립토(새로운 시작, 요한계시록에는 종말이라는 의미로 사용)라는 영화에 보면 수많은 사람들이 줄을 서서 죽음을 기다리는 행렬이 나온다. 영화의 배경은 마야의 한 부족이 다른 부족의 사람들을 사냥해서 인신공양한다는 이야기이다. 멕시코 역사를 안다면 이 영화의 배경과 시대가 뒤죽박죽이라는 걸 알 수 있다. 유럽인들이 들어온 때는 메소아메리카의 마지막 문명국 아즈텍 제국이 있었던 때이고 인신공양은 아즈텍인들이 했다고 그렸어야 했지만 마야를 배경으로 하고 있다.(테오티우아칸-올멕-마야 문명은 인신공양이 없었다. 인신공양은 톨텍인들이 들어오면서 생긴 문화라 했다.)

　이 영화는 서양인들이 가장 신비롭게 생각하는 마야를 배경으로 아즈텍 제국의 인신공양 이야기를 잔인하게 그렸다. 영화는 위대한 문명에 대한 언급은 없고 단지 무지한 인간들이 사람을 마구 잡아 죽인다는 식으로 비춰지게 만들었다. 그래서 새로운 문명을 만들 유럽인들의 도래는 당연하며 미개한 문명은 종말을 맞이하고 새로운 출발을 하는 것이 당연하다는 것을 암시하면서 끝을 맺는다.

인신공양에 대해서 아즈텍 제국에는 자비로운 비의 신 케찰코아틀(날개 달린 뱀신 또는 비늘 달린 뱀신 : 용신)이 있었지만 심장을 요구한 전쟁의 신, 우이찔로뽀츠틀리Huitzilopochtli를 막지는 못했다고 주장한다. 케찰코아틀은 아즈텍인들이 아시아에서 모시고 온 농사와 연관이 있는 최고신 용龍신이며 우이찔로뽀츠틀리는 원래 토착신이다. 그리고 아즈텍 제국은 인신공양 해오던 이전 문명인 톨떽인들의 습성을 이어받았다고 이야기한다. 자신들이 섬기는 신이 불멸의 존재가 아니라서 봄을 희생하여 우주와 인간을 창조했다고 생각했다.

신이 창조한 우주가 지속적으로 생명을 유지하려면 인간 생명의 원천이면서 불을 상징하는 심장을 신에게 바쳐야 한다고 믿었다. 그래야 태양이 힘을 받아서 다음 날에도 계속해서 태양이 떠오른다고 믿었다. 아즈텍인들은 포로들을 잡아다 신에게 바쳤는데 1년간 2만 명의 포로를 신에게 바쳤다는 믿을 수 없는 이야기가 전해진다.

인신공양 의식이 거행될 때 희생된 사람들이 도시 외곽까지 줄을 서서 차례를 기다리는 데만도 며칠이 걸렸다고 하는데 믿을 수 없는 이야기이다. 만약 그것이 사실이라면 절대 권력 유지를 위한 공포를 조장하는 정치 쇼의 일면이라는 해석이다. 그러나 진짜 영화와 같은 극단적인 인신공양이 있었을까? 인류사를 보면 유럽에서 아시아까지 인신공양이 있었음을 기록하고 있다.

우리의 심청전만 봐도 심청이가 공양미 삼백 석에 팔려서 인당수에 빠지는 인신공양 이야기이다. 멕시코를 정복한 코르테스가 왔을 때는 16세기였다. 전 세계에 존재하는 그 어떤 권력이 그렇게 잔인하게 인신공양을 했을까 싶다. 중남미 국가들은 금속이라고는 금과 은 이외에는 사용한 적이 없다. 제국을 이룰 만큼 거대한 조직이었고 미개하기는커녕 고도로 발달한 문명을 일구었다. 금속을 정교하게 다룰 수 있는 기술이 있었음에도 청동과 쇠를 사용하지 않았을 뿐이다. 무기라고는 활과 창이 있었고 흑요석을 이용해서 만든 마까기를^{막 까는 도구}이 있었다. 그 마까기를로 사냥은 가능했겠지만 전쟁을 잘 수행하지도 못했을 텐데 말이다. 그러니까 전쟁을 자주 하거나 크게 할 필요가 없었던 지역이었음을 말한다. 더욱이 아시아에서 넘어온 사람들이 만든 국가가 쇠와 청동을 사용하지 않았다는 것을 생각해보면 앞뒤가 맞지 않는다.

고도의 농업 중심 국가였던 곳에서 가장 중요한 노동력이었던 사람을 마구잡이로 인신공양을 했다는 것은 납득이 가지 않는다. 그것도 일식에 대한 무지 때문이라는 말도 안 되는, 비 논리적인 이야기이다. 고도의 천문학이 발달했던 나라에서 일식과 월식을 몰랐을 리가 만무하다.

아즈텍보다 오래전 마야인들이 만든 천문역법은 고대 우주전쟁 이야기에서부터 마야에서 보이지 않는 장소의 일식에 대한 내용까지 자세하게 나온다. 그래서 더욱 믿기 어려운 이야기라는 거다. 스페인이 멕시코를 지배한 기간이 300년이 넘는다. 그 어떤 것도 변화시킬 만한 시간임을 생각한다면 조작도 쉽지 않았을까 생각된다. 일본이 조선을 불과 36년 강점하면서 역사를 다 조작해 놓아서 우리 역사가 엉망이 되었고 언어도 말살하려 했고 정신 문화를 없애 버리려 한 것과 비교하면 말이다. 전 세계 역사를 통틀어서 강대국이 침략해서 약소 국가를 지배하면 가장 먼저 하는 것이 역사를 변질시키고 정신 문화를 없애는 것이 기본 아니던가.

유럽인의 선물
천연두와 아즈텍 멸망

2,000년 밀레니엄 전에 〈라이프 Life〉지에서 뽑은 100명의 위인 중

말린체의 통역과 코르테스와 아즈텍 마지막 황제 목테수마의 만남

멕시코 정복자 코르테스를 42위에 올렸다. 백인들을 풍족하게 만든 백인 중 42위인 셈이다. 코르테스는 가난한 시골 출신 귀족인데 스페인 중서부 살라망카^{마드리드 서쪽 200km 떨어진 곳}대학교에서 공부해서 19세에 아메리카로 왔다. 15년 후, 1519년 독자적인 군대를 이끌고 쿠바에서 멕시코에 상륙했다. 배 11척, 병사 500명, 16마리의 말을 끌고 갔다. 물론 천연두는 이미 상륙해서 돌아다니고 있었다. 1492년, 콜럼버스가 미지의 대륙에 상륙한 이후 천연두와 독감 같은 전염병은 빠르게 신대륙으로 퍼지고 있었다. 1519년은 케찰코아틀이 하얀 수염을 하고 돌아올 것이라고 믿었던 해였다. 사실 아즈텍의 마지막 황제 목테수마는 귀환한 케찰코아틀로 여겼던 하얀 얼굴의 유럽인들이 동쪽에 왔음을 이미 여러 번 보고를 받았다. 코르테스가 1519년에 멕시코에 온 것은 우연의 일치처럼 보였다. 일을 이렇게 만든 것은 멕시코 미인이면서 통역을 했던 말린체^{도냐 마리아}의 역할도 컸다.

  자유분방한 사고를 가졌던 말린체는 코르테스의 정부^{情婦}였다. 마야 언어와 아즈텍 언어를 잘 했으며 스페인어도 금방 배웠다. 그녀가 마야와 아즈텍을 무너뜨리는 일등 공신이었기 때문에 멕시코 역사에서 배신자로 낙인이 찍혀 있다. 코르테스 군대는 마야의 도시들을 살육하면서 떼노띠치뜰란에 도착했다. 케찰코아틀이 도래할 것을 믿었던 아즈텍의 마지막 황제 목테수마는 수염이 난 스페인인들을 돌아온 케찰코아틀로 여겼고 코르테스 일행을 정중하게 맞이했다. 아즈텍의 중심은 섬이었기 때문에 외부에서 들어오기란 불가능한 요새였

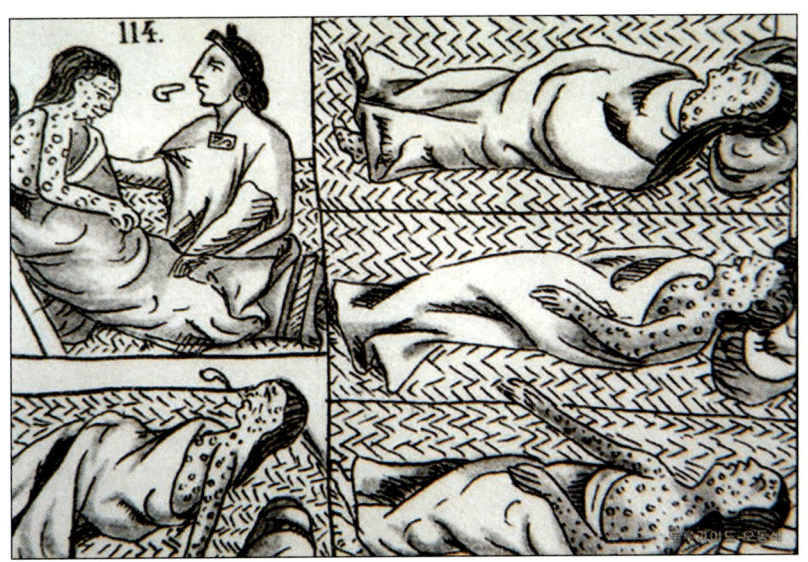

아즈텍에 퍼진 천연두로 고통스럽게 죽어가는 사람들. 유럽인들이 숨을 쉴 때마다 파리 떼처럼 쓰러졌다고 할 정도로 천연두가 아메리카를 정복했다.

는데 코르테스 입장에선 일이 너무 쉽게 풀렸다.

  스페인인들은 처음부터 공격해서 아즈텍을 무너뜨린 것은 아니었다. 목테수마 황제와 코르테스는 한동안 같이 있으면서 오락도 하면서 보냈다. 코르테스 입장에선 천연두가 충분히 퍼질 때까지 기다렸을 수도 있다. 그러다가 황제 목테수마가 기거하는 궁전에 벽면까지 황금으로 되어 있고 금과 은이 들어있는 보물상자 등 온갖 귀한 것들이 있는 방이 있다는 것을 알게 되었다. 황금에 미친 코르테스 일행은 신을 기리는 축제기간에 기습 공격을 하여 아무런 경고 없이 무방비 상태에 있던 수백 명의 사제와 귀족들을 죽였다. 체포된 황제는 꼭두각시로 있다가 결국 코르테스에게 죽었다. 아즈텍인들은 목테수

아즈텍이 무너지던 날. 코르테스 군대와 목테수마의 조카 과테목과의 전쟁

목테수마의 복수

멕시코에 가서 물을 잘못 마시면 '목테수마의 복수'라는 설사병에 걸린다. 멕시코인들이 물을 마시면 생긴다고 믿는 유명한 병이다. 1985년 멕시코 월드컵 때 목테수마의 복수가 작용했던 일화가 있다. 스페인과 벨기에 8강전 때 스페인 선수들이 집단 설사에 걸려서 전력에 차질이 생겼다. 멕시코를 무너뜨린 스페인에게 목테수마가 복수를 한거라며 멕시코인들은 통쾌하게 생각했다. 전력이 떨어진 스페인이 승부차기에서 벨기에에 패했다. 멕시코를 정복한 스페인인들은 호수를 없애 버리고 도시를 세웠다. 호수 위의 말랑말랑한 땅 위의 건물을 세워서 지금도 조금씩 가라앉고 있다. 아마도 진정한 목테수마의 복수는 가라앉는 멕시코 시티가 아닐까 한다.

마의 조카 과테목을 황제로 세우고 스페인과 전쟁을 했지만 패하고 말았다. 무엇보다 전쟁에 진정한 승리자인 천연두가 퍼져서 70일간 많은 사람들이 죽어서 크게 힘쓸 수도 없었다.

아즈텍인들은 난생 처음 보는 커다란 동물인 말을 보고 공포에 사로잡힌 것도 하나의 요인으로 보기도 한다. 스페인인에게 유리하게 작용한 또 다른 요소로는 아즈텍 제국의 지배를 받던 피지배 부족들의 증오심이었다고 이야기한다. 공물을 바쳐야 했고, 인신공양의 희생물이 되는 전사들의 모습을 봐야 했기 때문에 스페인과 연합해서 공동의 적인 아즈텍 제국에 대항했다는 것이다.

결국 인구 30만의 대도시 떼노띠치뜰란을 가진 아즈텍 제국은 한 줌밖에 안 되는 500명의 병사들에게 정복당하고 말았다. 1522년, 코르테스는 최고 통치자가 되었고 금을 얻기 위해 금으로 장식되어 있는 떼노띠치뜰란의 모든 것을 파괴했다.

유럽의 바이킹

유럽의 바이킹들은 오래 전부터 아메리카 대륙으로 교역하기 위해서 자주 왔다 갔다. 콜럼버스가 오기 전 아메리카 문명사회는 유럽인들의 물건에 어느 정도 익숙해져 있었다. 그래서 콜럼버스나 코스테스와 같은 인물이 왔을 때 큰 거부감이 없었을 거라는 추정도 있다.

아즈텍 태양석

누구나 한번쯤은 사진으로 보았을 법한 이 돌을 마야 달력으로 잘못 인식하는 경우가 종종 있다. 멕시코국립인류학박물관에 전시되어

아즈텍 태양석. 이미 네 번의 세상을 뜻하는 4개의 태양은 사라졌고, 이제 다섯 번째 태양 아래서 살고 있다고 믿는다. 가운데는 태양의 신 모습이다.

있는 이 돌은 시청 공사장에서 1790년에 발견되었다. 무게 24톤, 직경이 3.5m인 이 돌은 대 신전에 설치할 목적으로 1479년에 만들어졌다. 그러나 스페인 정복자들은 아즈텍인들의 신앙을 없애고 가톨릭을 전파할 목적으로 이 돌을 중앙 광장 근처에 묻어 버렸다. 태양석 중앙엔 지친 태양이 혀를 내밀고 있다.

이것을 보고 태양이 피를 요구하는 것으로 잘못 해석을 했다고 한다. 첫 번째 원 안에는 이미 사라진 4개의 태양이 4개의 사각형 안에 있다. 네 번의 창조를 나타내는 것인데 첫 번째 태양은 재규어에 의해서, 두 번째 태양은 바람에 의해서, 세 번째 태양은 비에 의해서, 네 번째 태양은 대 홍수에 의해서 파괴되었다. 그리고 아즈텍인들은 다섯 번째 태양 아래 살고 있었다. 서구의 주장은 이 다섯 번째 태양이 사라지는 것을 막기 위해 산 사람을 제물로 바쳤다고 한다. 그래서 태양석을 잘못 해석해서 일어난 인신공양이라고 이야기한다. 잉카와 마찬가지로 숫자 5에 대한 이야기가 곳곳에 등장하는데 아즈텍 태양석도 그 중에 한 가지이다.

메소아메리카 문명의
공통점

　몽골리언들은 9천 년 전 아시아에서 베링 해협을 건너 이주해온 후 정착해서 라틴아메리카의 문명을 이루었다. 그 중에 멕시코와 그 남쪽에 자리한 과테말라, 온두라스, 벨리즈, 엘살바도르 지역에서 존재했던 문명을 대략적으로 메소아메리카 문명이라고 한다. 가장 큰 특징으로는 금속이라고는 금이 대부분이었고 스페인에게 정복당할 때까지 청동과 철기 문화가 없었다. 그러면서 거대한 신전과 피라미드 등 거석 문화를 남겼다. 이것은 페루의 잉카문명과 같다.

　메소아메리카의 중심에 자리한 멕시코는 다양한 문명이 발생했다. 발생한 순서로는 테오티우아칸-올멕-사뽀텍-마야-톨텍-아즈텍 순이다. 그러나 모든 역사가 그렇지만 새로운 문명이 생기면 이전 문명이 사라졌던 것이 아니고 먼저 생긴 문명과 나중에 생긴 문명이 서로 섞이는 현상이 지속적으로 이어져 왔다. 메소아메리카 문명 중 오래된 것은 기원전에 발생한 올멕^{Olmeca}문명으로 알려져 있었다. 그러나 거대 피라미드를 남긴 데오디우이칸^{Teotihuacan}이 더 오래된 것으로

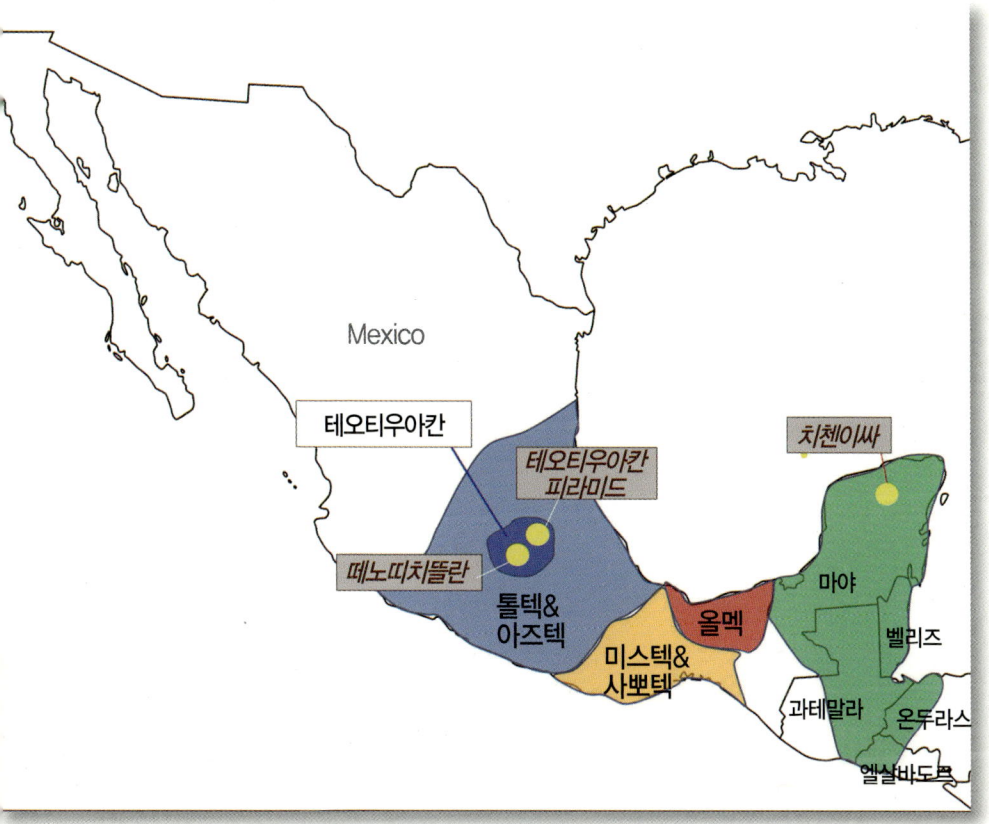

메소아메리카 문명 발생지

받아들여지고 있다. 기원 전에 발생한 마야^{Maya} : 기원전에 발생해서 기원후에 융성가 있다. 서기 1,000년이 넘어서면서 유명한 인신공양을 시작한 톨텍문명이 나왔고 그 뒤를 이어 아즈텍문명이 융성하게 된다. 마야와 아즈텍은 '날개깃털 달린 뱀' 신인 용龍을 주신으로 숭배하는 같은 종교를 가졌었다. 용신을 섬겼다는 것은 동양에서 천자의 상징이기도 하지만 농경 문화의 대표적인 상징이다. 비와 천둥을 주관하기 때문이다. 아즈텍인들은 그 신을 케찰코아틀이라 불렀고 마야인들은 쿠쿨칸이라 했다. 과테말라와 엘살바도르의 태평양 연안에선 시우테쿠틀리Xiuhtecuhtli라 불렀다.

즉, 용신을 섬기던 메소아메리카의 문명은 전부 풍부한 농업 생산품을 자랑했다. 이런 곳에선 인신공양이 없었다는 것이 일반적인 견해이다. 그런데 톨텍이나 아즈텍에선 대규모 인신공양이 있었다고 이야기하는 모순을 만나게 된다. 그리고 메소아메리카의 모든 문명은

멕시코의 인류문화학박물관. 멕시코 전역에 널리 퍼졌던 날개(깃털) 달린 뱀신, 즉 용신인 케찰코와틀 또는 쿠쿨칸

'날개 달린 뱀 신龍'이 나중에 흰 수염에 흰 옷을 입고 바다를 통해서 나타날 것이라는 예언을 믿으며 살고 있었다고 한다. 그리고 이런 유사한 전설은 안데스문명의 마지막이었던 잉카제국에도 퍼져 있었다.

이 대목에서 아즈텍의 파괴자 에르난 코르테스와 잉카의 파괴자인 일자 무식쟁이 프란시스코 피사로가 전설에 따라 두 제국에 등장한 것을 우연의 일치라고 보기엔 의심되는 부분이 너무 많다. 오래 전부터 내려오던 전설이 있었기 때문에 스페인인들의 우연한 등장은 케찰코아틀의 귀환이라는 소문을 퍼뜨렸을 가능성이 많기 때문이다. 거기엔 코르테스의 통역사였던 두 명의 원주민이었던 여자들의 역할을 무시할 수 없기 때문이다. 그래서 쉽게 접근하고 정복할 수 있었다. 그리고 아즈텍과 잉카가 무너진 이후 스페인 선교사들에 의해서 새롭게 기록된 역사라는 점이다. 역사를 통해서 배운 바대로 정복자는 피정복민의 역사를 왜곡하고, 정신 문명을 파괴하고 언어를 없애는 공식이 적용되어 왔기 때문이다. 이걸 반증하는 것으로 미국 아리조나의 그랜드캐년에 사는 인디언 호피족의 추장인 마이클의 이야기

전 세계에 퍼진 신들의 귀환

잉카는 태양신 비라코차의 귀환을, 아즈텍과 마야는 용신의 귀환을 기다리며 살았다. 유대인은 메시아의 귀환을, 무슬림은 무함마드의 귀환을, 서태평양 섬 주민들은 보상의 신의 귀환을, 불교는 미륵불의 귀환을, 이집트인들은 오시리스(오리온 별자리)의 귀환을 기다리며 살았거나 살고 있다.

가 있다. 필자와 한국에서 만난 호피족 추장은 자신들은 아즈텍의 후손이며 아즈텍 마지막 황제 목테수마는 '그랜드 그랜드 그랜드 할아버지'라고 했다. 서양인들이 멕시코에 왔다는 이야기가 퍼졌을 때 목테수마는 자손들에게 역사에 기록된 책을 챙겨서 북쪽으로 피신하라고 했다고 한다.

그리고 그는 서양에서 이야기하는 아즈텍 이야기는 모두 거짓말이라고 말했다. 자신들에게 역사책이 있는데 곧 세상에 알려질 것이라 했다. 그가 한국에 온 것은 푸른콩이 나는 곳을 찾아가라는 선조들의 유훈을 받들기 위해서였다고 한다. 콩의 원산시는 한국이기 때문이다. 마이클의 이야기에 따르면 자신들은 선조 때부터 푸른콩이 나는 곳을 찾아서 오랫동안 세상을 돌아다녔다고 한다.

아즈텍 이전의
메소아메리카 문명들

1. 멕시코의 흑인 문명 올멕

올멕은 기원 전^(BC) 12세기~ AD 2세기에 멕시코 동쪽 멕시코만 연안인 베라크루즈와 타바스코 지역에 발전한 문화이다. 올멕의 의미는 나와틀어로 '고무가 나는 곳'이다. 실제로 올멕 문명지역은 지금도

옥으로 만든 마스크

많은 고무가 생산되고 있다.

올멕 문화의 특징은 피라미드의 건설, 문자의 기원, 달력의 시작, 용신, 재규어 숭배, 두개골 변형을 했다. 남겨진 것 중에 이디오피아 흑인과 비슷한 얼굴을 한 25톤의 거대한 두상, 난장이, 어린이, 꼽추, 머리가 기형인 사람 등을 즐겨 조각했다.

기존의 서양의 미술을 이해하는 방법으로는 납득이 안 되는 것으로 문명의 다양성을 보여

20톤이 넘는 이디오피아 흑인 같은 두상

준다. 그리고 올멕 문화는 마야문명 지역과 멕시코의 고원지방에까지 올멕 특유의 문양이 나타나고 있어서 국가의 형태라기보다 당시 폭넓게 유행했던 문화였을 거라는 견해가 높다.

2. 메소아메리카 인신공양의 원조, 톨텍

테오티우아칸이 망하고 북아메리카에서 내려온 톨텍인들은 8~12세기에 멕시코 중앙고원에서 문명을 일구었다. 톨텍의 대표적인 신은 역시 케찰코아틀이었다. 톨텍인들이 왔을 때 사람들이 사라져 버

린 문명의 흔적을 잘못 해석해서 인신공양을 하기 시작했다고 주장한다. 즉 5번째 태양이 힘을 잃어서 곧 사라지기 때문에 불을 상징하는 사람의 심장을 꺼내서 바치지 않으면 세상이 망할 것이라 믿었다고 한다.

이를 방지하기 위해서 전쟁 포로를 잡아서 그들의 피와 심장을 태양에게 바치는 의식을 했다. 그들은 옥수수, 고구마, 고추, 콩, 면화, 카카오 등을 경작했으며 여러 가지 깃털로 방패와 장신구를 장식했다. 건축물에는 인상적인 회화, 조각 등으로 장식했다. 톨텍은 신흥 세력인 아즈텍에게 패망했다.

메소아메리카 문명 중 톨텍문명 이전엔 인신공양이 없었다고 알려져 있다.

미스터리 고대문명 테오티우아칸

멕시코 여행에서 테오티우아칸Teotihuacan에 가보지 않으면 얼뜨기 관광객이라는 소리를 듣는다. 테오티우아칸은 유럽인들이 신대륙에 왔을 때 유럽의 어떤 건물보다 큰 구조물이었다. 그만큼 중요한 곳이

멕시코시티 중심에서 외각으로 갈 때 만나는 언덕 위의 빈민촌. 시골에서 올라온 사람들이 힘겹게 사는 곳이다.

달의 피라미드에서 본 모습. 좌측 멀리 보이는 태양의 피라미드. 정면의 긴 대로는 죽은 자의 길이라 하는데 직선으로 약 8km가 뻗어 있어 굉장한 토목기술을 가졌음을 나타낸다.

자 멕시코 유적 중 가장 멋진 장소이다.

   테오티우아칸은 멕시코시티에서 북동쪽으로 50km 떨어진 곳에 자리하고 있다. 마천루가 있는 중심부를 출발해서 시내를 벗어나기 직전, 언덕에 빽빽하게 들어선 판자촌들을 만나게 된다. 시골에서 올라온 난민 수준의 찢어지게 가난한 사람들이 살고 있다. 이 판자촌은 브라질 빈민촌 파벨라와 같은 이유에서 생겨났다.

   여행객들은 물도 안 나오는 높은 곳에 사는 사람들의 고달픔을 느

달의 피라미드

끼기보다는 하나의 이색적인 장면으로 볼 뿐이다. 고속도로 같은 빠른 유료 도로를 따라 산과 벌판이 어우러진 곳을 한동안 달린다. 다양한 선인장들로 장식한 곳을 지나면 바로 테오티우아칸 유적지이다. 600여 개의 크고 작은 피라미드가 있으며 수십 년 전까지만 해도 나무와 풀이 우거져 있었는데 지금은 멕시코에서 가장 유명한 관광지가 되었다. 멕시코의 푸에블라주 촐루라Cholula에 '손으로 만든 산'이라는 의미인 다치활태백tachihualtepec이 세계에서 가장 크며, 이집트 기자의 대피라미드에 이어 테오티우아칸의 태양의 피라미드는 세계에서 세 번째로 크다. BC 1,400년경(방사선 동위 원소 측정에 의해서

태양의 피라미드에서 본, 달의 피라미드. 중간 층까지만 올라간다.

일반적으로 받아들이는 연도이다. 그러나 학자에 따라선 기원전 150년이라고도 한다)에 나타나서 AD 700년경에 사라진 것으로 알려진 미스터리 문명이다. 이곳에 관한 기록은 없으며 단지 유물에 의한 추정만 있을 뿐이다.

거대한 피라미드를 남기고 사라진 테오티우아칸은 약 20만 명 정도가 살았을 것으로 추정한다. 이유는 피라미드를 만들 수 있는 사람의 수를 계산한 것이다. 신빙성이 많이 떨어지지만 그렇게 받아들이고 있다. 만약 그 정도의 규모라면 당대 세계에서 가장 큰 도시였다. (AD 700년경 유럽의 큰 도시의 인구는 많아야 2만 정도 되었다.)

기록된 신화에 의하면 4번째 태양의 시대에 지구에 재앙이 일어나고 태양이 떠오르지 않아 지구가 어둠 속에 빠졌던 때가 있었다. 오직 테오티우아칸에만 빛이 있었다. 절망에 빠진 신들은 테오티우아칸에 모여 논의 끝에 태양을 떠오르게 하기 위해서 두 신들을 신성한 불꽃에 뛰어들도록 했다. 그랬더니 5번째 태양과 달이 하늘에 나타났다. 그리고 신이 입김을 불자 태양이 움직이고 달도 돌았다고 한다.

이 신화에 따라서 큰 것은 태양의 피라미드, 작은 것은 달의 피라미드라 이름을 붙였다. 이처럼 신들이 있었다가 하늘로 올라갔기 때문에 '신들의 거처' 또는 '신이 되는 곳'이란 의미로 테오티우아칸아즈텍인들의 나와틀어이라 부르고 있다. 당시에 누구도 이곳에 대해서 아는 사

마야의 날개(또는 깃털) 달린 뱀인 용신. 쿠쿨칸. 아즈텍에선 케찰코아틀이라고 한다. 테오티우아칸, 마야, 톨텍, 아즈텍 등에서 같은 형태의 용신을 찾을 수 있다.

람은 없었다.

 뛰어난 도시 계획에 의해 목욕탕, 상하수도 시설, 도로, 시장, 2,000개 이상의 일반인 거주구역이 남아 있다. 흑요석과 도자기 등을 가지고 아메리카 전 지역에 유통했던 거대 무역도시였다. 과테말라까지 그 영향을 미쳤다고 한다. 성곽이 없고 전쟁의 모습을 담은 그림이나 조각, 전쟁을 위한 도구가 발견되지 않았기 때문에 전쟁이 없는 지상 낙원이었을 것이라 추정하고 있다. 특히 이들의 주신으로 여겨지는 '케찰코아틀날개 달린 뱀신 = 용신'에게 의식을 행하는 신전이 유명하다. 그 신전의 높이는 매우 낮지만 평면적은 태양의 피라미드보다 넓다. 메소아메리카의 모든 지역에서 '폭풍과 비의 신'으로 케찰코아틀 숭배 사상을 보면 케찰코아틀 신전은 농업 중심 사회였음을 알 수 있다. 그리고 테오티우아칸에 흐르는 강 주변에 넓은 땅은 비옥한 농토였다.

 그런데 달의 피라미드 앞으로 길게 이어진 넓은 대로를 '죽은 자의 길'이라 이름을 붙였다. 미스터리하게 곧게 뻗은 대로 양 옆에 사당과 무덤 같은 모양들이 있어서 붙여진 이름이라고 한다. 그러나 무덤이 아니었음이 밝혀졌다. 거대한 이 유적지의 건물 내부 벽면에는 엄청난 그림들이 있었는데 다 지워져서 아쉽다. 단지 미미하게 남아 있는 흔적을 통해서 과거를 추정할 뿐이다.

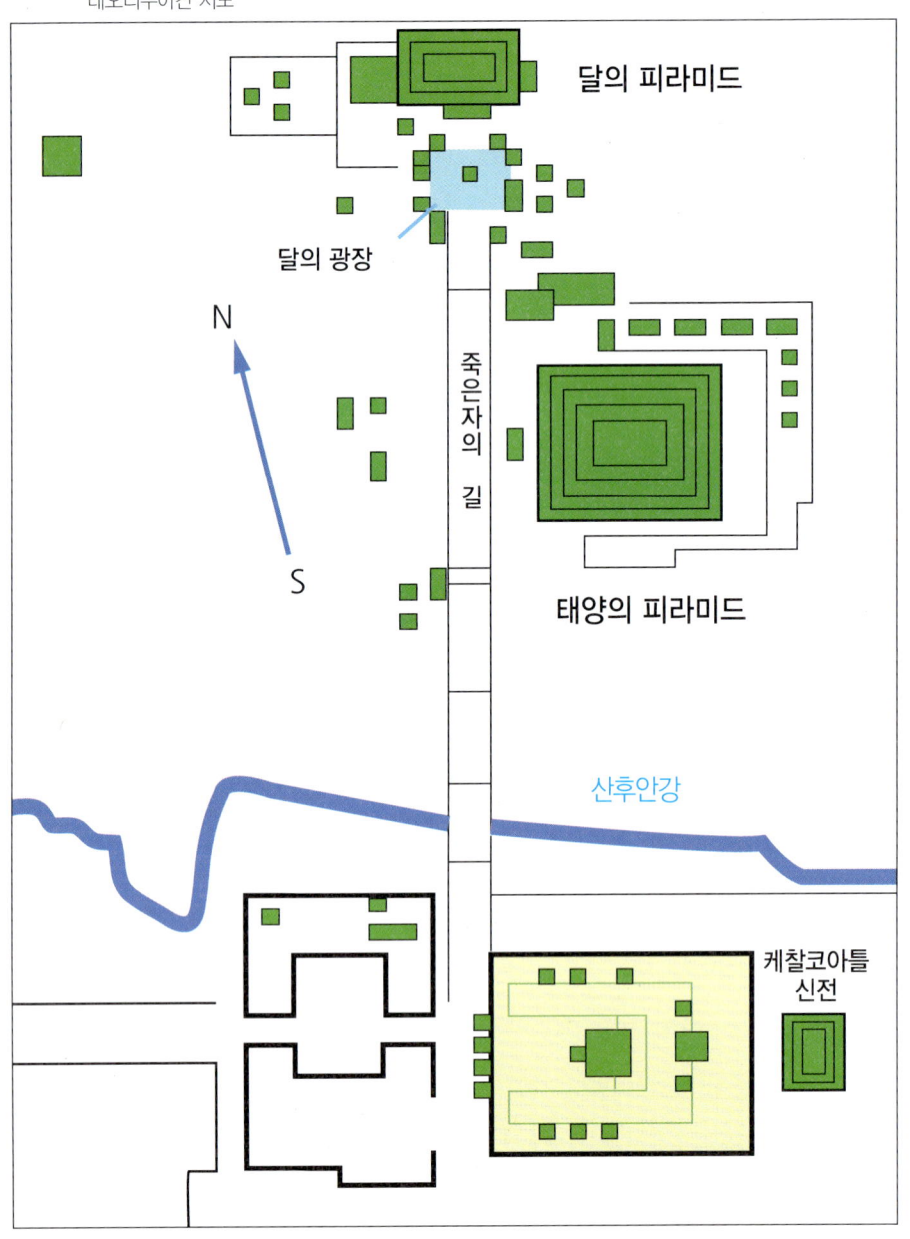

이집트 피라미드와 테오티우아칸 피라미드의 미스터리

이집트 카이로 기자Giza의 피라미드가 먼저 만들어졌고 테오티우아칸의 피라미드는 이후에 만들었다고 한다. 기자의 피라미드와 테오티우아칸의 피라미드는 유사한 점이 많다. 두 지역의 피라미드의 배치는 오리온 자리와 같다. 기자의 피라미드는 신들이 만들었고 그 이외의 것은 후대에 파라오들이 만들었다. 테오티우아칸도 전설에 따라 신들이 만들었을 거라 여기고 있다.

그리고 테오티우아칸의 피라미드는 기자의 피라미드를 모방한 거라고 이야기한다. 정확한 근거는 없다. 단지 형태와 높이만 다를 뿐이다. 기자의 두 번째 피라미드가 대피라미드보다 작지만 해발 높이는 두 피라미드가 같다. 두 번째 피라미드가 높은 땅에 세워졌기 때문이다. 테오티우아칸도 마찬가지이다. 달의 피라미드가 태양의 피라미드보다 9m 높은 땅 위에 만들어졌기 때문에 두 피라미드의 해발 높이는 같다. 또 다른 공통점으로 이집트의 대피라미드와 태양의 피라미드는 인공적인 기단 위에 만들어졌다.

이집트의 대피라미드의 높이는 138m 본래 146m 이고 밑면의 가로와 세로의 길이는 각각 230m이다. 테오티우아칸 태양의 피라미드의 높이는 63m 예전 신전을 포함해도 76m 이고 밑면의 가로와 세로가 각각 225m이다.

밑면적이 거의 같은 두 피라미드를 겹치면 이집트의 대피라미드 안에 태양의 피라미드가 쏙 들어간다. 그러나 두 피라미드 사이에는 큰 차이도 있다. 기자의 대피라미드는 2톤에서 100톤 이상 나가는 돌을 이용해서 접착제 없이 촘촘히 쌓았고 태양의 피라미드는 피라미드 속을 흙 벽돌과 자갈로 채웠으며 겉은 원석과 벽토로 마무리했다. 기자의 피라미드는 내부에 복도, 방, 회랑이 복잡하게 연결되어 있

이집트 대피라미드. 알려진 연도보다 훨씬 오래 전에 만들어진 것으로 밝혀지고 있다. 피라미드 중 유일하게 52도 각도를 유지하고 있다.

는 정밀한 건축물이지만 태양의 피라미드 내부에는 복잡한 내부 공간 구조가 없다. 가장 큰 차이로 기자의 대피라미드는 4변의 각도가 각각 52도로 올라가 있고 태양의 피라미드는 4개의 단으로 이루어진 안정된 모습이며 가장 아래쪽 단 각도가 43.5도이다. 52도라는 각도로 만든 피라미드는 기자의 것 이외에는 지구상에 존재하지 않는다. 파라오들이 52도 각도의 피라미드를 만들려고 했지만 전부 실패로 돌아갔다는 이야기이다.

결국 기자를 제외한 피라미드들은 카이로 사카라의 계단식 피라미드를 포함해서 모두 43.5도의 피라미드가 되었다. 이런 43.5도의 피라미드를 모방한 것이 테오티우아칸의 태양의 피라미드라고 이야기한다. 그리고 이집트 피라미드에 있는 지하 통로처럼 태양의 피라미드의 지하 6m에 인공으로 만든 통로가 발견되었다.

종합하면 이집트의 기자의 대피라미드처럼 멕시코 태양의 피라미드가 신에 의해서 만들어졌으며, 두 피라미드의 밑면적이 거의 같다는 것이다. 카이로 기자 이외의 피라미드처럼 43.5도의 각도로 이루어져 있고 지하에 통로가 있다는 점을 들어서 이집트 피라미드와 테오티우아칸의 피라미드가 유사하다고 한다. 그래서 이집트의 기술을 빌려 왔다고 주장한다.

그러면서 먼 거리를 두고 유사한 방식으로 만들려면 정보 교환이

테오티우아칸의 태양의 피라미드. 이집트 기자의 대피라미드와 밑면적이 같다.

있어야 하는데 당시로선 불가능한 이야기이다. 이런 이유로 일부에선 UFO를 타고 온 외계인들이 만들었다고 주장한다. 외계인설에 대한 또 다른 이유는 테오티우아칸의 지하에서 피라미드들을 서로 연결하는 통로와 방이 발견되었는데 모두 운모가 깔려있다는 점이다. 연구 결과 운모는 테오티우아칸의 거의 모든 곳에 깔려있었다고 한다. 운모는 물과 열, 전기의 흐름을 차단하는 실리콘이다. 그리고 피라미드 기단 위에서 이 운모가 깔렸었다는 흔적도 발견되었다. 더욱이 운모는 4,300km 떨어진 브라질에서 가져온 것이 확실하기 때문이다. 주변엔 운모가 생산되지 않는다.

이것을 두고 최근 History 채널에선 우주선이 발사될 때 내뿜는 고열을 차단하기 위해서 운모를 깔았던 것이 아니냐는 고대 외계 문명설을 제기하기도 했다. 왜냐하면 미국 나사의 우주 왕복선도 대기권에 진입할 때 마찰로 인해서 발생하는 고열을 차단하기 위해 왕복선 바닥을 운모로 덮었기 때문이다. 과연 운모를 사용한 이유가 무엇일까? 기록이 없는 역사 유적지를 단순히 사람들 흔적의 한 장면으로 보기에는 미스터리가 너무 많다.

살아있는 미스터리, 마야문명

마야는 서양인들이 보는 세계 최고의 미스터리 문명이다. 각 지역마다 각기 다른 독특한 미스터리 피라미드 건축물과 풀리지 않는 엄청난 문명의 흔적을 남겼기 때문이기도 하지만 동양적인 요소가 많이 발견되었기 때문이다. 그들은 천문, 달력 등 정밀 과학의 기록으로 미래에 대한 예언을 남기기도 했다. 마야문명의 분포는 열대 우림에서부터 해발 3,000m 고원에까지 다양하다. 그 면적은 남한의 약 3배에 해당한다.

우리가 사용하는 마야라는 용어가 당시, 전체 마야인을 가리키지는 않았다. 마야는 수십, 수백 개의 독립된 씨족 또는 부족 국가들로서 각기 다른 명칭을 가지고 있었다. 따라서 마야라는 용어는 학술적인 편의를 위해 현대인들이 만든 용어이다. 그 이유 중 하나로 현재까지 알려진 마야 언어만 하더라도 30여 종류나 된다. 그러나 언어들은 서로 비슷하며 마야 문자와 마야 달력을 사용한다는 것이 공통점이다. 1년의 실제 길이는 365.2422일인데 마야인들은 365.2420일로 사용했으며 우리가 사용하는 그레고리력은 365.2425이다. 그러니까 마야인들이 사용했던 달력이 더 정확하다.

마야의 전성기는 지역에 따라 다르지만 대체적으로 우리나라 삼국시대에 해당하는 기간으로 알려져 있다. 전성기 때 건축, 회화, 도자기, 천문학, 수학 등이 최고 수준이었다. 그런데 마야는 기원전 6세기에서 4세기에 형성되어 다양한 시기를 거쳐 1451년에 스페인에게 정복당할 때까지만 마야가 존재했을 것이라 생각한다.

스페인 정복자들에 의해 마야문명이 파괴되고 중요한 서적들이 소각되었지만 메소아메리카의 밀림 깊숙이 있던 마야 도시들은 상대적으로 안전했다. 그 후로도 스페인인들이 수차례 유카탄반도를 탐험했고 콜럼버스가 신대륙에 도착한지 2백년 가까이 된 1696년이 돼서야 마야문명은 정복되었다. 그러나 마야 언어를 사용하는 마야인들은 현재도 그들의 역사와 문화를 보존하고 있다. 멕시코 남부, 과테말라, 온두라스, 엘살바도르 지역에 마야문명은 아직도 살아 있다.

마야인의 성서 〈포폴 부〉

포폴 부popol vuh는 16세기 과테말라 내륙에 번성했던 키체족키체 : 나무가 많은 곳이 자신들의 우주관과 신앙을 기록한 자료로서 마야 문학의 정수라는 평을 받는다. 16세기 당시 원문은 없고 수도사에 의한 번역물만 남겨져 있다. 내용은 크게 4 부분으로 나뉘며 천지 창조 신화, 옥수수에서 기원한 인간, 키체족의 역사 등을 보여준다.

마야 문양. 가운데 원에 복희 팔괘가 들어가 있으며 중앙은 태극 문양이다. 그림 출처 : 『이것이 개벽이다 下』 상생출판사.

    전 세계 창조 신화가 유사하지만 포볼부는 도미니크 수도회 수사가 스페인어로 번역했기 때문인지 몰라도 마치 성경의 창세기를 읽는 느낌이다.

"한 사람도, 한 마리의 짐승도, 새도, 개도, 한 그루의 나무도, 돌멩이도, 한 개의 구덩이도, 협곡도, 초원도, 숲도 없었다. 다만 하늘이 그곳에 있었을 뿐이다. 땅의 모습은 아직 명확하게 드러나지 않았다. 단지 하늘 아래 바다만 가득 차 있었다. 모든 것은 고요했다. … 하늘 아래는 온통 검고 적막할 뿐이었다."

고요하고 적막한 가운데 깃털 달린 뱀용 '쿠쿠마츠'와 하늘의 심장 '우라칸'이 서로 대화로서 만물을 창조한다. 땅이 솟고, 나무가 생기고, 새와 사슴, 재규어, 뱀과 같은 동물을 만들었다. 창조자들은 동물들이 자신들의 이름을 불러주길 원했지만 말을 할 줄 몰랐기 때문에 지상의 지배자를 만들었다.

흙으로 사람을 만들었지만 말하는데 뜻이 통하지 않고 진흙이어서 몸이 너무 약해서 부서졌다. 그 다음은 나무 인간을 만들었는데 사람처럼 보고 말하고 번식했지만 표정이 없고 정신과 이해력이 부족했고 창조자를 섬기지 않았다. 결국 송진으로 된 비를 내렸고 악령들이 나무 인간들을 부숴버리게 했다. 대홍수 이후 인간의 그림자가 없자 자신들에게 기도하고 제물을 바칠 존재를 만들지 못했다.

쿠쿠마츠와 우라칸은 자신들을 섬길 인간을 만들기 위해서 짐승들을 시켜서 노란 옥수수와 흰 옥수수를 가져오게 했다. 그리고 옥수수를 갈아서 4명의 인간을 만들었다. 옥수수 인간은 지식과 지혜를 가지고 있었고 창조자들을 섬길 줄 알았다. 그런데 옥수수 인간들은 땅에서 우주 끝까지 어디든 볼 수 있을 정도로 창조자들과 닮았다. 결국 눈을 흐리게 해서 가까운 것만 보이게 만들었다. 창조자들은 전지전능한 힘을 주는 대신 4명의 부인을 만들어서 짝을 지어 주었다. 이로 인해서 마야인은 자신들을 '옥수수의 후예'라고 불렀다.

마야인들의 신

농업을 하는 마야인들의 신은 태양신, 달의 신, 물의 신, 땅의 신, 그리고 옥수수의 신 등이 있었다. 달의 신은 태양신의 부인으로 모든 동식물의 탄생, 성장, 사람의 건강과 관련되어 있어서 존경을 받는다. 땅의 신은 뼈만 남은 모습으로 나타나는데 생명이 태어나고 죽는 것을 관장했다. 옥수수 신은 긴 머리를 하고 있는 젊은 남자의 모습을 하고 있어서 옥수수를 연상하게 한다. 멕시코 유카탄 지역 건물 전면을 장식하는 물의 신은 길게 늘어진 코에 이가 하나 또는 이가 없는 모습을 하고 있으며 호수나 지하의 샘에 산다고 믿었다.

만들어진 천국, 칸쿤

천국과 같은 해변을 즐기려면 멕시코에서 어디를 가면 좋을까? 많은 이들은 멕시코의 동남쪽에 있는 유카탄반도 동쪽 끝에 자리한 칸쿤Cancun을 꼽는다. 고원에 자리한 멕시코시티와는 자연환경이 정반대이다. 칸쿤의 상징은 오염되지 않은 카리브의 푸른 바닷물이 파도치

칸쿤의 상징. 작렬하는 태양 아래 노란색 모래 위로 오르내리는 푸른 파도

석양처럼 떠오르는 태양. 맑은 공기를 뚫은 강렬한 빛을 보며 칸쿤의 매력을 느낀다.

는 백사장, 눈부신 일출과 붉은 노을이다.

이런 모습을 본 멕시코의 유명 디자이너는 칸쿤의 푸른 바다, 노란 모래, 붉은 태양을 상징하는 삼색 로고를 만들었다. 최근에는 이색적인 장소를 찾는 우리나라 신혼여행객들도 먼 길을 마다 않고 칸쿤으로 간다. 칸쿤은 내륙과 불과 20m 떨어져 있으면서 숫자 '7'의 모양으로 생긴 세계에서 두 번째로 긴 산호초 위에 만들어졌다. 칸쿤은 좁고 긴 섬 위에 만들어진 고급 호텔들이 줄지어 서 있는 모습만으로도 볼거리를 제공하는 동경의 장소가 되었다.

마야어로 칸쿤은 '뱀의 소굴'이라는 의미이다. 이곳을 개발하기 전 백사장이 길게 이어졌던 섬의 모습은 영락없이 뱀처럼 휘어져 있었

카리브해의 옥빛 바다를 공용으로 사용하는 호텔들이 좁고 긴 산호초 위에 줄지어 서 있다.

다. 그렇지 않아도 유카탄반도는 뱀이 많기로 유명하고 역사적으로 날개달린 뱀신을 최고의 신으로 모셨던 곳이어서 지명이 뱀 소굴이라 해도 이상할 것이 없다. 1970년대 칸쿤을 개발할 때만 해도 인근 어촌과 군인을 합해서 겨우 110명이 살고 있었다. 칸쿤이란 지명을 아는 이도 거의 없었다. 그러나 지금은 65만 명 이상이 들어와 관광업에 종사할 만큼 멕시코에서 가장 성공한 장소가 되었다.

칸쿤에는 리조트를 이루고 있는 세계적인 체인호텔들을 포함해서 약 2만 6천개의 객실을 보유하고 있다. 칸쿤이 좋은 것은 바다를 즐기지 않더라도 인근에 마야 유적지 치첸이싸와 해양 마야문명도시 뚤룸을 둘러볼 수 있는 위치라는 점이다. 인근 유적지들을 둘러보고 바다를 즐기기에 가장 이상적인 장소이기 때문이다.

그러나 긴 산호초에 형성된 백사장에서 놀려면 호텔을 통해서만 갈 수 있는 경우가 대부분이다. 일반인들이 즐기려면 불편하다. 이로 인해서 산호초 위의 호텔이 아닌 인근에 머무는 사람들에게는 너무 불편한 여행지로 알려져 있다. 거기에다 현지인들이 사는 칸쿤 시내는 물가가 저렴하지만 산호초 지역은 비싸기로 유명하다. 치안이 아주 안정되어 있고 매우 깨끗하다는 것 이외에는 토속적이거나 이색적인 면과는 거리가 멀다.

칸쿤 전망대에서 내려다본 카리브해

저렴하게 여행하려는 사람들은 칸쿤을 벗어나서 남북으로 100km 이상 백사장이 이어진 카리브 해변에서 경관을 즐기는 것이 훨씬 좋다. 칸쿤으로 재미를 본 멕시코 정부는 칸쿤에서부터 130km 남쪽에 자리한 해양 마야 유적지 툴룸까지 해변 휴양지를 건설하려고 준비 중이다.

투명한 옥빛 바닷가
마야문명 뚤룸

칸쿤에서 해안을 따라 130km 남쪽에 자리한 뚤룸Tulum은 성벽으로 둘러싸인 비교적 작은 도시이다. 하지만 해변에 자리한 유적들은 마야 유적 중에 보존 상태가 매우 양호하다. 해안과 나란히 달리는 307 고속도로우리의 국도나 다름없지만로 2시간 정도 소요된다. 뚤룸으로 가는 동안 드넓은 휴양 마을에 사는 마음씨 푸근한 사람들의 미소를 간간

이구아나. 사방으로 거리낌없이 다니는 녀석들

히 만날 수 있어서 여정이 즐겁다.

　뚤룸에 도착하자마자 가장 먼저 반기는 녀석들은 이구아나들이다. 이구아나들은 뜨거운 바위 위, 나무그늘 아래, 유적지, 피라미드할 것 없이 여기저기에서 별 움직임 없이 눈을 뜨고 사람을 바라보고 있다. 수줍음이 별로 없고 사람이 익숙한 녀석들이라 좀처럼 도망가지 않는다. 너무 흔한 녀석이라 이 지역 요리의 재료가 되기도 하지만 생김새만 보면 음식으로 먹기가 꺼림칙하다.

　마야인들이 거의 마지막에 세운 도시라고 알려져 있는 뚤룸은 스페인이 멕시코를 정복하고 나서도 70년 동안 버티던 곳이다. 그러나 천연두와 같은 전염병으로 인해서 도시가 텅 비어 버렸다. 뚤룸의 의미는 벽 또는 참호라는 의미가 있다. 바다 쪽은 12m 높이의 절벽이다. 처음에 이 도시를 마야어인 자마Zama : 여명의 도시라고 불렀을 거라

도깨비를 연상하게 하는 인물상. 모서리에 있다.

이야기한다. 해 뜨는 동쪽 바다에 위치한 곳에 있기 때문이다.

벽면에 남겨져 있는 부조에 의해서 이곳이 신에게 제사를 지내던 곳일 거라 추정되고 있다. 하지만 제사를 지내던 곳이라는 표현은 학자들이 상투적으로 쓰는 표현이라고 한다. 즉 학자들도 모른다는 의미라 한다. 이 도시의 크기로 보아 인구는 약 1,500명 정도였을 거라 추정한다. 높이가 3m에서 5m, 두께는 8m에 달하며 성벽의 총 길이는 740m이다.

건축물의 곳곳에 새겨진 알 수 없는 조각들은 더욱 궁금증만 남겼다. 거꾸로 뒤집혀서 다리 하나가 매달린 사람, 도깨비 모양의 거대한 얼굴 등.

기온이 35도가 넘는 뜨거운 열기를 피해서 나무그늘로 가니 절벽 아래 아름다운 해변이 펼쳐졌다. 예상밖에 깜짝 놀랄 정도로 투명한

유적지 절벽 아래 천국이 있었다.

똘룸의 바다를 보니 칸쿤의 바다가 그저 그렇게 보였다.

옥빛 카리브해에 몸을 담고 노는 인파들로 인해 유명 휴양지를 방불케 했다.

유적지 안에 있는 해수욕장이라! 절벽 위에서 바다를 찍는 사람들과 바다를 마음껏 즐기는 사람들이 섞여서 어색한 경관을 만들었다. 마음은 바다에 있지만 뜨거운 태양 때문에 감히 바다로 내려갈 엄두도 못 내는 사람들은 바다에 있는 이들을 쳐다보면서 대리 만족을 해야 했다. 뚤룸을 생각하면 유적지보다 여기저기 돌아다니는 이구아나와 옥빛 찬란한 아름다운 바다가 먼저 생각난다.

마야문명의 최대 미스터리
치첸이싸

마야문명이 가장 많이 분포된 유카탄반도는 멕시코 남동쪽에서 대서양쪽으로 길게 뻗어 있다. 칸쿤에 착륙하기 전 고도를 낮춘 항공기에서 밖을 내려다보면 유카탄반도의 내륙엔 마을도, 길도 없어 보인

유카탄반도에 잘 자라는 선인장의 한 종류 헤네켄^{에네깽}

다. 잡목이 우거진 정글에 직선으로 한 줄 길게 그어져 있는 것이 도로임을 알 수 있을 뿐이다. 치첸이싸는 칸쿤의 서쪽 200km 떨어진 유카탄반도의 북부지역에 자리하고 있다. 치첸이싸까지 휘어지지 않은 직선 도로를 2시간 반 정도 달려야 하기 때문에 운전사를 졸지 않게 하면서 이동해야 한다. 이동하는 동안 보이는 거라곤 뱀이 많이 나온다는 숲밖에 없다.

이런 척박한 환경이라야 고도의 미스터리 문명이 남아 있기 때문에 외계 문명설이 나오는 것도 이해할 만했다. 치첸이싸에 다다르자 집들이 보이기 시작하고 선인장의 한 종류인 헤네켄 농장도 보인다. 헤네켄에니깽은 섬유를 추출해서 배에서 사용하는 밧줄을 만들던 식물이다. 헤네켄은 우리와 인연이 있다.

1904년, 황성신문엔 '묵서가墨西哥 : 멕시코가 잘 살고 부자가 많아서 일본과 청나라 사람들이 건너가 이득을 본 사람이 많기 때문에 그곳에 가면 한국인도 반드시 이득을 본다.'는 과대 광고를 7번 냈다. 이를 보고 배에 오른 다양한 계층의 한인 노동자 1,031명은 유카탄반도의 헤네켄 농장에서 4년간 노예처럼 개고생하면서 푼돈만 받고 겨우 목숨을 건졌다. 인신매매가 따로 없을 정도였다. 치첸이싸에서 멀지 않는 곳의 한인들은 공동체를 만들어서 계약기간 4년이 끝나자 멕시코 여기저기와 쿠바로 이주해갔다. 지금도 그 후손들이 남아서 살고 있는데 칸쿤에서 그 후손을 만났을 때 이곳 원주민과는 판이하게 다

치첸이짜 중심. 쿠쿨칸의 피라미드와 멀리 전사의 신전이 자리하고 있다.

른 한국인 얼굴을 쏙 빼 닮았던 기억이 난다. 그러나 세대가 지나면서 한국과 교류가 없었기 때문에 부모세대가 가졌던 한국에 대한 전통 문화를 다 잊어버렸다. 지금은 5세대가 살고 있지만 한국과는 단절된 상황이다.

유카탄반도의 의미

스페인인들이 상륙해서 원주민들에게 "당신들이 사는 땅 이름이 뭐요?"라는 말에 "유카탄"이라고 했다. '무슨 말인지 못 알아 듣겠다.'라는 뜻이다. 이런 방식으로 붙여진 이름이 몇 개 된다. 캥거루도 호주 원주민 말로 모른다는 뜻이다.

치첸이싸에서 치첸은 우물이다. 이싸인들이 들어와서 살았기 때문에 이싸인들의 우물이 되었다.

치첸이싸는 처음에 '우물 입구'라는 의미로 '치첸'으로 불렀다. 나중에 '이싸'인들이 들어와서 살았기 때문에 '이싸인들의 우물 입구'라는 의미인 치첸이싸가 되었다. 쿠쿨칸의 피라미드, 공놀이 경기장, 천 개의 기둥, 전사의 신전, 천체 관측 신전, 지하 동굴 속 신전 등 매우 다양한 구조물들이 있다. 그 중 전사의 신전과 천체 관측 신전은 마야-톨텍시대에 만든 것들로 치첸이싸가 퓨전 문명이었음을 나타낸다. 유적지 북쪽엔 이름 값을 하는 커다란 우물이 있다.

이 우물은 석회암지대에 많이 생성되는 함몰된 구멍싱크홀에 빗물이 고여서 생겼다. 현재 치첸이싸 유적엔 이렇게 해서 생긴 우물이

쿠쿨칸의 피라미드. 내부엔 미끈한 삼각형 피라미드가 있다.

두 개이며 물이 고여 있지 않는 싱크홀도 여러 개 있다. 타원형으로 된 우물 입구의 크기는 긴 쪽이 80m, 좁은 쪽이 50m이다.

 우물의 깊이는 약 50m이지만 물의 깊이는 30m 정도 된다. 오래 전 멕시코 주재 미국 영사였던 에드우드 톰슨은 75달러로 250평방 km_여의도 면적의 132배의 땅을 구입했는데 거기엔 치첸이싸의 유적이 포함되어 있었다. 그는 하버드대학교 피바디 고고민족학박물관과 함께 바닥에 가라앉은 물건을 건져 올렸다. 40개의 유골과 수천 개의 예술품이 발견되었다.

 마야와 아즈텍에서 가장 중요시하는 비취 예술품 400여 점과 사람과 동물을 묘사한 500개의 조각품이 나왔다. 무엇보다 유카탄반도에는 금속이 전혀 나오지 않는 곳인데 수백 개의 금제품을 비롯한 은, 청동기, 주석으로 된 유물이 발견되었다. 청동과 구리 합금도 발견되었는데 이것은 마야 땅에 존재하지 않았던 야금술을 보여주는 것이어서 먼 곳에서 온 물건임을 말해준다. 주석이라는 광물은 메소아메리카에서 나오지 않는다. 또한 자연 상태에서 전혀 발견되지 않아서 복잡한 제련 과정을 거치지 않으면 얻을 수 없는 물건이다. 중남미 문명을 통틀어서 청동, 철, 주석을 사용한 적이 없다.

그런데 왜 여기에서 발견된 것일까? 아쉽지만 그 어디에도 질문만 있을 뿐이고 해설은 없다. 치첸이싸는 서기 1,000년이 되기 전 톨텍인들의 침략을 받았다. 톨텍인들이 인신공양 풍습을 치첸이싸에 가져 왔다고 믿고 있다. 그래서 우물 속에서 발견된 유골이 나올 수 있었다고 이야기한다. 마야는 인신공양이 없었다. 물이 가장 중요했던 농업 중심 도시였고 고도의 천문학이 발달했던 문화여서 물을 오염시키는 인신공양을 하지 않았다는 거다. 그러나 우물에서 유골이 발견되있기 때문에 이곳은 사람이 살았다기보다는 의식을 행하던 도시였을 거라고 이야기한다.

앞서 언급했지만 '의식 장소'라는 표현은 학자들이 그 장소가 구체적으로 어떤 용도로 사용되었는지 모른다는 의미와 같다. 귀에 걸면 귀걸이, 코에 걸면 코걸이 식의 해석으로 앞뒤가 맞지 않는다. 서양인들이 들어와서 멕시코인들이 전염병천연두, 독감 등으로 많이 죽었기 때문에 시체 처리가 곤란해서 우물에 버렸을 수도 있다. 스페인이 멕시코를 300년간 지배한 것을 상기해볼 필요가 있다. 서양인들이 기록한 역사 이외에는 남아 있는 것이 거의 없다는 것도 상기해볼 필요가 있다.

치첸이싸에서 가장 유명한 것이라면 '날개깃털 달린 뱀신' 케찰코아틀/쿠쿨칸에게 바쳐진 피라미드이다. 피라미드 주변에 날개 달린 뱀 장식뿐 아니라 건축물에 여러 가지 책력의 요소들을 끼워 넣어 그 신을 기리고 있다. 예를 들어 피라미드 사면의 계단은 각각 91개이다. 거기에 맨 꼭대기 기단을 합하면 태양력 1년이 나온다.$91 \times 4+1=365$

겉에서 보는 높이가 30m 정도이지만 실제로 지하에 묻혀있는 부분까지 하면 훨씬 더 높다. 아직 발굴 중이라 얼마나 큰 규모인지 알 수 없다.

그리고 외부에선 안보이지만 이 피라미드는 이중으로 되어 있다. 계단으로 된 피라미드 속에 4면이 미끈한 삼각형 피라미드가 존재한다. 그런데 겉에 있는 피라미드와 속에 있는 피라미드는 서로 접촉하지 않고 공간이 떠 있다. 꼭대기에서 사람이 굴러 떨어지는 사고 이후에 더 이상 올라갈 수 없다. 지금은 눈으로 직접 확인할 수 없어 안타깝다. 더욱 신비로운 것은 매년 춘분과 추분 때 햇빛이 피라미드를 비추면 날개 달린 뱀이 위에서 지상으로 꿈틀거리며 내려오는 것 같

쿠쿨칸의 피라미드의 규모를 가늠할 수 없다. 쿠쿨칸의 피라미드는 땅에 묻혀있는 것이 다 드러나야 규모를 알 수 있다.

춘분과 추분 때 해의 그림자는 뱀이 꿈틀대며 계단을 타고 내려오는 듯한 모습을 보인다. 쿠쿨칸이 하늘에서 강림하는 모습을 보려고 많은 이들이 찾는다.

은 신비로운 모습의 그림자를 만든다. 이 광경을 보기 위해서 많은 사람들이 찾아온다.

쿠쿨칸의 피라미드는 워낙 유명한 장소이다 보니 세계적인 가수들이 공연을 하기도 한다. 그런데 피라미드 자체가 증폭기 역할을 해서 반사된 소리는 매우 멀리까지 퍼져 나간다고 한다. 그래서 마을 사람들이 집에서 공연장의 소리를 들을 수 있을 정도라고 한다. 실제로 박수를 치면 큰 메아리가 되어 되돌아오는 것을 직접 확인할 수 있는데 이곳 현지인 가이드는 이것이 뱀이 대답하는 소리라고 농담조로 말한다.

공놀이 경기장. 허리 아래쪽 엉덩이로 고무공을 쳐서 벽 위의 고리 안으로 집어 넣는 경기이다.

뱀 두 마리가 서로 꼬여진 형태의 문양이 있는 고리

피라미드 대 광장 맞은편엔 공놀이 경기장이 있다. 마야의 유적지라면 어디든지 공놀이 경기장이 있다. 치첸이싸의 것은 마야의 경기장 중에선 가장 크며 길이가 165m로 축구장보다 넓다. 경기장의 양 옆을 따라 벽이 있다. 벽면의 중앙 10m 위에 뒤엉킨 뱀이 새겨진 원형 돌 고리가 달려 있다. 이 고리 속으로 고무공을 집어넣으면 승리하는 게임이다. 각 팀의 선수는 7명이며 진 팀의 주장은 목이 잘리는 대가를 치러야 한다고 믿는다. 이유는 원형 돌 고리 아래 부분에 얕은 부조로 목이 잘린 사람이 새겨져 있기 때문이다.

전사의 신전. 쿠쿨칸의 피라미드 옆에 있는 규모가 큰 구조물. 기둥에 전사들의 모습이 새겨있어서 붙여진 이름이다.

이것을 연구한 미국의 천문학자는 이 공놀이는 태양을 위한 의식이며 공놀이 자체는 천체 운동을 나타낸다고 했다. 동짓날 구기장 끝에서 일출을 보면 구기장 중앙으로 해가 떠오른다. 당시 사람들은 이 구기장 끝에 앉아서 은하의 중심과 지구와 동지에 떠오르는 태양의 움직임을 관측했던 장소라 이야기한다. 그래서 계산한 결과는 2012

천 개의 기둥. 기둥 위에 지붕이 있었으며 그 아래에서 물건을 사고 팔았을 것으로 추정하고 있다.

년 바로 12월 21일 태양계와 우리 우주의 중심이 일직선 상에 놓이게 된다는 것을 계산했다고 한다.

 공은 태양계이고 고리는 우리 우주를 상징하는데, 공이 고리를 통과하는 순간이 태양계가 우리 은하의 중심^{은하의} ^{적도}과 정확하게 정렬한다는 의미이다.

마야의 멸망과 분서 焚書

　마야는 황금에 눈이 먼 스페인인들에 의해서 아즈텍 제국이 무너지기 전부터 정복당하기 시작했다. 그러나 아즈텍에 비해서 마야를 정복하는 데는 오랜 시간이 걸렸다. 이유는 중앙 집권 국가였던 아즈텍에 비해서 마야는 독립된 도시 국가였기 때문에 스페인인들은 도시 하나 하나를 정복해야 했기 때문이다. 물론 무력보다 전염병이 빨라서 힘 안들이고 정복할 수 있었다.

　아즈텍의 떼노치띠뜰란이 무너지고 30년 후 20세의 스페인의 젊은이가 신세계에 도착했다. 스페인 시골 귀족 출신인 '디에고 데 란다'는 프란시스코 수도회에서 교육을 받고 30만 명의 마야인을 개종시킬 임무를 부여 받았다. 불과 몇 달 만에 마야어를 습득한 그는 마야어로 설교했다. 개종한 원주민들은 그의 말에 따라 오래된 신전을 파괴했다. 사원의 돌로 교회를 지었고, 신전은 가톨릭 예배당이 되었고 피라미드는 스페인 통치자의 행정 관청이 되었다. 야심가였던 그는 정복지 최고 지위인 주교가 되었다. 그러나 그는 마야인들이 오래된 관습을 버리지 못하는 것을 보고 분노했다. 디에고 데 란데는 모든 것을 파괴하라는 명령을 내렸다. 1562년 7월 12일 교회 앞에서 5천 개의 우상, 13개의 제단, 192개의 제기들, 27권의 과학 서적, 종교 서적, 그림이 그려진 문서들을 불태웠다. 인류가 깊은 기억 상실에 빠진 역사적인 날이다. 불태운 곳은 마니^{Mani}라는 도시의 산 미구엘 교회였는데 마니의 뜻은 기가 막히게도 '모든 것이 끝났다'라는 의미다.

원주민들의 노래와 춤도 금지시켰다. 원주민들이 의식용 서적만 들고 있어도 그들을 죽였다. 그리고 마야인들이 신앙의식을 하면 고문을 가하고 화형에 처했다. 광신으로 무장한 선교사들은 마야 문서가 발견되는 즉시 불태웠다. 족보, 전기, 과학 서적, 역사, 예언서, 천문학, 의식 문서 등 수천 권에 달했다. 그의 문서에 '우리는 그런 책을 다량 발견했고 미신과 악마의 거짓이라고 밖에 할 수 없어서 모두 불태워버렸다. 마야족에겐 깊은 슬픔만 불러왔다.'라고 기술하고 있다. 마니에서 있었던 이교도 박해를 시작으로 광신으로 무장한 선교사들은 페루와 볼리비아까지 토착신에 관련된 모든 문명의 기록을 소각시켰다. 그런데 기적적으로 현재 4권이 남아 있다. 스페인 선원들이 책을 몰래 빼돌려서 스페인 본국으로 돌아와 푼돈 받고 팔아먹었기 때문이다.

마야의 실마리 4개의 코덱스(법전)

그럼에도 불구하고 마야의 수학과 달력을 해독할 수 있는 열쇠는 어디에서 나왔을까? 아이러니하게도 파괴자이자 냉혹자 '디에고 데 란다'이다. 그는 금이 있는 유물들까지 불태웠다는 죄목으로 재판을 받게 될 위기에 처했다. 그러자 신세계에 도움을 요청하는 동맹을 맺었다. 동맹 후 기독교로 개종한 토착민들의 아들들은 부모에게서 배운 것을 디에고 데 란다에게 가르쳤고 그는 라틴어로 적었다. 거기엔 마야의 알파벳 사용 방법과 수의 체계 그리고 달력에 관한 것들이 있었다.

그리하여 사실상 그의 변명을 적은 〈유카탄의 보고서〉라는 문서가 나왔다. 300년 후 우연히 마드리드 왕립 도서관에서 발견된 이 책 때문에 마야의 베일이 한꺼풀 벗겨졌다. 현재 남아 있는 원형의 마야문서 4개를 코덱스$^{Codex : 법전}$이라 한다. 각각은 멕시코시티, 마드리드, 파리, 독일의 드레스텐에 보관되어 있다. 디에고 데 란데의 변명 때문에 코덱스의 많은 부분들을 해독할 수 있었다.

가장 유명한 드레스텐 코덱스에는 현대 장비로 관측해서 계산해야 알 수 있는 행성들의 주기가 나와 있다. 또한 직접 관측할 수 없는 일식들의 정확한 날짜까지 기록되어 있다. 행성 간의 전쟁이야기도 나온다.

그런데 이런 놀라운 지식들이 어디에서 온 것일까? 마야인들이 처음부터 알고 있었다는 이야기는 아무런 신빙성이 없다고 한다. 오래

전 마야의 달력을 연구한 천문학자 로버트 헨셀링Robert Henseling 1883-1964
이 내린 결론의 일부는 다음과 같다.

"이보다 훨씬 이전에 별자리를 관측하지 않고서는 이해하기 힘들다. 다시 말해서 기독교 달력이 시작되기 수천 년 전에 누군가 어디에서 별자리를 계속 관찰해서 후손들에게 정보를 줬다면 가능한 일이다."

무엇보다 드레스덴 코덱스의 마지막 부분은 하늘에서 엄청난 비가 내리고 천둥 번개가 치면서 대홍수가 일어나서 인류 문명이 충분히 물에 잠긴다는 내용으로 끝이 난다. 그 시기가 언제인가를 마야력 바퀴를 해독함으로써 세상을 떠들썩하게 했다. 마야력의 최소 단위인 13일을 한 주로 하는 13개의 톱니와 한 달 20일을 나타내는 20개의 톱니 그리고 1년을 나타내는 365개의 톱니들을 연결한 것이 마야력 바퀴이다. 이것을 통해 계산한 결과, 마야력은 BC3,114년에 8월 13일에 시작된 것으로 나타났다. 즉 약 5,200년 전에 마야력이 시작되었다. 그리고 2012년 12월 21일에 마야력이 멈추는 것으로 해석했다. 마야력의 주기가 대략 5,200년이 되는 셈이다. 천문학에서 보면 2012년 12월 21일은 매우 특별한 현상이 나타났는데 우리 은하의 중심은하의 적도에 태양계가 정확하게 정렬한다. 그런데 이런 현상은 약 26,000년마다 한 번 일어나며 놀랍게도 지구의 세차운동 주기인

25,920년과 맞아 떨어진다.

요란했던 2012년 12월 21일은 결국 세차 운동이 360도 회전해서 원점으로 돌아오는 날이라는 말이다. 즉, 새로운 주기가 시작되는 날일뿐이었다. 멕시코 언론에선 이미 오래전 '마야의 텍스트 15,000개 어느 곳에도 2012년 대재앙이 발생해서 지구가 멸망한다는 말은 없다.'고 보도했다. 이러함에도 마야의 종말 예언에 대한 사이트가 300만 개가 등장할 만큼 2012년 종말론이 전 세계적으로 호들갑 떨면서 유행처럼 퍼졌다. 영화감독의 발언에서부터 영화에까지 등장하게 되었고 급기야 멕시코는 종말론 마케팅으로 외화벌이까지 했었다.

그렇다면 왜 마야력은 5,200년 전부터 시작된 것일까? 지구 과학을 연구하는 미국 오하이오 대학의 고 기후학자 로니 톰슨이 해답의 일부를 주는 것 같다. 그가 평생한 연구에 의하면 5,200년 전에 급격한 기후 변화로 인해서 숲이 있었던 안데스의 고산지역과 유럽의 알프스지역이 갑작스럽게 빙하가 덮쳐서 식물이 죽은 것을 알아냈다.

최근 안데스 고산의 빙하가 녹으면서 얼음 밖으로 드러난 식물의 방사능 동위 원소 측정 결과가 5,200년 전이라고 밝혀졌다. 아프리카 킬리만자로의 빙하도 같은 영향으로 생긴 것으로 밝혀졌다. 또한 알프스 빙하가 녹으면서 오스트리아에서 발견된 미라도 5,200년 전 사람이라는 것을 알게 되었다. 그의 결론은 5,200년 전 갑작스런 기후 변화에 의해서 고산지대의 모든 것들이 얼어버린 일이 일어났다는 것이다. 그는 마야인들이 남긴 기록은 선조들이 오랜 관측으로 인해서 앞으로 일어날 일을 미리 기록한 것이라 이야기한다.

　시베리아의 툰드라 지방에서 간혹 발견되는 얼어붙은 동물의 식도엔 위로 넘기기도 전에 음식물들이 발견되곤 한다. 이러한 현상들에 대해서 속 시원한 답은 없다. 학자들 중엔 당시 '지구 자전축이 갑자기 이동해서 일어난 일'이라고 주장하기도 한다. 마야력이 시작된 약 5,200년이 지난 지금, 마야인들을 파괴시킨 것보다 더 빨리 변화되고 있는지도 모른다. 급하게 빙하가 녹고, 해수면이 올라가고, 대기 온도가 올라가고 있다. 이 모든 것들이 신에겐 분노의 대상임이 틀림없다.

　여기서 잠시 숫자 5와 관련된 간단한 산수를 해보자. 숫자 5가 갖는 중요한 의미는 중남미 전역에서 나타나고 있다. 아즈텍 태양석에 나타난 5번째 태양 전설과 테오티우아칸의 신화 속 5번째 태양이 그 한 예이다. 아즈텍 태양석이 말하는 5번째 태양이 돌고 있는 지금 시기는 다섯 번째 마야력 주기에 해당한다. 즉, 마야력 소주기^{5,200년}가 다

세차 운동이란?

세차 운동이란 쓰러지기 직전의 팽이가 비틀거리면서 돌 때 회전축이 아이스크림 콘처럼 원뿔 모양으로 원을 그리며 회전하는 것을 말한다. 마찬가지로 기울어진 지구가 태양 주위를 돌 때 지구 자전축은 원뿔 모양으로 회전 운동을 한다. 그런데 72년마다 겨우 1도씩 매우 천천히 움직이기 때문에 자전축이 원뿔 모양으로 한 바퀴, 즉 360도 회전하는데 걸리는 시간이 25,920년이다. 이것이 세차 운동의 주기이다. 현재 지구 자전축의 북쪽 끝이 가리키는 곳은 작은 곰자리의 꼬리에 해당하는 북극성(Polaris)이다. 그래서 밤 하늘을 보면 북극성은 고정되어 있고 나머지 모든 별들은 그 주변을 돈다. 그런데 몇 백 년이 지나면 지구 세차 운동에 의해서 북극은 다른 별을 가리키게 된다. 그리고 다시 북극성을 가리키려면 25,920년이 지난 후에 일어난다.

섯 차례 반복하면 5,200년 × 5 = 25,920년이 된다. 지구의 세차 운동 주기이다. 그 주기가 끝나는 시기가 2012년 12월 21일이었을 뿐이다. 그런데 25,920년 역시 또 다른 소주기에 불과하다면 25,920년 × 5회 = 129,600년이 된다. 이것은 다양한 과학적인 증거로 찾아낸 지구 대변혁의 주기 및 빙하기 주기와 유사하고 동양의 고전 속에 나타나고 있는 우주 1년인 129,600년에 해당된다.

5,200 × 5 = 25,920 : 지구의 세차 운동의 주기
25,920 × 5 = 129,600 : 우주 1년의 주기

우주 1년과 관련된 재미있는 숫자 이야기

-세차주기와 일치하는 인간의 하루 호흡 수 25,920

인간의 호흡 수는 1분에 평균 16~18회라 한다.

18회 × 60분 × 24시간 = 25,920회가 된다.

- 129,600이 등장하는 수많은 자료들

❶ 북송 때 대학자 소강절 선생[1011~1077]이 자신의 저서 『황극경세서』에 밝히고 있는 우주 1년[원회운세]

지구는 하루에 360도 회전하고 360일 동안 태양을 돌면서 지구의 1년 4계절을 만들어 간다. 즉 360도 × 360일 = 129,600도의 회전을 한다.

천지일월의 변화도 우주의 하루인 360년을 1주기로 360회 순환하면서 129,600년마다 우주 1년의 4계절을 만든다. 우주 창조 운동의 1주기인 우주의 1년인 1원^{元}이 된다. 아래 표를 보면 12-30-12-30…으로 이어지는 규칙성을 볼 수 있다. 표에서 12시간은 '자축인묘진사오미신유술해'의 12시간이다.

❷ 서유기 책 속에 129,600년

석가모니가 하늘나라를 엉망으로 만들어 놓은 손오공을 제재하기 위해 들려주는 말이다.

"난 서방 극락세계에 있는 석가모니 존자이다. 기껏해야 원숭이에 불과한 놈이 어찌 주제넘게 옥황상제의 보좌를 넘보느냐? 옥제님은 어릴 때부터 수행에 힘써서 지금까지 천칠백오십^{1,750}겁을 지내온 분이다. 한 겁이란 십이만구천육백^{129,600}년을 이르는 말이다. 그만큼 큰 도를 깨우치느라고 얼마만큼 세월을 보냈는지 생각해 봐라. 너도 허튼 소리를 걷어 치우고 일찌감치 귀의하는 것이 좋을 게다."

❸ 토정비결로 유명한 이지함의 스승인 서경덕도 우주 일 년을 알았다.

서경덕은 조선의 상수학 기초를 마련했다고 알려져 있다. 천체의 운행을 기본으로 4가지의 시간 단위를 이야기했다. 원^元, 회^會, 운^運, 세^{世}가 그것인데 1원=12회, 1회=30운, 1운=12세이다. 이것은 1년

=12월, 1월=30일, 1일=12시간을 보다 긴 우주적인 시간으로 잡은 것이다. 1세를 30년으로 잡았을 때 1원=30년 × 12세 × 30운 × 12회 =129,600년이 되며 이것이 이 세상이 한번 생겼다가 없어지는 한 과정에 걸리는 시간이다.

❹ 김시습의 용호결 구절에도 나온다.

사람이 숨쉬는 호흡이란 것은, 천지 운행의 호흡과도 비슷하다. 동지 이후부터는 날숨이 되고, 하지 이후부터는 들숨이 된다. 이것이 곧

우주 1년 129,600년 시간 주기, 원회운세			
우주 1년의 변화	12회 →X12	1원(元)	129,600년
	30운 →X30	1회(會)	10,800년
	12세 →X12	1운(運)	360년
	30년 →X30	1세(世)	30년
지구 1년의 변화	12월 →X12	1년(年)	12달
	30일 →X30	1월(月)	30일
	12시간 →X12 (자축인묘진사오미신유술해)	1일(日)	12시간
		1시(時)	1시간

우주 1년 도표. 참고 : 『이것이 개벽이다 上』 안경전 저, 상생출판

1년의 호흡이 된다. 자시 이후부터 날숨이 되고, 오시 이후부터는 들숨이 된다. 천지간의 일 년과 하루는 사람이 한번 숨 쉬는 것과 같다. 이렇기 때문에 1원$^\pi$에서의 129,600년인 것이며, 큰 변화에 있어서는 1년이 된다.

❺ 수메르 문명의 수 체계

펜실베니아대학교의 힐프레히트 교수는, 수천 장에 달하는 수메르의 문서판과 수학 계산판을 조사한 결과, 이들 모두 12,960,000 수에 근거한다는 것을 발견했다. 12,9600,000은 우주 일년 주기인 129,600의 100배이며, 세차 운동의 주기인 25,920년의 500배이다. 필프레히트 교수는 12,960,000은 세차 운동의 주기의 500배라는 사실에 근거하여, 수메르인들은 세차 운동을 이해하고 있었을 것이라고 추정했다.

❻ 하루 호흡 수와 맥박 수로 본 세차 주기와 우주 일 년 주기

성인 1분간 평균 호흡은 16~18회, 휴식 시 성인 평균 맥박 수는 분당 72회로 본다.

하루 맥박 = 72회 × 60분 × 24시 = 103,680회

하루 호흡 = 18회 × 60분 × 24시간 = 25,920

하루 맥박 수 + 하루 호흡 수 = 129,600회가 된다.

기타 허준의 동의보감에도 129,600년이 나온다.

-현대 과학이 증명해준 빙하기와 우주1년

❶ 네이처에 발표한 고기후 연구 논문의 내용으로 헝가리 푸라 ^{Pula} 분화구 호수에 침전물이 차곡차곡 쌓여서 32만 년의 기록을 가지고 있다. 그곳의 식물화석 꽃가루 스펙트럼 검사 결과 기후 변동의 대규모적인 주기를 약 12만 4000년이라고 발표했다. 이 추정치는 129,600년과 매우 유사하다.

❷ 남극의 얼음 기둥을 분석해서 빙하기 주기 예측

남극의 가장 높은 3,488m 고지에 자리한 러시아 보스토크 기지에서 1998년 3,623m 깊이까지 얼음 기둥을 시추했다. 이 얼음 기둥을 검사한 결과 지난 42만 년 동안 4번의 빙하기와 간빙기가 반복되었다는 사실이 밝혀졌다. 이것은 우주 1년의 시간 동안 우주의 겨울이 약 10만 년 주기로 찾아옴을 말해준다.

❸ 지구와 행성 과학 잡지는 바다 속에 사는 산호의 나이테를 조사한 결과, 산호층 단구의 연대는 12만 8,000년~12만 2,000년 전에 해수면이 대 정점에 있었음을 밝혀냈다.

❹ 2002년, 사이언스 잡지에 기고된 일본인 과학자들의 연구에 따

르면 225만 년에 해당하는 해양 침전물을 샘플을 채집해서 그 자기적 성질을 조사한 결과, 지구의 자기장이 10만 년 주기로 변화한다는 사실을 알아냈다.

멕시코

국가명 : 멕시코 합중국 (Estados Unidos Mexicanos)

정부 형태 : 연방공화국

독　립 : 1810년 9월 16일 (승인 1821년 9월 27일)

면　적 : 1,972,550평방 km (세계 14위 : 남한의 약 20배)

인　구 : 약 1억1천8백 만 명 (세계 10위)

인　종 : 인구의 60% 메스티소 (백인과 원주민 혼혈인), 30% 원주민, 9% 백인, 1% 흑인+아시아인

공식어 : 스페인어 (비 공식어 : 62개의 토착 인디언 언어)

환　경 : 사막, 고원, 열대 우림지역 등 다양한 자연 환경 때문에 다양한 문화와 다양한 지방색이 있다. 미국과 가까운 북쪽은 건조한 사막이다. 북쪽에서 남쪽으로 이어진 두 개의 산맥이 있다. 산맥이 서쪽에 있기 때문에 시에라 마드레 옥시덴탈, 동쪽에 있어서 시에라 마드레 오리엔탈이라고 불린다.

두 산맥 사이에 고산지대가 형성되어 있다. 고산지대는 깊고 까마득한 협곡을 만든다. 중부 고산지대의 넓은 계곡은 농사에 적합하다. 그래서 멕시코 전체 인구의 절반 이상은 깨끗한 호수가 있는 중앙 고

원지대에 살고 있다. 그리고 고산지대에 자리한 멕시코시티의 남쪽 인근엔 멕시코에서 가장 높은 활화산 벨트가 형성되어 있다. 그 중에 대표적인 산이 포포카테페틀^{5,452m}로 날씨가 맑을 때 멕시코시티에서 볼 수 있다. 포포카테페틀산 옆엔 5,286m의 '이스타시우아틀' 화산이 있다. 5,610m인 가장 높은 산 '시틀란테 페틀'은 멕시코시티의 동남쪽 230km에 자리하고 있다. 유카탄반도는 산이 없는 넓은 저지대에 해당하는 열대지역이다. 멕시코는 고지대와 저지대의 문화적인 차이가 어이없을 정도로 크다고 말한다.

멕시코시티 인근 포포카테페틀산

더운 저지대는 음악도 빠르고 언어도 빠르며 발음이 부정확하다. 고지대는 음악은 느리지만 언어는 경쾌하고 구슬프다. 저지대 사람들은 고지대 사람들이 심각하다고 생각하지만 고지대 사람들은 '저 아래로는 가지 마시오. 저기 사는 놈들은 다 살인자들이오.'라고 한다. 저지대는 따뜻하지만 모기가 극성이고 고지대는 그 반대이다.

저지대와 고지대 문화의 차이는 식민지시대에 형성되었다고 한다. 고지대는 원주민들 문화의 영향을 받은 반면, 저지대는 아프리카 문화의 영향을 더 많이 받았기 때문이다. 스페인인들이 열대지방으로

멕시코 서북부 자연보호 구역

강제 이주시킨 원주민들은 혹독한 기후 조건에서 힘든 노동에 시달리고 전염병으로 죽은 까닭에 그 수가 크게 감소했다. 그 후에 아프리카에서 끌려온 노예들이 메웠기 때문이다. 어디까지나 하나의 이론이지만 가장 그럴싸하다.

멕시코 남서부 아카풀코 해안 휴양지